Yes를 이끌어내는 협상법

– 서로에게 이익을 주는 성공적 협상 테크닉
하버드대 협상문제 연구팀의 혁신적 협상 프로젝트 !!

GETTING TO YES, 3RD EDITION

by Roger Fisher, William Ury and Bruce Patton

Copyright © 1981, 1991, 2011 by Roger Fisher and William Ury

All rights reserved.

This Korean edition was published by Jang Lak Publishing House in 2014 by arrangement with Houghton Mifflin Harcourt Publishing Co., Boston through KCC(Korea Copyright Center Inc.), Seoul

재개정판

Yes를
이끌어내는
협 상 법

로저 피셔·윌리엄 유리 지음

브루스 패튼 편집

박영환·이성대 옮김

개정판 공저자

피셔·유리·패튼

도서
출판 장락

박영환 | 경북 예천 출생. 고려대학교 식량개발대학원 수료. 대통령 비서실 공보비서관
으로 활동

이성대 | 전략적 협상연구소(www.snrlab.com) 소장, 포스텍 협상 분야 교수로 활동, IBM,
LG전자, Oracle 등 글로벌 기업에서 협상 및 계약 전문가로 활동, 연세대학교
법학과, 동 행정대학원 졸업, 『완벽한 프로젝트는 어떻게 만들어지는가』의 저
자, 기업, 공공기관 대상 강의 활동. sdlee@snrlab.com

Yes를 이끌어내는 협상법 Getting to Yes

지은이 | 로저 피셔, 윌리엄 유리, 브루스 패튼
옮긴이 | 박영환, 이성대
펴낸이 | 장말희
펴낸곳 | 도서출판 장락
초판 1쇄 1994년 11월 15일
개정판 1쇄 2003년 5월 28일
재개정판 17쇄 2024년 8월 12일

출판등록 | 1991년 7월 25일 제21-251호
주소 | 463-865 경기도 성남시 분당구 발이봉로 15번길 8-3, 101호
전화 | 031-716-7306
팩스 | 031-714-7319

값 13,000원
ISBN 978-89-91989-10-8 03300

우리에게 원칙이 갖는 힘을 가르쳐 주신 우리의 아버지

월터 피셔와 멜빈 유리, 윌리엄 패튼께 이 책을 바칩니다.

재개정판을 내면서

『Yes를 이끌어내는 협상법』Getting to Yes이 처음 출판된 지 30년이 흘렀다. 우리는 지금까지도 수많은 사람들과 세계 곳곳에서 이 책이 그들의 분쟁을 전환시키고 상호 만족하는 합의에 이르는 협상을 돕고 있다는 사실에 기쁨을 느끼며 동시에 겸손해진다. 이 얇은 책을 출간할 당시만 해도 30년이 넘도록 이 책이 조용한 혁명을 일으키며 세상의 가족과 조직과 사회에서 의사결정방식을 바꾸는 기준점이 되리라는 사실을 알지 못했다.

협상 혁명

한 세대 전에는 의사결정을 하는 많은 곳에서 위계질서를 따라야 한다는 것이 일반적인 견해였다. 직장이나 가족 그리고 정치에서도 피라미드 구조의 상층부에 있는 사람들은 의사결정을 내리고, 피라미드의 하층부에 있는 사람들은 그 지시를 따르는 것으로 간주했다. 물론 현실세계에서는 항상 더 복잡했다.

전보다 수평적인 구조와 급속한 혁신, 인터넷의 폭발적 사용으로 특징짓는 오늘날 세계에서 우리는 일을 완수하고 우리의 수요를 충족시키기 위해 우리가 직접 통제할 수 없는 수십, 수백 혹은 수천의 개인과 조직에 더욱더 의존하게 되는 것이 분명한 사실이다. 심지어 고용인이나 아이들을 대할 때도 단순히 지시만 할 수 없게 되었다. 원하는 것을 얻기 위해 우리는 협상을 해야 한다. 곳에 따라 더 천천히 또는 더 빠르게 권력 피라미드는 협상 네트워크로 바뀌고 있다. 더 잘 알려진 지식혁명을 수반하는 이 조용한 혁명을 '협상 혁명'이라 부를 수 있을 것이다.

『Yes를 이끌어내는 협상법』 초판에서 우리는 "싫든 좋든 우리는 협상하지 않을 수 없다."라는 문장으로 시작했다. 그것은 당시 많은 독자들이 협상에 눈 뜨게 되는 문장이었다. 이제 그것은 모두가 인정하는 현실이 되었다. 그때만 해도 '협상'이라는 단어는 노사협상이나 계약체결, 또는 국제 외교 같은 특별한 행위와 관련된 것이었다. 그러나 이제 우리는 아침부터 밤까지 우리가 만나는 모든 사람들과 일상적으로 협상을 한다는 것을 인지한다.

한 세대 전에는 '협상'이라는 단어가 적대적 의미도 가지고 있었다. 협상을 생각할 때 사람들은 일반적으로 "누가 이기고 누가 질 것인가?"라고 자문했다. 합의에 이르려면 누군가는 '양보'해야 한다고 생각했다. 그것은 유쾌한 기대가 아니었다. 양측 모두 'win'하는, 양측 모두 이익을 취한다는 개념은 많은 사람들에게 낯선 것이었다. 그러나 지금은, 양측의 차이점을 협력해서 다룰 방법이 있고, 비록 'win-win' 해결책을 찾을 수 없더라도 협상결렬보다 양측에게 더 나은 현명한 합의에 이를 수 있다고 점차 인식하게 되었다.

우리가 『Yes를 이끌어내는 협상법』을 저술할 때에는 대학 등에서 협상을 가르치는 과정이 매우 적었지만, 이제 협상을 잘하는 방법은 법과대학, 경영대학 및 행정대학 그리고 심지어 많은 초등교육과 고등학교의 교육과정에서 중요 역량으로 받아들여 가르치고 있다.

요약하자면, '협상 혁명'은 바야흐로 전 세계적인 움직임이며, 원칙화된 협상의 상식적 기본이 좋은 효과를 나타내며 널리 확대되고 있는 것에 우리는 자신감을 얻는다.

향후의 작업

지금까지 많은 진척이 있었지만 작업을 끝내자면 아직 멀었다고 할 수 있다. 사실 지난 30년 동안 우리는 상호 이익과 원칙적 기준을 세우는 공동 조사에 근거한 협상법이 이렇게 많이 필요할 것이라고 전혀 생각하지 못했다.

거의 매일 뉴스를 대충 검색해봐도 더 나은 방법으로 입장 차이를 다루어야 할 일들이 허다하다. 얼마나 많은 사람들이, 조직이, 나라가 입장을 내세우며 완고한 협상을 하고 있는가, 가족 내 심각한 불화, 수많은 소송, 끝없이 이어지는 전쟁으로 인한 파괴적 결과는 얼마나 증대되고 있는가, 바람직한 해결과정을 알지 못해서 서로에게 더 도움이 되는 해결책을 찾는 기회를 얼마나 많이 잃고 있는가?

우리가 주목했듯이 분쟁은 성장 산업처럼 존재한다. 사실 협상 혁명은 출현했지만 갈등은 줄어들지 않고 더 많아졌다. 위계질서는 갈등을 억누르는 경향이 있는데, 위계질서가 관계에 굴복할 때 갈등이 분출된다. 민주주의는 갈등을 억누르기보다 표면화하는데, 이는 민주주의가 권위적인 사회보다 더 다툼이 많고 소란스러워 보이는 이유다.

목표가 있어도 갈등을 없애지 못하며, 목표 때문에 갈등을 없애서도 안 된다. 갈등은 피할 수 없는, 삶의 유용한 부분이다. 갈등은 흔히 변화를 이끌고 통찰력을 키운다. 진지한 갈등 없이 다루어지는 부당한 행위는 거의 없다. 사업상의 경쟁 방식에서 갈등은 번영을 이루는 데 도움이 된다. 그것은 민주적 해결과정의 핵심에 놓여 있는데, 최선의 결정은 피상적 일치에서 나오는 것이 아니라 서로 다른 관점을 탐색하고 창의적인 해결책을 찾는 데에서 나온다. 이상하게 들릴지 모르지만, 세상에는 더 많은 갈등이 있어야 한다.

도전은 갈등을 제거하는 것이 아니라 갈등을 변화시키는 것이다. 그것은 우리가 의견 차이를 '다루는' 방식을 파괴적이고 적대적인 싸움에서 실제적이고 협력적인 문제해결로 바꾸는 것이다. 우리는 이 임무의 어려움을 과소평가해서는 안 되며, 오늘의 세계에서 이보다 더 긴급한 일은 없다.

우리는 미래의 인류학자들이 역사를 뒤돌아보면서 인류 최초의 가족상봉이라 부를지도 모를 그런 시대에 살고 있다. 인류라는 가족이 통신혁명 덕분에 처음으로 서로 연결되어 있다. 이 지구상의 15,000개 정도의 모든 '집단' 혹은 언어 공동체가 전 세계적으로 서로를 알고 있다. 수많은 가족상봉이 모두 평화롭고 조화로운 것은 아니어서 불평등과 부정에 대한 깊은 불화와 분노가 따른다.

점차 복잡해지는 지구의 핵무기 시대에 함께 살아가야 하는 도전에 직면해서 우리는 그 어느 때보다 분쟁의 기본 방침을 변화시키는 방법을 배울 필요가 있다.

요약하자면, 'Yes'를 이끌어내는 이 어려운 작업은 이제 막 시작되었다.

본 재개정판에 대해

우리는 폭넓고 다양한 분야에서 『Yes를 이끌어내는 협상법』이 협력적 협상에 사용하기 쉬운 안내서로 계속 도움이 된다는 독자들의 이야기를 자주 듣는다. 동시에 우리는 30년 전에는 상식이었던 일화와 예시 내용이 젊은 독자들에게는 때로 곤혹스러운 것이고, 많은 독자들이 현재의 사례들에 관심이 있다는 사실을 알게 되었다. 그래서 본 재개정판에서는 세심한 개정작업을 하면서 예시를 업데이트하고 적절하고 새로운 예시를 추가했다.

우리는 심각한 차이점들을 협력적이고 효과적으로 다룰 때 마주하는 중대하고 어려운 문제들을 연구한 저서 『Getting Past No』, 『Difficult Conversations』, 『Beyond Reason』, 『The Power of a Positive No』에 담겨 있듯이 상당히 많은 것을 지난 30년 동안 우리 작업에 추가해왔다. 그러나 그 내용을 요약해서 이 책에 싣고자 하지 않았다. 그 이유는 『Yes를 이끌어내는 협상법』의 장점 중 하나는 간결하고 명확한 점에 있기 때문이다. 그 대신 본 재개정판에 우리가 의도하는 바를 명확히 해주는 적절한 아이디어들을 추가했고, 또 다른 부분에서는 우리 생각을 업데이트하기 위해 약간의 개정작업을 했다. 예를 들면, 협상의 힘에 대한 마지막 질문에 답한 내용은 우리가 하버드 로스쿨에서 가르치는 '협상의 일곱 가지 요소'와 완전히 일치하는 것이다.

우리가 고려한 한 가지 수정내용은 결국 취소되었는데, 그것은 원칙화된 협상법의 설득력 있는 첫 단계인 "사람과 문제를 분리하라"라는 표현에서 '분리하라'를 '구분하라'로 바꾸는 것이었다. 일부 독자들이 이 문구를, 협상에서 인간적인 면은 제쳐두고 실질적인 문제에만 초점을 맞추는 것으로, 혹은 감정적 문제를 무시하고 '이성적이 되라'는 뜻으로 받아들인다. 이것은 우리가 의도하는 바가 아니다. 협상가는 협상의 처음부터 끝까지 사람을 대하는 문제를 반드시 우선순위에 두어야 한다. 그 내용의 소제목처럼 "협상자는 사람이라는 것을 먼저 생각해야 한다."

문제에서 사람을 분리해야 계속 '문제는 엄격하게' 다루고 '사람에게는 부드럽게' 대할 수 있다고 우리는 믿는다. 당신이 사람 문제를 존중하고 배려하는 한 당신이 실질적인 것에 동의하지 않더라도 인간관계는 강화할 수 있다.

마지막으로, 우리는 협상에서 소통 방식에 따른 영향에 관한 자료를 약간 추가했다. 이메일과 문서 전송이 증가하고, 인터넷상의 글로벌 '가상' 조직이 만들어지면서 소통하는 방식은 중요한 변수가 되고 있다. 특히 연구 조사에서 소통 방식은 협상의 역동성과 결과에 영향을 미치는 것을 보여준다.

우리 인류의 미래

우리는 선구적 협상가 세대의 참여자들이다. 의사결정 과정으로서 협상은 인류 역사의 처음부터 주변에 존재했지만 지금처럼 인류라는 종족의 생존과 삶의 중심에 섰던 적은 없다.

협상 혁명이 일어나면서, 우리는 이 책에 담긴 원칙들이 개인과 집단의 사람들이 삶에서 만나는 수많은 어려운 문제의 협상에 도움이 되기를 간절히 바란다.

월러스 스티븐스의 시에 이런 구절이 있다. "최후의 No 다음에 Yes가 찾아오고, 이 Yes에 우리 미래세계가 달려 있다."

우리는 여러분이 성공적으로 그 Yes를 이끌어내기를 기원한다.

로저 피셔
윌리엄 유리
브루스 패튼

개정판을 내면서

　지난 10년 동안 협상은 학문상으로 또한 직업상의 관심분야로 엄청
난 성장을 이룩해왔다. 협상을 이론적으로 기술한 저서들이 새로 출간
되었고 사례 연구도 행해졌으며, 실험적인 연구도 시도되었다. 10년 전
만 해도 협상을 학과목으로 채택한 학교가 거의 없었으나 이제는 그것
이 보편화되었다. 여러 대학에서 한 학부를 지정해 협상을 전문적으로
다루기 시작했고, 기업계에서는 이제 자문 회사들이 그렇게 하고 있다.

　『Yes를 이끌어내는 협상법』에 담긴 아이디어들은 이렇게 크게 변하
고 있는 지적 환경에도 불구하고, 여전히 광범위한 독자들로부터 끊임
없는 관심과 성원을 받고 있다. 또한 이러한 아이디어들은 협상 문제
를 다룬 다른 책들에서 기초 이론으로 자주 인용되고 있다. 이 아이디
어들은 다행히 본 저자들에게도 여전히 설득력이 있다. 초판이 출간된
후에 독자들로부터 많은 질문과 평가를 받았는데, 이 책에서는 초판에
서 뜻이 모호했던 부분과 독자들이 보다 상세한 설명을 원했던 부분에

주력했다. 우리는 이 개정판에서 독자들이 제기한 문제들 가운데 가장 중요하다고 생각되는 것들에 관해 상세히 설명하고자 노력했다.

원문은 수정하지 않았으며—초판을 읽은 독자들이 수정한 부분을 찾아야 하는 수고를 덜어주기 위해—이 개정판 끝에 새로운 내용을 담은 별도의 장을 추가했다. 주요 본문은 초판과 내용이 조금도 다르지 않다. 다만 인플레이션에 보조를 맞추기 위해 예문에 든 수치를 높였고, 의미를 명확히 하고 성차별적 어휘를 삭제하기 위해 몇몇 구절을 바꾸어 썼을 뿐이다. 이 책에 대해 '독자들이 제기한 열 가지 질문'에 대한 우리의 답이 독자들에게 도움이 되고 또한 관심을 충족시켜줄 수 있기를 기대한다.

우리는 다음과 같은 질문에 답하고자 한다.

① '원칙화된 협상'—도덕적 충고가 아니라 실질적 충고—의 의미와 한계
② 비이성적인 사람이나 가치체계, 견해, 협상 스타일이 다른 사람을 다루는 방법
③ 어디에서 만나고, 누가 먼저 제안을 할 것이며, 옵션을 창출하여 합의에 이르기까지 어떻게 이끌어갈 것인가 하는 전략에 관한 질문
④ 협상력의 역할

독자들의 여러 가지 질문을 포괄적으로 다루기 위해 새로 책을 써야 할 문제들도 있었다. 효율적 대인관계를 수립하고자 할 때 협상에서 겪게 되는 '사람 문제'에 대해 더 상세히 알고자 하는 독자들은 로저 피셔와 스콧 브라운이 쓴 『Getting Together: Building Relationships as We

Negotiate』가 도움이 될 것이며, 까다로운 사람이나 어려운 상황에서의 협상에 더 관심이 있다면, 윌리엄 유리의『No를 극복하는 협상법』Getting Past No: Negotiating with Difficult People(장락 刊)이 도움이 될 것이다. 앞으로 책들이 계속 출간될 것은 분명하다. 파워, 다자간 협상, 상이한 문화권 간의 거래, 개인적 스타일 등 보다 상세하게 다루어져야 할 문제들이 아직 남아 있다.

우리는 다시 한 번 마티 린스키에게 감사를 표한다. 그는 우리가 새로 추가한 내용에 대해 주의 깊고 날카로운 충고를 해주었다. 또한 새로운 내용에 대해 비평하고 편집하고 때로 문안을 다시 써주기도 한 더그 스톤에게도 감사의 말을 전하고 싶다. 그는 불분명한 사고나 문장을 짚어내는 뛰어난 능력을 지녔다.

로저 피셔
윌리엄 유리
브루스 패튼

브루스 패튼은 10여 년 이상 우리와 함께 일하면서 이 책에 담긴 모든 생각을 설명하고 공식화하는 일에 참여했다. 지난해에는 우리의 공통된 생각을 책으로 펴내는 데 수고를 아끼지 않았다. 초판의 편집자인 브루스 패튼을 개정판의 공동 저자로 받아들이게 되어 기쁘다.

로저 피셔
윌리엄 유리

감사의 말

이 책은 '사람들이 서로 다른 의견을 조정할 수 있는 가장 좋은 방법이 무엇인가?' 하는 질문에서 출발했다. 예를 들어, 이혼을 원하는 부부가 지독한 싸움으로 관계를 끝내지 않고 서로 공정하고 만족스런 합의를 보고자 할 때, 이들에게 해줄 수 있는 가장 좋은 충고는 무엇일까? 더욱이 부부가 똑같은 것을 원할 때 그들 중 어느 한쪽에게 해줄 수 있는 충고는 무엇일까? 거의 매일 가족, 이웃, 부부, 고용인, 직장 상사, 기업, 소비자, 세일즈맨, 변호사 그리고 국가들은 어떻게 하면 분쟁을 겪지 않고 'Yes'를 얻어낼 수 있을까 하는 문제로 고심한다. 우리는 우리가 갖고 있는 국제법 및 문화인류학에 관한 지식과 실무자, 동료, 학생 들과의 공동연구를 통해, 상대방에게 굴복하지 않고 우호적으로 협상을 체결하는 실용적인 방법을 발전시켜왔다. 또한 법률가, 기업가, 정부 관리, 판사, 교도소 간수, 외교관, 보험회사 대리인, 군 장교, 탄광의 광부 및 석유회사 중역 들에게 우리의 생각을 실제로 적용해보았다. 우리는 자신의 경험을 통해 비판과 의견을 보내준 여러분들에게 진심으로 감사드린다. 우리에게는 말할 수 없이 큰 도움이 되었다.

사실 여러 해에 걸쳐 연구하는 동안 굉장히 많은 분들의 도움을 받았기 때문에, 어떤 생각이 어떤 방식으로 누구의 도움을 받은 것인지 정확하게 밝혀내기가 어렵다. 큰 도움을 주신 분들은 이 책에서 그에 해당하는 내용에 일일이 각주를 달지 않은 것을 이해해 주실 것이라 믿는다. 그것은 그분들 각각의 아이디어가 독창적이 아니라고 생각해서가 아니라, 독자들이 읽기 쉽도록 하기 위한 배려에서다.

하지만 하워드 라이퍼에게 진 빚만은 언급하지 않을 수 없다. 우리의 문제 접근 방식은 그의 친절하고 격의 없는 비평으로 거듭 개선되었다. 서로의 이견을 참작해서 공동의 이익을 이끌어낸다든가, 어려운 문제를 해결할 때 가상적인 절차를 이용한다든가 하는 그의 생각은 큰 영향을 주었다. 계획과 협상의 대가인 루이즈 숀은 고무적이고 창조적이며 미래지향적인 분이다. 이 책에 소개된, 협상에서 오직 하나의 텍스트만 사용한다는 아이디어는 그에게서 빌려온 것이다. 우리는 그것을 '단일 텍스트 중재One Text Procedure'라 명명했다. 아울러 창조적 열성을 갖고 브레인스토밍 회합을 이끌어준 마이클 도일과 데이비드 스트라우스에게도 감사를 전하고 싶다.

훌륭한 일화나 사례를 찾아내는 것은 쉬운 일이 아니다. 짐 세비니우스의 국제 해양법회의에 관한 보고서는—방법론에 대한 그의 신중한 비판과 더불어—우리에게 큰 도움을 주었다. 보험 사정인과의 협상에 관한 톰 그리피스의 보고서와 메리 파커 폴렛이 전해준, 도서관에서 다툰 두 남자의 이야기도 크게 도움이 되었다.

우리는 특히 이 책의 다양한 초안을 읽고 비평해준 모든 분들에게 감사드린다. 1980년과 1981년 1월에 하버드 법과대학에서 가진 협상 워크숍에 참가한 학생들, 우리와 함께 그 워크숍을 지도해준 프랭크 샌더, 존 쿠퍼, 윌리엄 링컨에게 감사한다. 또 하버드 협상 세미나에 참가한 분들게도 특별한 감사를 표하고 싶다. 그분들—존 던롭, 제임스 힐리, 데이비드 쿠에클, 토머스 셸링, 로렌스 서스킨드—은 지난 2년 동안 인내심을 갖고 우리 말에 귀 기울여 주었으며 많은 유익한 제안을 해주었다. 말로 다할 수 없는 도움을 준 친구와 동료들에게도 감사드린다. 하지만 이 책의 내용에 대한 최종 책임은 저자인 우리 두 사람에게 있으며, 이 책이 완벽하지 못하다 할지라도 그것은 동료들의 협력이 부족해서 그런 것은 결코 아니다.

가족과 친구들이 없었다면 이 책을 쓰는 일은 매우 힘들었을 것이다. 건설적 비평과 정신적 도움을 준 캐롤라인 피셔와 데이비드 락스, 프란시스 턴불과 제니스 유리에게도 감사드린다. 프란시스 피셔의 도움이 없었다면 이 책은 출간될 수 없었을 것이다. 우리 두 사람이 4년 전에 만날 수 있었던 것은 그의 소개 덕분이었다.

우리의 비서는 더 바랄 수 없을 만큼 잘 협조해주었다. 데보라 라이멜의 빈틈없는 일처리와 정신적 후원, 단호하면서도 정중한 조언에 감사하며, 늘 근면함과 쾌활함을 잃지 않은 데니스 트리뷸라에게도 감사를 표하고 싶다. 또한 거듭되는 수정 초안을 읽어주고, 거의 불가능했던 마감일을 지켜준 신시아 스미스 이하 모든 문서작성실 직원들에게 특별한 감사의 뜻을 전하고 싶다.

다음으로 편집자들을 빼놓을 수 없다. 마티 린스키는 이 책을 재구성하며 분량을 반으로 줄임으로써 독자들이 읽기 좋게 만들어주었다. 독자를 아끼는 마음에서 우리의 기분은 아랑곳하지 않는 훌륭한 의식을 지녔기 때문이다. 피터 킨더, 준 키노시타, 봅 로스에게도 감사를 전한다. 준의 수고로 성차별적 어휘를 많이 줄일 수 있었다. 우리가 미처 삭제하지 못한 어휘 때문에 혹 마음이 상한 분들에게는 용서를 청한다. 우리에게 조언을 해준 안드레아 윌리암스와 우리의 대리인 줄리안 바크에게도 감사하며, 이 책의 제작을 가능하게 해준 호튼 미플린의 딕 맥아두와 그의 동료들에게도 감사한다.

끝으로 우리의 동료이자 친구이며 편집자 겸 중재자인 브루스 패튼에게 감사의 뜻을 전하고 싶다. 그는 누구보다 더 이 책에 공헌한 바가 크다. 그는 처음부터 계속해서 브레인스토밍하는 것을 도왔으며, 이 책을 삼단논법에 맞춰 구성해주었다. 그리고 거의 모든 장을 재구성하고 단어 하나하나를 손질해주었다. 만약 이것이 책이 아니고 영화라면 패튼을 제작자라 해도 좋을 것이다.

로저 피셔

윌리엄 유리

이 책의 개정판에서 우리는 펭귄북스에서 오래 일한 에디터 제인 폰 메렌에게 그녀의 지원과 격려, 개정판이 나오도록 힘써준 열정에 감사하고자 한다. 재개정판에서 릭 콧은 감탄할 만큼 큰 역할을 해냈고 우리는 그의 인내와 분별, 훌륭한 편집에 감사한다. 릭이 없이는 이 재개정판이 빛을 보지 못했을 것이다.

　우리는 또한 마크 고든, 아서 마티로지언 그리고 국영 석유회사와 협상을 하는 이라크 농부들의 편에 선 머시사Mercy Corps의 우리 친구들에게 감사한다.

로저 피셔

윌리엄 유리

브루스 패튼

저자 소개

이 책의 저자들은 1977년부터 함께 일해 왔다.

로저 피셔는 하버드 법대에서 명예법학교수로 재직했고, 하버드 협상 프로젝트Harvard Negotiation Project의 창립자이자 명예디렉터였으며, 하버드 법대 협상프로그램을 창안했다. 일리노이에서 성장, 제2차 세계대전에 미공군으로 복무했고, 파리에서 마셜 플랜을 위해 일했으며, 워싱턴의 미 법무부에서 근무했다. 또한 워싱턴에서 변호사로 활동하면서 미 국방부 컨설턴트로 기여했다. TV수상작 'The Advocate'를 만들고 편집장으로 일했으며, 정부·기업·개인을 대상으로 광범위하게 자문역할을 했고, 많은 상을 수상한 학문적, 대중적 저서를 집필했다. 최근작으로 공저『Beyond Reason: Using Emotions as You Negotiate』가 있다.

윌리엄 유리는 하버드 법대 협상문제연구소의 공동 설립자이자 하버드 협상 프로젝트의 석학 펠로우다. 캘리포니아와 스위스에서 성장, 예일대와 하버드대를 졸업했고 문화인류학 박사학위를 받았다. 윌리엄 유리는 세계 곳곳에서 일어나는 비합법적 파업에서부터 민족 간의 전쟁에 이르기까지 협상이 필요한 곳에서 중재자와 조언자로 기여했다. 워싱턴과 모스크바에 핵위험감소센터를 설립하는 일에 백악관 컨설턴트로 일했다. 그의 최근 프로젝트는 다양한 문화와 신앙의 선조인 아브라함의 행적을 따라 중동지역을 여행하는 비교문화여정 루트인 '아브라함의 여정'Abraham's Path이다. 그리고 최근작은 『The Power of a Positive No: Save the Deal, Save the Relationship, and Still Say No』다.

브루스 패튼은 하버드 협상 프로젝트의 공동 설립자로 석학 펠로우이며, 하버드 법대 협상문제연구소의 공동 설립자다. 글로벌2000 회사들의 협상과 그들의 가장 위급한 관계문제를 돕는 컨설팅 회사인 밴티지 파트너사Vantage Partners, LLC의 설립자 빛 파트너다. 미국-이란 인질 협상 타결책을 체계화하는 중재자 역할을 했으며, 노벨평화상 수상자 오스카 아리아스Oscar Arias와 함께 중앙아메리카를 위한 아리아스 평화정책 성공을 확고히 하는 역할과, 남아프리카공화국 인종차별정책을 종식하는 입헌 절차 창안을 돕기 위해 모든 당사자들과 함께 일했다. 브루스 패튼은 하버드대와 하버드 로스쿨을 졸업했고, 뉴욕타임즈 베스트셀러『Difficult Conversations: How to Discuss What Matters Most』의 공저자다.

로저 피셔의 저서

Beyond Reason: Using Emotions as You Negotiate(with Dan Shapiro, 2005)

Lateral Leadership: Getting Things Done When You're NOT the Boss(with Alan Sharp, 1998)

Coping with International Conflict: A Systematic Approach to Influence in International

Negotiation(with Andrea Kupfer Schneider, Elizabeth Borgwardt, and Brian Ganson, 1996)

Beyond Machiavelli(with Elizabeth Kopelman and Andrea Kupfer Schneider, 1994)

Getting Together: Building Relationships As We Negotiate(with Scott Brown, 1988)

Improving Compliance with International Law(1981)

International Mediation: A Working Guide; Ideas for the Practitioner(with William Ury, 1978)

International Crises and the Role of Law: Points of Choice(1978)

Dear Israelis, Dear Arabs: A Working Approach to Peace(1972)

International Conflict for Beginners(1969)

International Conflict and Behavioral Science: The Craigville Papers(editor and coauthor, 1964)

윌리엄 유리의 저서

The Power of a Positive No: Save the Deal, Save the Relationship, and Still Say No(2007)

Must We Fight?(editor and coauthor, 2001)

The Third Side: Why We Fight and How We Can Stop(2000)

Getting Past No: Negotiating in Difficult Situations(1991, revised edition 1993)

Windows of Opportunity: From Cold War to Peaceful Competition in U.S.−Soviet Relations

(edited with Graham T. Allison and Bruce J. Allyn, 1989)

Getting Disputes Resolved: Designing Systems to Cut the Costs of Conflict(with Jeanne M. Brett

and Stephen B. Goldberg, 1988)

Beyond the Hotline: How Crisis Control Can Prevent Nuclear War(1985)

브루스 패튼의 저서

Difficult Conversations: How to Discuss What Matters Most(with Douglas Stone and Sheila Heen,

1999, 2nd Edition 2010)

차
례

어떻게 조정해야 하는가?

질문 7 어디서 만날 것인가, 어떤 방식으로 소통할 것인가, 누가 먼저 제안

을 해야 하는가, 얼마나 높은 가격에서 시작해야 하는가? 이런 문제

들은 어떻게 결정할 것인가?

질문 8 옵션을 창출하고 합의를 보기까지 구체적으로 어떻게 진행해야 하

는가?

질문 9 큰 모험 없이 어떻게 이런 아이디어들을 시험해볼 수 있는가?

질문 10 상대방이 더 우세한 경우에도 나의 협상 방법이 정말 효과가 있을

것인가, 어떻게 하면 협상력을 증진시킬 수 있는가?

머리말

    싫든 좋든 우리는 협상하지 않을 수 없다. 협상이 우리 생활의 일부분인 건 엄연한 사실이다. 집을 살 때 당신은 처음 보는 사람과 가격을 놓고 흥정한다. 교통사고로 인한 소송을 해결하기 위해 두 변호사가 만난다. 여러 석유회사가 합작투자로 해양 석유탐사를 계획한다. 시청 관리는 운수 노조의 파업을 막기 위해 노조 지도자들을 만난다. 미 국무장관은 핵무기 제한 협성을 맺기 위해 러시아측 상대방과 자리를 같이한다. 이러한 행위가 모두 협상이다.

    우리는 모두 하루도 빠짐없이 무언가를 놓고 협상을 한다. 극작가 몰리에르의 작품 속 주인공 주르댕이 자신이 일생 동안 산문으로만 말해 왔다는 것을 죽기 직전에야 깨달은 것과 마찬가지로, 사람들은 자신이 협상하고 있다는 사실을 의식하지 못한 채 협상을 한다. 당신은 어디에서 저녁을 먹을까 하는 문제로 아내와 협상을 하며, 언제 불을 끄고 잠자리에 들 것인가를 놓고 아이들과 협상한다. 협상은 당신이 다른 사람에게서 원하는 것을 얻어내는 기본적 수단이다. 다시 말해 협상이란 당신이 상대방과 공통된 이해관계를 갖고 있으면서 동시에 상반된 이해관계에 처했을 때 합의를 보기 위해 밀고 당기는 대화다.(어떤 문제는 견해가 상반될 뿐이다.)

협상이 필요한 경우가 점점 늘고 있다. 갈등이 늘고 있기 때문이다. 사람들은 누구나 자신에게 영향을 미칠 일을 결정하는 데 참여하기를 원한다. 다른 사람이 명령하는 대로 따르려는 사람은 거의 없다. 사람은 모두 다르다. 그래서 그 차이점을 조정하기 위해서 협상을 한다. 기업이나 정부나 가족 내에서도 대부분 협상을 통해 결론을 얻는다. 법정에 나가게 되는 경우에도 거의 대부분 재판이 시작되기 전에 해결책을 찾기 위해 협상을 한다.

매일 협상이 이루어지고 있는데도 협상을 잘하기란 쉽지 않다. 전형적인 협상 전략을 사용할 경우, 때로 불만족스럽거나 지치거나 사람들로부터 따돌림을 당하는 수가 있다. 이 세 가지를 한꺼번에 경험하는 일도 자주 있다.

사람들은 자주 딜레마에 빠진다. 대부분의 사람들은 연성과 강성의 두 가지 협상법을 알고 있다. 부드러운 협상가는 개인적인 충돌을 피하고 싶어 한다. 그래서 합의를 보기 위해 쉽게 양보한다. 그들은 우호적인 해결책을 원하지만, 결국 상대방에게 이용당하고 씁쓸한 기분을 맛볼 때가 많다. 강한 성격의 협상가는 어떤 상황이든 그것을 의지의 대결장으로 여기고, 더 극단적인 입장을 취하고 오래 버티면 더 나은 몫을 차지하게 된다고 생각한다. 사람들은 이기기를 원한다. 그러나 흔히 상대방까지 강경하게 대응하도록 유도함으로써 자신과 자기

재원을 소진하고 관계를 악화시킨다. 다른 전형적인 협상 전략들은 강성과 연성 사이에 놓여 있다고 볼 수 있지만, 결국 원하는 것을 얻느냐 아니면 상대방과 우호관계를 유지하느냐 사이에서 하나를 선택하게 된다.

그러나 여기 제삼의 협상법이 있다. 그것은 연성도 아니고 강성도 아니며, 부드러우면서 동시에 강경한 협상 방법이다. 하버드 협상 프로젝트에서 개발한 이 '원칙화된 협상법'은 양측이 이것은 되고 저것은 안 되고 하는 것에 초점을 맞추지 않고, 상호 이해관계를 바탕으로 문제를 해결하려고 한다.

이 협상법이 제시하는 바는 가능한 한 상호 이해관계를 추구하며, 양측의 이해관계가 상충하는 경우에도 양측의 의지와는 무관한 어떤 공정한 기준에 의거해서 결론을 얻어야 한다는 것이다. 원칙화된 협상 방법은 이익을 추구하는 데는 엄격하고 협상하는 사람에게는 부드러운 특성이 있다. 거기에는 술수도 가식도 필요 없다. 이 협상법은 당신이 얻어야 할 것을 얻으면서도 여전히 상대방의 호감을 잃지 않는 방법을 제시해준다. 이 방법을 따르면 공정함을 잃지 않으면서 당신의 공정성을 악용하려는 사람으로부터 당신을 보호할 수 있다.

이 책은 원칙화된 협상의 방법론을 다루고 있다. 1장에서는 입장을 근거로 거래하는 전형적인 전략을 사용할 때 야기되는 문제를 서술하고 있다. 그 다음 네 장은 방법상의 네 가지 원칙을 제시하고, 마지막 세 장은 그 방법에 관해 가장 많이 제기되는 질문에 답한다. 그 질문은 "상대방이 더 우세하면 어떻게 할 것인가, 상대방이 협력하지 않으면 어떻게 할 것인가, 상대방이 비열한 술수를 쓰면 어떻게 할 것인가?"

등이다.

이 원칙화된 협상법은 무기제한회담을 하는 외교관이나 회사 인수 합병을 하는 투자 은행가 또는 피서지를 결정하거나 이혼 시 재산을 배분하는 부부 등 누구나 사용할 수 있다. 또한 유괴된 아동을 구출하기 위한 인질협상에서는 기본이 되는 협상법이다.

모든 협상이 같지 않다. 그러나 기본 요소는 다르지 않다. 원칙화된 협상은 문제가 하나이건 여럿이건, 양자간이건 다자간이건 그와 상관 없이 사용할 수 있다. 또 정해진 의식에 따르는 협상, 단체 협상, 비행기 납치범들과의 즉각적 난전亂戰 등을 막론하고 어디에나 적용할 수 있다. 이 방법은 상대방이 더 노련하든, 강성의 흥정가이든 아니면 우호적인 사람이든 간에 적용할 수 있다. 다시 말해서 원칙화된 협상법은 모든 목적에 사용될 수 있는 전략인 것이다. 다른 협상전략과 달리 당신의 상대가 이 협상법을 알고 있다고 해서 적용하기 어려울 것은 전혀 없다. 오히려 더 적용하기 쉽다. 만약 상대방이 이 책을 읽는다면 그것은 한층 더 바람직한 일이다.

제1부

문 제

제1부 문 제 | 1장 입장을 근거로 거래하지 말라

1장

입장을 근거로
거래하지 말라

협상할 문제가 사업상의 계약이든 가정의 불화든 혹은 국가 간의 평화조약이든 간에 사람들은 모두 판에 박은 듯 입장을 근거로 거래한다. 양측이 각자 입장을 내세우고 그것을 가지고 다투다가 결국 양보하고 타협을 본다. 이런 전형적 협상은 골동품가게 주인과 고객 사이의 승강이에서도 볼 수 있다.

고객 이 청동접시 얼마예요?

주인 멋진 골동품이죠. 75달러는 주셔야 합니다.

고객 그런데 여기 흠집이 있잖아요. 15달러에 주세요.

주인 적당한 값을 부르셔야 흥정이 되지요. 너무 깎으시는군요.

고객 20달러까지는 낼 수 있지만 75달러는 말도 안 돼요. 정말 받을 가격을 말해 보세요.

주인 까다로운 분이시군요. 60달러, 현금으로. 어때요?

고객 25달러요.

주인 그건 제가 사온 값도 안 됩니다. 제값을 불러보세요.

고객 37달러 50센트. 이게 내 마지막 제안이에요.

주인 이 접시에 새겨진 문장 보이시죠? 이 정도 물건이면 내년에는 오늘 사시는 값의 두 배는 될 겁니다.

대화는 이런 식으로 진행되는데, 양측이 합의를 봐서 거래가 이루어질 수도 있고 그렇지 않을 수도 있다.

어떤 식의 협상 방식이든 세 가지 기준으로 판단해야 한다. 첫째, 합의가 가능하다면 현명한 합의점을 찾을 수 있는 방식이어야 한다. 둘째, 효율적인 방식이어야 한다. 셋째, 협상자 간의 관계를 개선하는 방식이어야 하며 최소한 그 관계를 손상시키는 것이어서는 안 된다.(현명한 합의란 가능한 한 양측의 합법적 이해관계를 최대한 충족시켜주며, 상충되는 이해관계는 공정하게 해결해주고, 오랫동안 지속되며, 공동체의 이해관계도 고려한 것이라고 정의할 수 있다.)

위 예시에서 보듯, 가장 일반적인 협상 방식은 일련의 입장을 연속적으로 수용하고 또 포기하는 식으로 이어진다. 고객과 가게주인처럼 각자 입장을 택하는 것이 협상에서 유용한 효과를 가져올 수도 있다. 입장을 통해 서로 원하는 바를 전달할 수 있으며, 불확실하고 긴박한 상황을 매듭지을 수도 있다. 또한 이 전형적인 협상 방식은 경우에 따라서 수용할 만한 합의를 만들어내기도 한다. 그러나 이런 여러 가지 효과는 다른 방법을 통해서도 얻을 수 있다. 게다가 입장을 근거로 거래하면, 효율적이고 우호적이며 더 현명한 합의에 이르게 하는 기본적인 기준을 충족하지 못하게 된다.

▎입장을 놓고 다투면 어리석은 결과를 낳는다

협상자들이 입장을 중심으로 거래하게 되면, 자신을 입장 안에 가두어버리기 쉽다. 당신이 입장을 분명히 하고 그것을 방어하면 할수록 당신은 더욱더 그 입장에 충실할 수밖에 없다. 당신이 입장을 바꿀 수 없다고 계속 상대방에게 확신시키려 들수록 당신은 처음 입장을 바꾸기가 어려워진다. 당신이 취한 입장은 결국 당신의 자존심이 되고 만다. 이렇게 되면 당신은 과거의 입장과 앞으로 취하게 될 행동 간의 조화를 맞춰서 '체면을 유지해야 한다'는 또 하나의 이해관계를 갖게 된다. 따라서 당사자들이 원래의 이해관계에 부응하는 합의점에 이르는 것이 더더욱 어려워진다.

입장에 근거한 거래가 협상을 좌초시킬 수 있는 위험을 보여주는 한 예로 1961년 존 F. 케네디 대통령 정부의 포괄적 핵실험금지 회담의 결렬을 들 수 있다. 만일 이 회담이 성사되었다면 그 후 30년 동안 계속된 슈퍼파워 무기경쟁을 막을 수 있었을 것이다. 당시 다음과 같은 중대한 문제가 제기되었다. 소련과 미국은 핵실험의 결과로 의심되는 지진을 조사하기 위해 상대방 영토의 현장조사를 1년에 몇 번 허용할 것인가 하는 문제였는데, 소련은 최종적으로 세 번의 현장조사에 동의했다. 그러나 미국은 열 번 이상이어야 한다는 주장을 굽히지 않았고, 바로 그 점 때문에 회담은 결렬되었다. 한 번의 조사가 한 사람이 하루 동안 현장을 둘러보는 것인지, 아니면 백여 명이 한 달 동안 샅샅이 조사하는 것인지 하는 세부사항은 거론조차 되지 않았다. 양측이 주장하는 주권 침해의 최소화와 핵실험의 검증을 원했던 미국의 욕구를 동시에 충족시킬 수 있는 조사 방안을 고안하려는 시도조차 없었던 것이다.

이라크에서는 사담 후세인 정권이 무너진 후, 농부들과 국영 석유회사 간의 분쟁에서 입장을 고집하는 협상으로 인해 무의미한 유혈사태가 일어날 뻔했다. 이라크 남부에서 추방된 농부들은 정부로부터 경작지를 임대받았고, 통장에 남은 돈과 빌린 돈을 합해 농작물을 사서 심었다. 그런데 불과 몇 달 후, 농부들은 토지 임대계약서에 본문보다 작은 글씨로 적힌 세부조건에 따라 즉시 그 땅을 떠나라는 요구서를 받았다. 그 땅에서 석유가 발견되었던 것이다. 석유회사는 "우리 땅을 떠나라." 했고 농부들은 "여긴 우리 땅이다. 우린 떠나지 않을 것이다." 했다. 석유회사는 경찰을 부르겠다고 위협했고 농부들은 "우리 수가 더 많다."고 대응했다. 그러자 국영 석유회사는 군대를 부르겠다고 협박했고, 농부들은 "우리도 총이 있다. 우린 안 떠난다. 우린 더 이상 잃을 게 없다."고 맞섰다.

군대가 도착했고 유혈사태가 벌어지기 직전, 입장에 근거한 협상을 다루는 대안적 훈련프로그램을 수료한 지 얼마 안 된 어느 장교가 나섬으로써 불행한 사태를 막을 수 있었다. 장교는 국영 석유회사에게 물었다.

"이 땅에서 석유가 생산되자면 얼마나 걸리겠습니까?"

"3년 정도 걸릴 겁니다."

"석유회사는 앞으로 몇 달 동안 이곳에서 무슨 일을 하게 됩니까?"

"지도 제작을 할 겁니다. 지층구조에 대한 소규모 지진파 연구를 하는 겁니다."

장교는 농부들에게 물었다.

"석유회사가 요구한 대로 지금 이곳을 떠나지 못하는 이유가 있습니까?"

"수확이 6주 남았습니다. 그건 우리 전 재산입니다."

이후 협상은 곧 타결되었다. 농부들은 농작물을 수확하게 되었고, 석유회사의 준비작업을 방해하지 않을 것이었다. 사실 석유회사는 당시 많은 수의 농부를 건설작업에 근로자로 고용하고 싶어 했다. 그리고 농부들이 유정탑 사이에서 계속 농사를 짓더라도 반대하지 않을 것이라 했다.

이 예화에서 보듯이, 입장에 집중할수록 양측의 근본 관심사를 다루는 일에는 전력을 다할 수 없게 된다. 그러면 합의는 더욱 어려워진다. 설사 합의를 본다 해도 그것은 서로의 합법적 이해관계를 충족시키는 해결책이 되지 못하고, 최종 입장의 차이를 놓고 입씨름한 흔적을 남기게 된다. 그 결과 더 나은 합의를 볼 수 있었는데도, 만족스럽지 못한 합의로 끝나거나 아예 합의 없이 끝나고 만다.

▌입장을 놓고 다투는 것은 비효율적이다

전형적인 협상 방식은 청동접시 가격 흥정에서 보듯이 합의를 끌어낼 수도 있고, 현장조사 횟수 문제처럼 결렬될 수도 있다. 어떤 경우든 그 과정은 오래 걸린다.

입장을 근거로 거래하면 해결을 저지하려는 동기가 생겨난다. 당신은 더 유리한 결과를 얻어낼 기회를 증진시키기 위해 극단적인 입장에서 출발하게 되고 그 입장을 고수하게 되며, 당신의 속마음은 숨긴 채 협상이 계속될 정도의 양보만 허용하는 경향으로 쏠린다. 상대방도 마찬가지다. 이러한 요소들이 신속한 문제해결을 저해한다. 처음에 취한 입장이 극단적이고 양보가 적을수록 합의의 가능성 여부를 알아내는 데 더 많은 시간 노력해야 한다.

더욱이 이 전형적인 협상 방식에서는 무엇을 제안하고 무엇을 거절할 것이며, 어느 정도 양보해야 할 것인가 등등 수많은 결정을 수시로 내려야 한다. 따라서 결정 과정이 어렵게 되고 일이 잘 된다 해도 시간이 너무 많이 걸린다. 더구나 어느 한 가지 결정이 한쪽의 굴복을 의미할 뿐 아니라 더 큰 양보를 강요당할 가능성이 있는 상태에서는 협상자가 신속히 해결책을 찾고자 하는 동기를 갖기 어렵다. 또한 질질 끌거나, 퇴장하겠다고 위협하거나, 고집을 부리거나 하는 전략들이 흔히 등장하게 된다. 이러한 전략은 합의를 불가능하게 하는 위험요소가 될 뿐 아니라 합의에 이르는 시간과 비용을 증가시킨다.

▌입장을 놓고 다투면 앞으로의 관계가 위태로워진다

입장에 근거한 거래는 점차 의지의 대결로 번진다. 협상자들은 각기 이건 되지만 저건 안 된다는 식의 주장을 하게 된다. 함께 타당한 해결책을 찾고자 하는 일이 전투가 되고 마는 것이다. 서로 상대방 입장을 바꾸려고 의지력을 시험하게 된다. "난 양보 못 해. 나랑 '아바타'를 보든지 아니면 그만두든지." 한쪽이 상대의 강경한 의지에 굴복했다고 생각하고, 또 자신의 정당한 관심사는 말해보지도 못했다고 느끼면서 화를 내고 원망하게 된다. 따라서 입장에 근거한 거래는 긴장을 고조시키고 양측의 관계를 해친다. 오랫동안 함께 사업을 해왔던 영리회사들이 서로 등을 돌리고, 이웃 간에 말도 않고 지내기도 하며, 이런 협상에서 생긴 좋지 못한 감정이 평생 갈 수도 있다.

▌다자간 협상일 때 입장에 근거한 거래는 더욱 나쁘다

이 책에서는 편의상 '당신'과 '당신의 상대방' 두 사람이 협상하는 경우를 주로 상정하고 있지만, 사실 협상은 둘 이상의 사람이 관련되는 경우가 많다. 여러 협상측이 협상테이블에 함께 앉기도 하고, 또 각 협상 당사자가 의식해야 하는 선거구민이나 고위층, 이사회, 위원회 등을 갖고 있을 수 있다. 협상에 관련된 사람의 수가 많을수록 입장에 근거한 거래의 결함은 더욱 심각하다.

유엔 회의에서 보듯이 190개가 넘는 회원국이 협상할 때는 사실상 입장에 근거한 거래는 불가능하다. 전부가 'Yes' 인데 오직 한 나라만 'No'를 할 수도 있는 것이다. 상호 양보 역시 매우 어렵다. 도대체 누구에게 양보할 것인가? 그렇기 때문에 다자간 협상은 수천 번의 쌍무적 교섭에도 불구하고 성사되지 못하는 경우가 비일비재하다. 그런 상황에서 입장을 근거로 거래를 한다면, 실질적이라기보다 상징적인 이해관계를 공동으로 가진 참가자들이 연합체를 결성할 공산이 크다. 유엔에서 그런 연합체들 간의 대표적인 협상은 흔히 남북 또는 동서 그룹간의 협상이다. 한 그룹 안에 많은 회원국이 있기 때문에 공동의 입장을 발전시켜나가기가 매우 어렵다. 게다가 일단 그들이 애써 공동의 입장을 발전시키고 합의를 보고 나면, 그것을 바꾸는 것은 더욱 어렵다. 협상테이블에 모습을 나타내지는 않지만 합의를 위해 협상자들이 승인을 받아야 하는 고위층이 있을 경우도 입장을 바꾸는 일은 역시 어렵다.

│ 신사적 대응이 해결책은 아니다

대부분의 사람들이 강경한 입장에 근거한 거래에서는 비싼 대가를 요한다는 것을 알고 있다. 특히 당사자들 간의 관계를 크게 손상시키기 쉽다. 그래서 그들은 이를 피하고자 좀 더 부드러운 협상 스타일을 추구한다. 그들은 상대방을 적으로 보기보다는 친구로 여기기 원하며, 승리라는 목표를 강조하기보다는 합의를 이끌어낼 필요성을 강조한다. 연성의 협상일 경우에는 제안하고 양보하고, 상대방을 신뢰하고 우호적이 되며, 대결을 피하기 위해 항복하는 것이 일반적이다.

다음 표는 입장을 근거로 한 거래의 연성과 강성 두 유형을 비교한 것이다. 대부분의 사람들은 협상 전략의 문제를 이 두 유형 사이의 선택의 문제로 본다. 다음의 표가 그런 선택을 제공한다고 할 때 과연 당신은 연성의 부드러운 협상법을 택해야 하는가 아니면 강성의 강경한 협상법을 택할 것인가, 혹은 그 중간에 있는 전략을 택해야 할 것인가?

Problem 당신은 어떤 게임을 택할 것인가

연 성	강 성
참여자는 친구들이다.	참여자는 적들이다.
목표는 합의를 보는 것이다.	목표는 승리하는 것이다.
관계를 증진시키기 위해 양보를 한다.	관계 유지의 전제조건으로 양보를 요구한다.
사람과 문제를 모두 부드럽게 대한다.	문제와 사람을 모두 강경하게 대한다.
상대방을 믿는다.	상대방을 불신한다.
쉽게 입장을 바꾼다.	입장을 철저히 고수한다.
제안을 한다.	위협을 한다.
나의 최저선을 공개한다.	나의 최저선을 숨기고 오도한다.
합의를 위해 일방적인 손실도 감수한다.	합의의 대가로 일방적인 나의 이득만을 요구한다.
상대방이 받아들일 수 있는 해결책만을 추구한다.	내가 받아들일 수 있는 해결책만을 추구한다.
합의를 보는 데만 집착한다.	내 입장만 고집한다.
의지의 대결을 피하려 한다.	의지의 대결에서 이기려 한다.
압력에 굴복한다.	압력을 사용한다.

연성 협상은 상대방과의 관계를 수립하고 유지하는 것을 중시한다. 가족이나 친구들 간의 협상은 대체로 이 방식을 따른다. 이 과정은 적어도 신속히 결과를 볼 수 있다는 점에서 효율적이다. 양측이 경쟁적으로 상대방보다 더 관대해지려고 하기 때문에 합의에 이르기가 대단히 쉽다. 그렇다고 그것이 반드시 현명한 방법은 아니다. 물론 이야기처럼 항상 비극적이지는 않을 것이다. 아내는 남편에게 시곗줄을 사주기 위해 자신의 머리카락을 팔고, 그 사실을 모르는 남편은 아내에게 줄 아름다운 빗을 사기 위해 자신의 시계를 팔았다. 어쨌든 상대방과의 관계에 일차적 관심을 두는 협상은 엉성한 합의를 낳을 위험이 있다.

더 나아가서 입장에 근거한 거래에서 강성 게임을 하려는 사람에게 부드럽고 우호적인 거래 방식을 적용한다면, 심각한 타격을 받을 수도 있다. 입장에 근거한 거래에서는 강성 게임이 연성 게임을 지배한다. 강성 협상자가 양보를 강요하고 위협할 때 연성 협상자가 대결을 피하려고 항복하고 합의한다면 협상 게임은 강성 협상자에게 유리해진다. 현명한 합의라고 할 수 없을지 모르지만 어쨌든 이런 과정으로도 합의는 볼 수 있다. 이 경우 틀림없이 강성 협상자가 연성 협상자보다 더 큰 이익을 챙길 것이다. 강성 협상자에게 부드럽게만 대응한다면 당신은 아마 몽땅 털리고 말 것이다.

▎대안이 있다

만약 입장에 근거한 거래에서 강성도 연성도 선택하기를 원치 않는다면, 당신은 게임을 바꿀 수 있다. 협상 게임은 다음 두 가지 차원에서 일어난다. 첫 번째 차원은 실질적 문제를 놓고 협상하는 것이다. 두 번째 차원에서는 보통 무언중에 협상 내용을 다루는 협상 절차에 초점을 맞춘다. 첫 번째 차원의 협상은 봉급 인상, 임대기간, 또는 지불할 가격 같은 것과 관계가 있다. 두 번째 협상은 위의 실질적 문제를 어떻게 다룰까 하는 것으로 연성의 방법, 강성의 방법, 또 제삼의 방법을 선택하는 것이다. 따라서 두 번째 협상은 게임에 관한 게임, 즉 '변형된 게임'이다. 협상할 때 당신이 취하는 개개의 조처일 뿐만 아니라 더 나아가서 현재 진행되고 있는 게임의 규칙을 구축하는 데에도 일조를 한다. 당신은 협상이 여태까지 진행되어온 방식대로 계속 진행되도록 조처할 수도 있고, 게임을 바꾸도록 할 수도 있다.

이 두 번째 협상은 흔히 의식적인 결정 없이 진행되기 때문에 잘 드러나지 않는다. 다른 나라, 특히 확연히 다른 문화적 배경을 지닌 나라 사람과 협상을 할 때 비로소 실질적 협상을 위해 서로 받아들일 수 있는 절차를 수립할 필요성이 있다는 것을 인식하게 되는 것이 보통이다. 따라서 당신이 의식하든 못하든 당신이 어떤 조처를 취할 때마다 그것이 실질적인 문제하고만 관계가 있다고 생각될지라도 사실은 절차상 규칙을 협상하고 있는 셈이다.

입장에 근거한 거래에서 연성의 방법을 택할까 아니면 강성의 방법을 택할까 하는 물음에 대한 답은 "둘 다 아니다"이다. 게임의 형식을 변화시키라. 우리는 '하버드 협상 프로젝트'에서 입장에 근거한 거래의 대안을 개발해왔다. 즉 효율적이고 우호적으로 현명한 협상결과를 낳을 수 있는 방법으로 우리는 이것을 '원칙화된 협상' 또는 '이점利點에 근거한 협상'이라고 부른다. 이 방법은 다음 네 가지 기본 항목으로 요약할 수 있다.

네 가지 항목으로 구분되는 이 협상 방법은 거의 모든 경우에 적용될 수 있다. 각 항목은 협상의 기본 요소를 다루고 있으며, 그와 관련해서 당신이 무엇을 해야 하는지 알려준다.

사　　람　문제와 사람을 분리하라.

이해관계　입장이 아닌 이해관계에 초점을 맞추라.

옵　　션　무엇을 할 것인지 결정하기 전에 양측에 모두 이익이 되는 다양한 옵션을 만들어내라.

기　　준　객관적 기준에 근거한 결과를 주장하라.

원칙화된 협상 방식은 다음 표의 연성 및 강성 협상과는 대비되는데, 굵은 활자로 표시된 것이 방법의 네 가지 기본 항목이다.

| | **Problem**
당신은 어떤 게임을
택할 것인가 | | **Solution**
게임을 변화시키라.
즉 이점을 놓고 협상하라. |

연 성	강 성	원칙화된 방법
참여자는 친구들이다.	참여자는 적들이다.	참여자는 문제해결자들이다.
목표는 합의를 보는 것이다.	목표는 승리하는 것이다.	목표는 효율적이며 우호적으로 현명한 결과를 얻는 것이다.
관계를 증진시키기 위해 양보를 한다.	관계 유지의 전제조건으로 양보를 요구한다.	**문제와 사람을 분리하라.**
사람과 문제를 모두 부드럽게 대한다.	문제와 사람을 모두 강경하게 대한다.	사람에게는 부드럽게, 문제에는 강경하게 대하라.
상대방을 믿는다.	상대방을 불신한다.	신뢰도와 무관하게 진행하라.
쉽게 입장을 바꾼다.	입장을 철저히 고수한다.	**입장이 아닌 이해관계에 초점을 맞추라.**
제안을 한다.	위협을 한다.	이해관계를 조사하라.
나의 최저선을 공개한다.	나의 최저선을 숨기고 오도한다.	되도록 최저선을 갖지 말라.
합의를 위해 일방적인 손실도 감수한다.	합의의 대가로 일방적인 나의 이득만을 요구한다.	**상호 이익이 되는 옵션을 개발하라.**
상대방이 받아들일 수 있는 해결책만을 추구한다.	내가 받아들일 수 있는 해결책만을 추구한다.	많은 옵션을 개발하고 결정은 나중에 하라.
합의를 보는 데만 집착한다.	내 입장만 고집한다.	**객관적 기준을 사용할 것을 주장하라.**
의지의 대결을 피하려 한다.	의지의 대결에서 이기려 한다.	의지와는 무관하게 객관적 기준에 근거한 결과를 얻기 위해 노력하라.
압력에 굴복한다.	압력을 사용한다.	마음을 열고 이성적이 되라. 압력이 아닌 원칙에 양보하라.

첫 번째 항목은 인간은 컴퓨터가 아니라는 사실에 기인한다. 사람은 근본적으로 서로 다른 인식을 지녔고, 명확한 의사소통에 어려움을 겪는 강한 감정을 가진 피조물이다. 감정은 전형적으로 문제의 객관적인 이점과 뒤얽히게 된다. 어떤 입장을 취하는 경우 인간의 자아는 그 입장과 일체가 되기 때문에 이러한 현상을 더욱 악화시킨다. '관계를 위해' 양보하는 것은 똑같이 문제가 있다. 왜냐하면 그것은 완고함을 조장하고 보상하기 때문인데, 관계를 해치는 분노로 이어지게 된다. 따라서 실질적 문제에 들어가기 전에 실질적 문제와 뒤얽혀 있는 '사람 문제'를 분리해서 별도로 다루어야 하고 그것을 언급해야 한다. 비유적으로 말해 협상 당사자들은 한편이 되어 나란히 문제를 공략해야지 서로를 공략해서는 안 된다. 그러므로 첫 번째 명제는 '문제와 사람을 분리하라'다.

두 번째 항목은 협상의 목적이 자신들의 드러나지 않은 이해관계를 충족시키는 것이므로, 상호 공언한 입장에 초점을 맞추려는 태도를 극복하기 위해 고안된 것이다. 입장을 놓고 협상하면 당신이 정말 원하는 것을 모호하게 만드는 일이 종종 있다. 입장을 놓고 타협하면 그 입장을 취하게 만든 인간적 욕구를 효율적으로 충족시키는 합의를 이끌어내기 어렵다. 따라서 이 협상 방식의 두 번째 명제는 다음과 같다. '입장이 아닌 이해관계에 초점을 맞추라.'

세 번째 항목은 압력을 받으면서 최적의 해결책을 고안해낼 때의 어려움에 관한 것이다. 적을 눈앞에 두고 결정을 내리려 하면 시야가 좁아진다. 많은 이해관계가 걸려 있을 때에는 창의성을 발휘하기 어렵고, 올바른 해결책을 찾는 것 또한 어렵다. 당신은 이런 제약조건들을 상쇄하기 위해 충분한 시간을 가지고 공동의 이해관계를 증진시키고, 상반된 이해관계를 창의적으로 조정해줄 폭넓은 해결책을 연구해야 한다. 따라서 세 번째 명제는 이렇다. '합의를 보기 이전에 상호 이익이 되는 옵션을 개발하라.'

이해관계가 완전히 상반되는 협상자는 무조건 완강하게 대함으로써 유리한 결과를 얻을 수도 있다. 그러나 이 방법은 상대방도 비타협적인 태도를 갖게 만드는 경향이 있고, 협상결과를 예측하기 어렵게 한다. 그런 협상자에 대처하는 방법은 그에게 독단적 결정만으로 충분치 않으며, 양측의 본래 의지와 무관한, 매우 공정한 기준에 입각해야 한다고 주장하는 것이다.

이 말은 당신이 선정한 기준을 근거로 하자고 주장하라는 뜻이 아니라 시장 가격, 전문가의 의견, 관습, 법률 등과 같이 상당히 공정한 기준을 근거로 삼을 것을 주장하라는 뜻이다. 양측이 원하는 것과 원하지 않는 것에 대해 논하는 대신 공정한 기준에 입각해 논한다면, 어느 쪽도 상대방에게 굴복할 필요가 없으며, 양측은 공정한 해결책에 따를 수 있다. 그러므로 네 번째 명제는 다음과 같다. '객관직 기준을 사용할 것을 주장하라.'

원칙화된 협상의 네 가지 명제는 협상을 생각하면서부터 합의에 이르렀을 때까지 혹은 그 노력을 끝내기로 결정하는 순간까지 협상 전반에 걸쳐 유용하다. 협상 기간은 분석, 계획, 토론의 세 단계로 나눌 수 있다.

분석 단계에서는 정보를 모으고, 모은 정보를 평가하고 체계화해서 상황을 진단한다. 당신은 자신과 상대방의 이해관계를 확인할 뿐만 아니라 편파적 인식, 적대감, 의사소통상의 장애와 같은 문제들을 고려해야 할 것이다. 이 단계에서 당신은 이미 협상테이블 위에 오른 옵션에 주목하고, 합의의 근거로 이미 제시한 모든 기준을 확인해야 한다.

계획 단계에서는 여러 가지 아이디어를 생각해내고 그것을 제시하는 것과 동시에 무엇을 할 것인가를 결정하면서 다시 위 네 가지 요소를 다루게 된다.

사람 문제를 어떻게 다룰 계획인가? 당신의 이해관계 중에서 어느 것이 가장 중요한가? 실질적으로 실현성 있는 목표는 무엇인가? 이미 제시된 선택과 기준 외에 또 다른 선택과 기준을 제출하기를 원하는가?

토론 단계에서 합의를 기대하며 서로 의견을 주고받을 때 가장 진지하게 토론해야 할 주제도 바로 이 네 가지다. 인식 차이나 실망, 분노 등의 감정과 소통상의 문제를 이해하는 수준에 이르러야 한다. 그래야 비로소 함께 상호 이익이 되는 옵션을 생각해내고, 상반된 이해관계를 해결할 객관적 기준에 대해서도 의견 일치를 볼 수 있다.

요약해 말하자면, 입장에 근거한 거래와는 대조적으로, 원칙화된 협상은 기본적 욕구와 상호 만족스러운 합의, 공정한 기준에 초점을 맞추기 때문에 일반적으로 현명한 합의를 얻어낸다. 또한 이 방법은 어떤 입장을 고수하다가 결국은 그 입장을 포기해야 되는 대단히 낭비적인 대가를 치르지 않고도 효율적으로 공동 결정을 통해 점진적 합의에 이르는 것을 가능하게 한다. 그리고 문제를 사람과 분리하는 것은, 당신이 실질적 문제에 관계없이 상대방 협상자를 인간적으로 직접적이고 공감하는 방식으로 대할 수 있게 하며, 그리하여 '우호적인' 결과를 만들어내는 것을 가능하게 한다.

　다음에 이어지는 네 장은 이 네 가지 기본 항목을 차례로 포괄적으로 다루고 있다. 이 네 장을 읽는 도중에 의혹을 느끼는 독자는 곧바로 페이지를 뛰어넘어 6장, 7장 및 8장을 읽어주기 바란다. 그 세 장에서는 이 책의 협상법에 대해 제기된 문제들을 다루고 있다.

제2부

방법론

2장

사람과 문제를 분리하라

문제를 다룰 때, 오해를 불러일으키거나 화를 내고 삐치거나 아니면 사사건건을 개인의 문제로 삼거나 하지 않고 처리하기가 얼마나 어려운지 누구나 잘 알고 있다.

한 노동조합 간부가 동료 조합원들에게 다음과 같이 말한다. "여러분 중에서 파업을 요구한 사람이 누굽니까?" 존이 앞으로 나서며 "접니다. 저로서는 공장장 캠벨 씨를 더 이상 참을 수 없습니다. 캠벨 씨는 지난 2주 동안 5일에 걸쳐 내게 대치근무를 지시했어요. 공장장이 나만 시키는 겁니다. 참는 것도 한도가 있지, 왜 그런 궂은일은 전부 제가 해야 합니까?" 하고 말했다.

노조 간부는 캠벨을 찾아갔다. "존을 계속해서 대치근무에 내보내는 이유가 뭡니까? 그 사람 말로는 당신이 지난 2주 동안 다섯 번이나 대치근무조에 자기를 포함시켰다는데, 무엇 때문입니까?"

캠벨이 대답했다. "그건 존이 적임자라고 생각했기 때문이오. 그 부서에 책임자가 없는 경우 그 일을 실수 없이 가장 잘할 수 있는 사람이 존이라고 믿었소. 그 부서에 핵심인물이 없을 때에만 그를 보낸 것입니다. 그렇지 않았다면 스미스나 누구 다른 사람을 보냈겠지요. 독감으로 책임자들이 많이 결근했기 때문이오. 존이 언짢아하리라고는 생각도 못했소. 나는 그가 책임 있는 일을 좋아하는 줄 알았소."

또 다른 예로 주 보험 감독관을 찾아간 한 보험회사 변호사의 이야기를 들어보자.

"시간을 내주셔서 감사합니다, 톰슨 감독관님. 말씀드리고 싶은 것은 엄격책임 규정조항에 몇 가지 큰 문제가 있다는 의견이 보험업계 일각에서 대두되고 있다는 것입니다. 기본적으로 말씀드리면, 그 조항에 쓰인 대로 하는 경우 현재 보험료율 조정폭이 좁은 보험상품을 팔고 있는 보험사들이 심각한 악영향을 받게 됩니다. 그래서 저희는 그것이 수정되기를 ⋯."

보험 감독관은 말을 가로막았다. "몬티로 여사, 여사의 회사는 그 규정을 실행하기 전에 우리가 개최한 공청회에서 충분히 반대 발언을 할 기회가 있었다고 생각합니다. 그 공청회는 내가 진행을 맡았습니다. 나는 모든 증언을 하나도 빠뜨리지 않고 들었고, 그에 근거해서 내가 그 엄격책임 규정조항의 문구를 작성했습니다. 그런데 지금 댁은 내가 잘못했다고 말하는 것입니까?"

"아니, 그게 아니라 ⋯."

"그게 아니라면 내가 편파적이었다는 뜻입니까?"

"물론 아니지요. 단지 우리 생각으로는 그 조항이 우리가 전혀 예측하지 못한 부작용을 가져와서 ⋯."

"이보세요, 몬티로 여사님. 나는 이미 자동차로 위장한 일만 달러짜리 시한폭탄이나 살상용 헤어드라이어 같은 제품들을 모조리 몰아내겠다는 내 입장을 분명히 대중 앞에서 약속한 바가 있습니다. 이 규정들이 바로 그 일을 하고 있습니다. 게다가 댁의 회사는 작년에 그 엄격 책임 규정으로 5천만 달러나 되는 이익을 보지 않았습니까? 그런데 이제 와서 '악영향'이니 '예측하지 못한 부작용'이니 그런 소리를 하다니, 지금 누굴 바보로 보는 겁니까? 더 이상 다른 말은 듣고 싶지 않습니다. 안녕히 가세요, 몬티로 여사."

이렇게 되면 어떻게 해야 하는가? 그 보험회사의 변호사는 보험 감독관에게 자신의 의견을 계속 주장해야 할 것인가? 그것은 그를 더욱 화나게 할 뿐 아무 소용이 없을지도 모른다. 그녀의 회사는 이 주에서 많은 사업을 하고 있기 때문에 보험 감독관과 좋은 관계를 유지하는 일은 대단히 중요하다. 그 규정이 실제로 편파적이며, 장기적으로 공공의 이익에 반하는 규정이고, 공청회를 열 당시에는 전문가들조차도 미처 예견하지 못한 문제를 내포한 규정이라고 그녀가 확신한다 할지라도, 그 문제를 접어두어야 할 것인가? 이러한 경우에 나타나는 문제는 무엇인가?

█ 협상자는 사람이라는 것을 먼저 생각해야 한다

기업이나 국가 간 거래에서 잊기 쉬운 협상의 기본 사실은, 당신이 다루고 있는 것은 '상대방'의 추상적인 대표가 아니라 인간이라는 점이다. 그 사람도 감정이 있고 자신의 가치관이 있으며, 당신과 다른 배경과 견해를 갖고 있다. 그래서 그는 예측하기 어렵다. 그들은 인지적 편향, 파벌적 인식, 맹점 등을 가지고 있고 논리를 비약하는 경향이 있다. 당신도 마찬가지다.

협상의 이런 인간적 측면은 협상에 도움이 될 수도 있고 해가 될 수도 있다. 합의를 구축해나가는 과정은 상호 만족스러운 결과를 얻어야 한다는 심리적 구속을 낳는다. 장기간에 걸쳐 신뢰와 이해, 존경과 우정이 쌓인 관계에서는 대개 새로운 협상도 더 부드럽고 효율적으로 이루어진다. 감정이 상하는 일을 겪고 싶지 않고, 다른 사람들에게 좋은 평가를 받고 싶다는 인간적 욕구가 상대편 협상자의 이해관계에 좀 더 예민하게 반응하도록 만드는 경우가 종종 있다.

반대로 인간은 성을 내고 의기소침해지며, 두려워하고 적대감을 품고 좌절하며, 기분이 상하기도 하고 모욕을 당했다고 느끼기도 한다. 사람들은 무너지기 쉬운 허약한 자아를 갖고 있다. 세상을 자기에게 유리한 쪽으로 보려 하고, 자신의 인식과 현실을 혼동하기도 한다.

의사소통 문제 또한 크게 작용한다. 사람들은 상대방이 한 말을 그 의도대로 해석하지 못하기도 하고, 상대방 역시 자기가 들은 말을 제대로 이해하지 못하는 경우가 있다. 오해는 편견을 더욱 굳어지게 하며, 공격과 역공이 되풀이되는 악순환을 낳기도 한다. 그렇게 되면 합리적 해결책을 찾는 일은 불가능해지고 협상은 실패로 끝난다. 그런 상태에서는 양측의 실질적인 이해관계를 저버린 채 상대방에게서 갖게 된 부정적 인상만 확인하면서 비난을 퍼붓는 것이 게임의 목적이 된다.

상대방이 사람들의 반응에 민감한 사람이라는 사실을 알더라도 그 사실에 부합하는 행동을 하지 않으면 협상은 엉망이 될 수 있다. 협상의 준비 단계에서 마무리 단계에 이르기까지 당신이 무엇을 하든 항상 이런 자문을 하는 것이 좋다. "나는 인간적인 문제에 충분히 주의를 기울이고 있는가?"

▌모든 협상자는 두 종류의 이해관계를 갖고 있다 : 협상 내용과 인간관계가 그것이다

모든 협상자들은 자신의 실질적인 이해관계를 만족시키는 합의를 보기 원한다. 그것이 바로 협상을 하는 이유다. 그러나 그것 외에 협상자는 상대방과의 관계에도 관심을 갖는다. 골동품가게 주인은 이익이 남는 거래를 원하는 동시에 그 손님을 단골로 잡고 싶어 한다. 단골까지는 아니더라도 가능하다면 서로 이익이 되는 합의(그리고 실질적 이행)를 보기 위해 상대방과 좋은 관계를 유지하고 싶어 한다. 단 한 차례뿐인 거래는 드물다. 협상은 대부분 상대방과의 관계가 지속될 것이라는 전제하에 진행되기 때문에 장래의 인간관계와 협상에 해가 되기보다는 좋은 영향을 줄 수 있도록 각각의 협상을 끌고 가는 것이 중요하다. 사실 오랜 고객, 동업자, 가족 구성원, 직장 동료, 정부 관리 혹은 외국과의 거래에서 볼 수 있듯이 지속적인 인간관계가 한 번의 협상결과보다 훨씬 더 중요하다.

인간관계가 문제와 뒤섞이는 경향이 있다. 당사자들의 인간관계는 곧장 실질적인 문제와 한데 얽히기 때문에 협상에서 '사람 문제'는 매우 중요하다. 우리는 말과 행동을 주고받는 사이에 자신도 모르게 사람과 문제를 하나로 보기 쉽다. 가족 간에 "주방이 엉망이군." 또는 "통장 예금이 바닥났어." 하는 말은 단지 문제를 확인하기 위해 한 말인데도 불구하고 상대방은 그것을 인신공격으로 여기곤 한다. 상황에 대한 분노는 곧잘 그 상황과 관련된 사람에 대한 분노로 연결된다. 그리고 인간의 자아는 실질적인 입장과 맞물리는 경향이 있다.

실질적인 문제가 심리적인 문제와 뒤섞이게 되는 또 다른 이유는 사람들이 추측이 아닌 실제 내용에 대해 한 말을 상대방의 의도나 태도를 지적한 것으로 여기기 때문이다. 이러한 현상은 주의하지 않으면 거의 자동적으로 나타난다. 우리는 흔히 다른 해석이 더 타당할지도 모른다는 점을 거의 생각조차 하지 못한다. 위에 든 노동조합 이야기에서도 존은 공장장 캠벨이 자신에게 감정을 품고 있다고 생각한 반면 캠벨은 그에게 책임 있는 일을 맡김으로써 자신이 호의를 베풀고 있으며 그를 칭찬하고 있는 것으로 서로 달리 해석했다.

입장에 근거한 거래는 인간관계와 거래 내용을 대립시킨다. 협상을 서로의 입장을 고수하는 의지의 대결장으로 끌고 가면 이 둘은 더욱 뒤얽힌다. 당신이 어떤 협상결과를 바라는가를 말함으로써 상대방은 당신의 입장을 알게 된다. 하지만 상대방의 관점에서 보면 그러한 말은 당신이 서로의 관계에 얼마나 무관심한지를 보여주는 것에 불과할 수도 있다. 만일 상대방이 보기에 불합리하다고 생각되는 입장을 당신이 강력하게 고수한다면, 상대방은 당신 역시 그 입장이 극단적이라는 것을 안다고 생각하고, 당신이 상대방과의 관계나 상대방을 아주 하찮게 여기고 있다고 결론짓기 쉽다.

입장에 근거한 거래는 거래 내용과 인간관계라는 협상자의 두 이해관계 중 하나를 선택하게 만든다. 당신의 회사가 보험 감독관과 좋은 관계를 유지하는 것이 장기적으로 볼 때 더 중요하다면, 그 조항의 문제는 덮어두어야 할 것이다. 그러나 실질적인 부분에서 양보한다고 해서 우정을 얻는다는 보장은 없다. 그런 양보는 앞으로 당신에게서 더 많은 것을 얻어낼 수도 있다는 것을 상대방에게 확인시켜줄 따름이다. 반대로 상대방으로부터 호감이나 존경을 사기보다 당신에게 유리한 해결책을 얻는 게 더 중요하다면, 당신은 인간관계와 실질적인 해결책을 맞바꿀 수 있을 것이다. 이런 경우 당신은 인간관계를 인질로 양보를 이끌어내기 위한 시도를 할 수 있다. "당신이 이 점에 대해 내게 협력할 수 없다면 어쩔 수 없지요. 앞으로 우리가 다시 만날 일은 없겠군요." 당신이 양보를 이끌어낼 수 있는 반면, 그 전략은 흔히 실질적 문제에서 형편없는 결과와 손상된 관계를 낳는다.

인간관계와 실질적인 문제는 구분하라 : 그러나 사람 문제는 직접적으로 다루라

실질적인 문제를 다루는 것과 좋은 인간관계를 유지하는 것 이 두 가지를 분리해서 각각의 이점에 근거해 다룰 의지가 뚜렷하고 심리적인 준비가 되어 있다면, 이 둘이 반드시 상충되는 목표는 아니다. 상호 이해되는 인식, 명확한 쌍방 의사전달, 상대를 비난하지 않고 표현하는 감정 그리고 미래지향적이고 목적의식적인 전망을 인간관계의 기초로 하라. 당신은 사람을 대하는 방식을 바꿔서 인간 문제를 다루고, 실질적 문제를 양보하는 것으로 인간 문제를 해결하지 말라.

심리적인 문제를 풀기 위해서는 심리적인 기법을 이용하라. 상대방의 인식이 다를 경우, 그것을 추정해서 확인하고 그런 능력을 키우는 방법을 찾으라. 만약 감정이 격해지면 양측은 그것을 풀고 상대가 경청한다고 느낄 방도를 찾아야 한다. 오해가 있다면 의사전달 방법을 개선해야 한다.

인간 문제라는 거대한 정글을 뚫고 나가려면 인식, 감정, 의사전달을 기본 범주로 해서 생각하는 것이 유용하다. 인간 문제는 다양하지만 모두 이 세 가지 범주 안에 포함시킬 수 있다.

협상할 때에 상대방의 인간 문제뿐만 아니라, 당신 자신의 인간 문제도 함께 처리해야 한다는 것을 잊기 쉽다. 당신의 분노와 좌절이 당신에게 유리한 합의를 좌초시킬 수도 있다. 당신의 인식이 일방적일 수 있고, 그래서 상대방의 말을 귀 기울여 듣지 않거나 적절하게 의사를 전달하지 못할 수도 있다. 다음에 제시한 테크닉은 상대방과의 인간 문제뿐 아니라 자신의 인간 문제에도 잘 적용할 수 있는 것들이다.

▮ 인식

상대방의 사고방식을 이해한다는 것은 단지 당신의 문제해결에 도움이 되는 단순한 행위만은 아니다. 상대방의 사고방식이 바로 문제다. 거래를 하거나 논쟁을 할 때 드러나는 서로의 차이점은 당신의 사고방식과 상대방 사고방식의 차이점이라고 정의할 수 있다. 두 사람이 다툴 때는 흔히 어떤 물건―시계 하나를 놓고 서로 자기 것이라고 주장한다―이나 혹은 사건―각자 교통사고의 원인이 상대방에게 있다고 주장한다―을 놓고 다툰다. 국가 간에도 마찬가지다. 모로코와 알제리는 서부 사하라 사막을 놓고 다툰다. 인도와 파키스탄은 서로 상대국의 핵무기 개발을 놓고 다툰다. 이런 경우에 사람들은 자신들이 더 잘 알 필요가 있는 것은 물건이나 사건이라고 생각하기 쉽다. 따라서 사람들은 문제가 된 시계를 살펴보거나 교통사고 현장의 바퀴자국을 조사해보는 것이다. 마찬가지로 사람들은 서부 사하라 사막을 조사하고 인도 파키스탄의 핵무기 개발의 상세한 역사를 살펴보는 것이다.

그러나 궁극적으로 분쟁은 객관적인 현실이 아니라 사람들의 두뇌 속에 있다. 진실이란 좋은 논쟁이든 아니든 간에 차이점을 다루는 또 하나의 논쟁에 지나지 않는다. 차이점은 우리 두뇌 속에 존재하기 때문에 존재하는 것이다. 근거가 없는 공포도 역시 공포이며, 따라서 공포로 다루어질 필요가 있다. 현실성 없는 희망이 전쟁을 낳을 수도 있다. 사실이 정확히 확인된다 하더라도 문제해결에는 전혀 무익한 것일 수 있다. 양측이 한 사람은 그 시계를 잃어버렸고 다른 한 사람이 그것을 주웠다는 데에는 동의한다 하더라도, 누가 그 시계의 주인인지를 놓고 여전히 싸울 수 있는 것이다. 또 교통사고가 3만 마일 이상 주행한 타이어의 펑크 때문이라는 사실이 확인된 뒤에도 양측은 누가 그 사고의 손해배상을 해야 하는지를 놓고 여전히 다툴 수 있다. 상세한 핵무기 개발 역사와 서부 사하라 사막의 지리적 조건을 아무리 힘들여

연구하고 입증한다 할지라도, 영토분쟁이 그런 연구 결과로 해결되지는 않는다. 누가 어떤 핵무기를 왜 개발했는지를 연구한다고 해서 인도와 파키스탄 사이의 분쟁이 종식되지는 않는다. 따라서 객관적 현실을 연구하는 것이 유용하다 해도 협상에서 문제가 되고 해결책을 마련할 길을 열어주는 것은 궁극적으로 양측이 인식하고 있는 현실이다.

상대방의 입장이 되어 보라. 세상을 어떻게 보는지는 어디에서 세상을 보고 있는지에 달려 있다. 사람들은 보고 싶은 것만 보는 경향이 있다. 사람들은 무수히 쏟아지는 정보 가운데서 자신의 기존 인식에 부합하는 사실만을 받아들여 거기에 초점을 맞추고, 기존 인식과 배치되는 사실은 무시하거나 잘못 해석하는 경향이 있다. 마찬가지로 협상당사자들은 자신에게 이로운 점과 상대방의 결점만 보려고 한다.

어려운 일이기는 하지만, 상대방이 보는 그대로 상황을 볼 수 있는 능력은 협상자가 지녀야 할 가장 중요한 기량 중 하나다. 상황을 서로 다르게 보고 있다는 것을 아는 것만으로는 충분치 않다. 당신이 상대방을 움직이려 한다면, 상대방의 견해를 잘 이해하는 동시에 그 견해를 믿으려 하는 상대방의 감정 또한 잘 느낄 수 있어야 한다. 그것은 현미경으로 딱정벌레를 들여다보듯이 상대방을 들여다본다고 되는 일이 아니다. 오히려 딱정벌레가 되어서 딱정벌레가 무엇을 느끼는지를 알아야 한다. 이 일을 하려면 상대방의 견해를 시험해볼 때 잠시 판단을 유보할 준비가 되어 있어야 한다. 당신이 자신의 견해가 옳다고 확신하고 있는 만큼이나 상대방도 자신의 견해에 똑같은 확신을 갖고 있는 것은 당연한 일이다. 당신이 탁자 위에 시원한 냉수가 반쯤 담긴 유리컵을 보고 있을 때 당신의 아내는 마호가니 탁자에 물자국을 남길 반쯤 빈 유리컵을 보고 있을 수도 있다.

임대 계약을 갱신하면서 집주인과 세입자가 어떤 상반된 인식을 갖게 되는지 생각해보자.

상대방의 견해를 이해한다는 것이 곧 그 견해에 동의한다는 것은 아니다. 상대방의 사고방식을 잘 이해하게 됨으로써 상황의 이점에 대한 당신의 견해를 수정할 수도 있지만, 당신은 그렇게 수정한 것이 상대방의 견해를 이해한 '탓'이 아니라 그 '덕분'으로 생각해야 옳다. 왜냐하면 당신의 생각을 수정함으로써 갈등의 폭이 좁혀지고 이전에 알지 못했던 당신의 이익을 증진시킬 수 있기 때문이다.

세입자의 인식	집주인의 인식
지금의 임대료도 너무 비싸다.	너무 오랫동안 임대료를 올리지 않았다.
물가도 뛰는 판국에 집세로 더 이상 많은 돈을 낼 수 없다.	물가가 올랐으니 임대료도 올려 받아야 한다.
아파트를 새로 칠해 달라고 해야겠다.	그동안 내 아파트에 너무 많은 흠집을 냈다.
비슷한 아파트에 더 싸게 세든 사람을 알고 있다.	비슷한 아파트를 더 비싸게 세놓은 사람을 알고 있다.
나 같은 젊은이는 비싼 집세를 낼 능력이 없다.	젊은 사람들은 시끄럽고 집도 험하게 사용한다.
주변 환경이 나쁘니까 임대료를 내려야 한다.	주변 환경을 개선하기 위해 우리 건물 주인들은 임대료를 올려야 한다.
개도 고양이도 기르지 않으니 나는 아주 모범적인 세입자다.	세입자가 음악을 너무 크게 틀어 시끄러워 죽겠다.

주인이 달라고 할 때마다 미루지 않고 꼬박꼬박 집세를 지불했다.	집세를 꼭 달라고 해야 주지 한 번도 미리 낸 적이 없다.
집주인은 너무 냉정하다. 인사 한 번 하는 법이 없다.	나는 세입자의 사생활을 한 번도 침해하지 않은 사려 깊은 사람이다.

당신의 공포심이 상대방 때문이라고 생각하지 말라. 사람들은 흔히 자신이 두려워하는 것은 상대방이 그렇게 만들기 때문이라고 생각하는 경향이 있다. 《뉴욕 타임즈》에 실린 이런 기사를 예로 들어보자. "그들은 바에서 만났고, 남자가 여자에게 집까지 태워주겠다고 말했다. 그는 그녀가 전혀 모르는 길로 차를 몰며 그 길이 지름길이라고 했다. 그가 그녀를 굉장히 빨리 집까지 데려다주었기 때문에 그녀는 10시 뉴스를 놓치지 않고 볼 수 있었다." 이 이야기의 끝부분이 약간 의외라는 생각이 들지 않는가? 이것은 우리가 두려움을 바탕으로 추측하기 때문이다.

일반적으로 사람들은 상대방의 말이나 행동을 가장 나쁜 쪽으로 해석하는 경향이 있다. 상대방의 의도를 의심하게 되는 것은 흔히 자신의 기존 인식에서 기인한다. 더욱이 그렇게 의심하는 것이 '안전하다'는 생각이 들고, 더 나아가 그것은 주변 사람들에게 상대방이 얼마나 나쁜지를 보여주는 방법인 것처럼 생각한다. 하지만 상대방의 말이나 행동을 가장 부정적인 관점에서 해석하게 되면 합의를 위한 참신한 아이디어가 떠오르지 않고, 아울러 입장의 미묘한 변화를 감지하지 못하거나 무시하게 된다.

당신의 문제로 상대방을 비난하지 말라. 사람들은 흔히 자신의 문제를 남의 탓으로 돌리고 싶어 한다. "당신네 회사는 도대체 믿을 수가 없소. 여기 공장에 있는 우리 회전식 발전기를 수리할 때마다 엉터리로 해놔서 금방 또 고장이 난단 말이오." 하는 식이다. 비난은 빠지기 쉬운 함정이다. 정말로 상대방에게 책임이 있다고 느낄 때에는 특히 더하다. 비난이 정당화될 수 있는 경우에도 그 결과는 대개 비생산적이다. 공격을 받은 상대방은 방어하려 들 것이다. 그래서 더 이상 당신 말을 들으려 하지 않든가, 아니면 당신을 공격하여 되받아치려 할 것이다. 강한 비난은 사람과 문제를 뒤섞어버린다.

문제를 이야기할 때 말하고 있는 사람과 문제를 분리하라. "당신이 수리해준 우리 회전식 발전기가 또 고장이 났어요. 지난 한 달 동안 벌써 세 번째예요. 처음에는 일주일 내내 작동되지 않았어요. 우리 공장은 발전기가 없으면 아무 일도 못합니다. 발전기 고장을 막을 방법이 없겠습니까? 다른 업체에 수리를 맡겨야 할까요, 아니면 제조업자를 고발해야 할까요?"

서로의 인식을 논의하라. 서로 인식의 차이를 해결하는 방법은 그 차이점을 명백히 해서 상대방과 논의하는 것이다. 상대방을 비난하지 말고 문제를 보는 시각을 솔직하고 정직하게 털어놓는다면 상대방은 당신이 말하는 것을 진지하게 받아들일 필요성을 깨닫게 되고 당신 또한 마찬가지일 것이다.

협상할 때 합의에 이르는 데 장애가 되지 않는다고 생각되는 상대방의 관심사는 흔히 '대수롭지 않은 것'으로 취급된다. 이와는 대조적으로 상대방이 듣고 싶어 하는 것을 큰 소리로 확신을 갖고 말해준다면 그것은 협상자로서 당신이 할 수 있는 최고의 투자가 될 것이다.

다국적 해상법 국제회의에서 기술이전 문제를 둘러싸고 전개된 협상을 한 예로 들어보자. 1974년에서 1981년까지 약 150개국이 뉴욕과 제네바에 모여 어업권에서부터 해저 망간 채굴에 이르기까지 공해 이용을 규제할 규정을 제정하려고 했다. 회의 도중 개발도상국 대표들이 깊은 관심을 보인 것은 기술교환 문제였다. 개발도상국들은 선진산업국으로부터 해저 광물 개발에 필요한 시설과 전문지식을 얻기 원했다.

미국을 비롯한 다른 선진국들은 그 요구를 들어주는 것은 그다지 어렵지 않다고 보았다. 따라서 그들이 볼 때 기술이전 문제는 별로 중요한 문제가 아니었다. 그러나 그것을 중요시하지 않은 것은 중대한 실수였다. 시간을 들여서라도 기술이전의 실제적 방안에 대해 논의했더라면 그들은 개발도상국들에게 신뢰와 호감을 주는 제안을 할 수 있었을 것이다. 그 문제를 나중에 다루어도 되는 대단찮은 문제로 취급했기 때문에, 선진국들은 개발도상국들에게 커다란 성취감을 안겨주는 동시에 다른 현안들에 쉽게 동의할 동기를 부여할 좋은 기회를 잃고 말았다.

상대방이 갖고 있는 인식과 다르게 행동할 수 있는 기회를 찾으라. 상대방의 인식을 변화시킬 수 있는 최고의 방법은 그 사람이 기대한 것과는 다른 메시지를 보내는 것이다. 그런 행동의 멋진 예로 1977년 11월 안와르 사다트 이집트 대통령의 예루살렘 방문을 들 수 있다. 그 당시 이스라엘은 사다트와 이집트를 4년 전에 자신들을 기습공격한 적으로 보고 있었다. 이러한 인식을 바꿔놓고 자신 역시 평화를 원한다는 것을 이스라엘인들에게 납득시키기 위해서 사다트는 적국의 수도로 날아갔다. 그때까지 이스라엘의 수도는 이스라엘과 가장 친한 미국으로부터도 인정을 받지 못한, 논란이 많은 도시였다. 사다트는 적으로 행동하지 않고 동반자로 행동했다. 이런 극적인 조치가 없었다면 1979년 이집트-이스라엘 간의 평화협정은 상상하기 어려웠을 것이다.

상대방으로 하여금 결정 과정에 동참했다는 확신을 갖게 만들고 협상 결과에 그들의 몫이 반영되도록 하라. 결정 과정에서 소외되었다고 느끼는 사람이 그 결과에 승복하는 일은 거의 없다. 그것은 단순하면서도 매우 중요한 사실이다. 당신이 장기간 조사한 후에 싸울 준비를 갖추고 주州 보험 감독관을 찾아간다면, 그가 당신이 자기를 협박하는 것으로 여기고 당신 말을 끝까지 들으려고도 하지 않는다 해도 놀랄 일이 아니다. 또 당신이 고용인에게 책임 있는 일을 원하는지 묻지 않았다면, 그가 그 때문에 화가 나 있는 것을 알더라도 놀라지 밀라. 만약 상대방이 내키지 않는 결론을 받아들이기를 당신이 원한다면, 그 결론을 내리는 과정에 그를 참여시키는 것은 대단히 중요하다.

그러나 사람들은 바로 이 점을 소홀히 다룬다. 어려운 문제를 처리해야 할 때 사람들은 본능적으로 최후 순간까지 그 어려운 부분을 미뤄두려고 한다. "감독관에게 가기 전에 미리 모든 문제를 생각해봤는지 확인해보라." 그러나 감독관이 그 규정의 수정 과정에 자신도 참여했다고 느끼면, 그는 훨씬 더 쉽게 그 수정안을 받아들일 수 있을 것이다. 또 그 수정안을 자신이 공들여 완성한 규정을 망치려는 의도로 보기보다는 그 규정을 만들 때 거친 초안 작성 과정에 단지 간단한 조항 하나가 더 첨가되었다고 느낄 것이다.

1994년 복수정당의 선거로 겨우 끝이 난 남아프리카공화국의 분리주의(합법화된 인종분리)에 맞서 투쟁한 50여 년 기간에 백인 온건파들이 흑인에게만 신분증을 휴대하게 한 인종차별적 법률을 폐지하려 한 적이 있었다. 그러나 어떻게 그것이 가능하겠는가? 백인 일색인 위원회를 소집하여 그 문제를 논의할 것인가? 이렇게 되면 그 제안이 아무리 훌륭하다 하더라도 흑인들에게는 불충분하다. 그 내용 때문이 아니라 결정 과정에 흑인이 완전히 배제되기 때문이다. 흑인들로서는 그 제안이 이렇게 들릴 것이다. "우월한 우리 백인들이 너희들 문제를 해결해주려고 한다." 따라서 그 결과는 또다시 '백인의 짐'으로 남게 될 것이다.

이처럼 합의조건이 유리해 보여도 단순히 그 작성 과정에서 소외되었다는 것 때문에 그 제안을 거부할 수도 있다. 양측 모두 그 안이 자신의 것이라고 생각할 때 합의는 훨씬 쉽게 이루어진다. 해결책을 발전시켜 나가는 동안 양측 모두 자신들이 하나씩 하나씩 도장을 눌러주었다고 느끼는 협상 과정은 성공한 것이다. 조건 및 연속되는 수정 부분에 대한 비판, 각각의 타협 등은 협상자들이 제안에 남기는 개인적 표식이다. 각자 제안이 자신들의 것이라는 느낌을 갖도록 양측의 의견을 충분히 포함한 제안은 차츰 발전한다.

상대방이 참여한다는 마음을 갖게 하려면 초기 단계부터 참여시키라. 상대방의 충고를 구하라. 당신이 기회 있을 때마다 상대방의 아이디어를 인정하면 그는 사람들에게 자신의 아이디어를 변호할 개인적 관심을 갖게 된다. 공을 자신의 것으로 돌리고 싶은 유혹을 이기기는 어렵다. 그러나 인내는 충분한 보상을 받게 된다. 실질적인 이익은 제쳐두더라도 참여의식이야말로 어떤 제안이 받아들여지는 데 가장 중요한 역할을 한다. 어떤 면에서 과정 그 자체가 곧 결과다.

상대방의 체면을 세워주라 : 상대방의 가치관에 부합되는 제안을 하라. 영어에서 '체면치레'라는 말은 경멸의 뜻을 담고 있다. 사람들은 누구의 감정을 상하지 않게 하면서 일이 진행되게 하려고 약간의 허식을 상대방에게 베푼다는 뜻으로 흔히 "그 사람 체면을 세워주려고 이렇게 하는 거야."라고 말한다. 이때의 어조는 약간 비웃는 투다.

그러나 이런 표현은 체면치레의 역할과 중요성을 전혀 이해하지 못하기 때문에 나온다. 체면치레는 한 사람이 협상에서 취한 입장이나 합의 사항을 자신의 원칙이나 과거 자신의 언행과 조화시킬 필요성이 있음을 보여주는 것이다.

재판 절차는 체면치레에 많은 주의를 기울인다. 판사들은 판결문을 작성할 때 자신과 사법제도뿐 아니라 관련 당사자의 체면도 세워준다. 판사들은 단지 한쪽에게는 '승소', 다른 쪽에는 '패소'라고 말하지 않고, 자신의 결정이 어떻게 원칙과 법률과 선례와 일치하는지를 설명한다. 임의가 아닌 합당한 규범에 따라 판결했다는 것을 보여주려는 것이다. 협상자들도 다를 바 없다.

사람들은 협상할 때 협상테이블에 놓인 제안이 본질적으로 받아들일 수 없기 때문에 반대하는 것이 아니라, 상대방에게 자신이 패했다는 느낌을 주거나 패한 모습을 보이고 싶지 않기 때문에 반대하는 경우가 적지 않다. 이런 경우 합의 내용을 공정한 결과로 보이게끔 문장을 고치거나 개념적으로 달리 표현하면 상대방이 그것을 받아들일 수도 있다.

어느 도시의 시장과 그 도시의 스페인계 주민 사이에 공공 일자리 취업 권리를 두고 협상했는데 시장은 그 합의안을 부결했다. 그러나 합의안이 철회되고 얼마 후에 시장은 합의 내용을 자신이 결정한 것으로 공표할 것을 허락했다. 그것은 선거 공약의 하나였다.

체면치레는 합의를 원칙과 조화시키고, 협상자들의 이미지와 조화시키는 것이다. 그 중요성은 절대 과소평가되어서는 안 된다.

▌감정

협상, 특히 치열한 말싸움이 오가는 협상에서 감정은 대화 그 자체보다 더 중요할 수 있다. 양측은 공동의 문제에 대해 협력해서 해결책을 찾기보다는 싸울 준비만 하고 있을 수도 있다. 사람들은 종종 협상의 성패가 너무 중요한 나머지 공포심을 갖고 협상에 임한다. 한쪽의 감정은 다른 쪽의 감정에 영향을 준다. 두려움이 분노를, 분노가 다시 두려움을 낳는다. 감정은 곧바로 협상을 교착상태에 몰아넣거나 아니면 협상에 종지부를 찍을 수 있다.

무엇보다 먼저 상대방과 자신의 감정을 인정하고 이해하라. 협상할 때 먼저 자기 자신을 돌아보라. 초조해하고 있지는 않는가, 불쾌감을 느끼지는 않는가, 상대방에게 화가 나 있지는 않는가? 상대방의 말에 귀를 기울이고 그의 감정을 파악하라. 당신이 느끼는 감정, 즉 두려움이나 걱정, 분노 등을 느끼는 대로 적어보는 것이 도움이 된다. 당신이 원하는 감정, 즉 자신감과 편안함 등도 적어보라. 당신 자신뿐 아니라 상대방의 감정도 같은 식으로 적어보라.

단체를 대표하는 협상자들과 협상을 할 때에는 그들을 감정이 없는 대변인으로만 보기 쉽다. 그러나 그들 또한 당신과 마찬가지로 개인적인 감정, 두려움, 희망 그리고 꿈을 갖고 있다는 것을 잊어서는 안 된다. 지금의 협상이 그들의 경력상 중대한 비중을 갖는 것일 수도 있다. 그들에게 특히 민감한 문제가 있을 수 있고, 특별히 자랑하고 싶은 점이 있을지도 모른다. 감정의 문제는 협상자들에게만 국한된 것이 아니다. 위임자들 역시 감정을 갖고 있다. 그들의 감정도 고려해야 한다. 위임자들은 상황에 대해 너무 단순하고 적대적인 견해를 갖는 경향이 있다.

감정을 파악했으면 무엇이 그런 감정을 갖게 하는지 자문해 보라. 상대방은 왜 화가 났을까, 상대방은 과거의 불만 때문에 복수할 방법을 찾고 있는 것일까, 한 가지 문제에서 생긴 감정이 다른 문제에까지 옮겨간 것은 아닐까, 집에서 생긴 개인적인 문제가 영향을 주는 것은 아닐까? 예를 들어, 중동 협상에서 이스라엘 사람들과 팔레스타인 사람들은 국가로서 존립하는 데 위협을 느꼈고 그 감정은 더욱 격해져서, 이제는 서안지구의 용수 배분과 같은 가장 구체적이고 현실적인 문제조차 함께 논의하거나 해결하기가 거의 불가능해졌다. 양측 사람들은 그들의 존립이 위태롭다고 느끼기 때문에 다른 문제들도 생존의 문제로 여기게 된 것이다.

'핵심 관심사'에 집중하라. 협상에서는 많은 감정들이 다섯 가지 핵심 이해관계에 의해 움직인다. 그 다섯 가지는 다음과 같다. '자율성'—자신이 직접 선택을 하고 자기 운명을 자신이 통제하려는 욕구. '인정'—받아들여지고 높이 평가되고 싶은 욕구. '소속감'—동료 집단에 소속되어 구성원으로 인정받고자 하는 욕구. '역할'—의미 있는 목표를 갖고자 하는 욕구. 마지막으로 '지위'—정당하게 보이고 인정받는다고 느끼려는 욕구. 이 다섯 가지 이해관계를 짓밟으면 강한 부정적 감정이 만들어진다. 이 다섯 가지에 주의를 기울이는 것은 문제해결방식의 협상을 위한 친밀한 관계를 형성하고 긍정적 분위기를 조성할 수 있다.[1]

정체성의 역할을 고려하라. 강한 부정적 감정을 일으키는 또 다른 확실한 요인은 정체성(어떤 사람의 자아상 또는 자존감)에 위협이 감지될 경우다. 인간으로서 우리는 자신의 자아인식에 대해 양자택일적 사고로 자신의 일반적 성향을 적용한다. "나는 착한 사람이야." "나는 좋은 매니저야." 이 자아인식은 피할 수 없는 자신의 결점과 모순을 사람들이 지적할 때 위협을 느낀다. 완벽한 사람은 없으며, 어떤 것에 전적으로 일관성을 유지하는 사람도 없지만, 무의식적으로 그 사실은 고통스럽고 받아들이기 불편할 수 있다. 그 결과 대결에 직면했을 때 우리는 자신

---

1 핵심 관심사와, 협상에서 그것을 어떻게 다루는지에 대해 더 알고 싶다면 Roger Fisher 와 Daniel Shapiro의 'Beyond Reason: Using Emotions As You Negotiate'(Penguin, 2006)를 보라.

이 능력이 '있는지' '없는지', 매력이 '있는지' '없는지', 공정한지 아닌지, 자신에게 어떤 의미가 있는지 등에 대한 내적 갈등이 격심해져서 겁을 먹거나 화가 날 수 있다.

만일 상대방이 갑자기 이상하게 나오거나 대화 도중에 당신이 예기치 못한 지뢰를 밟은 것처럼 느껴진다면, 당신이 한 말이나 할 수도 있는 말 때문에 상대방이 정체성을 공격받았다고 생각할 수도 있다는 것을 깨달아야 한다. 마찬가지로 당신이 균형을 잃거나 감정적이 되는 경우, 당신의 정체성이 공격받았다고 느꼈는지를 자문해 보라.[2]

감정을 숨기지 말고 그것이 정당한 것임을 인정하라. 상대측 사람과 그가 느끼는 감정에 대해 이야기하라. 또 당신 자신의 감정도 이야기하라.

"우리측 사람들은 당신네들로부터 무시당했다고 느껴서 대단히 화가 나 있습니다. 이런 상태에서 합의가 이루어진다 하더라도 지켜질 수 있을지 의문입니다. 합리적이고 아니고를 떠나서 그것이 무엇보다 우려되는 바입니다. 저 개인적으로는 이런 우려를 갖는다는 것이 잘못일지 모른다고 생각하지만, 그것이 현재 우리측 사람들이 갖고 있는 감정입니다. 당신측 사람들은 어떻습니까?" 하고 말한다 해서 나쁠 것은 없다. 당신이나 상대방의 감정을 토론의 분명한 화제로 삼는 것은 문제의 심각성을 강조해줄 뿐 아니라 협상을 더욱 적극적인 것으로 만

---

2   정체성에 관해서 그리고 문제해결방식의 협상에 방해가 되는 인간적 다른 요인들에 관해서 더 알고 싶다면 Douglas Stone, Bruce Patton, Sheila Heen의 'Difficult Conversation: How to Discuss What Matters Most'(Viking/Penguin,1999: 2nd. Edition, 2010)를 보라.

든다. 감정의 짓눌림에서 벗어나면 문제에 더 잘 대처할 수 있게 된다.

상대방이 감정을 분출시키도록 해주라. 흔히 분노, 좌절 등의 부정적인 감정을 처리하는 가장 효과적인 방법은 그들이 그 감정을 표현하도록 돕는 것이다. 사람은 깊은 관심을 갖고 자기 말을 들어주는 상대에게 자신의 불만을 토로하는 단순한 과정을 통해 심리적 해방감을 맛본다. 만일 당신이 사무실에서 있었던 기분 나쁜 일을 남편에게 전부 털어놓으려고 집으로 달려왔는데 남편이 "더 이상 말할 것 없어. 오늘 하루 힘들게 보낸 모양인데, 알았으니 그만 해두라고." 한다면 당신은 더욱 속상할 것이다. 협상도 마찬가지다. 감정을 분출시키고 나면 대화를 이성적으로 끌어나가기가 쉬워진다. 더 나아가서 협상자가 분노에 찬 발언으로 위임자들에게 그가 '연약하지 않다'는 것을 보여준다면, 그는 보다 홀가분한 입장에 놓일 수 있다. 달리 말해서, 합의가 이루어진 후에 비판이 제기되더라도 그는 강경한 입장이었다는 평판에 의지해서 자신을 보호할 수 있다는 뜻이다.

그러므로 상대방의 신랄한 발언을 막아버리거나 자리를 박차고 일어나는 대신 당신 자신을 잘 억제해서 자리에 앉아 상대방이 불만을 퍼붓도록 놓아두라. 이런 경우 위임자들이 듣고 있다면, 그들도 협상자와 더불어 자신들의 불만을 털어버릴 수 있을 것이다. 상대방이 감정을 토로하는 동안 취할 수 있는 최상의 전략은 그 공격에 맞서지 말고 그의 말을 조용히 들으면서, 그가 가슴속의 말을 다 할 때까지 이따금 부추기는 것이다. 이런 방법으로 당신은 상대방의 비방에 전혀 동요되지 않으면서도 가능한 한 상대방이 하고 싶은 말을 다 하도록 도와주어, 문제가 더 이상 곪지 않도록 할 수 있다.

감정적 폭발에 맞서지 말라. 감정 분출이 또 다른 감정적 반응을 유발할 경우 대단히 위험하다. 자제하지 않으면 결국 격렬한 싸움으로 번진다. 1950년대 미국 철강업계에서는 노사갈등이 심각한 문제에 이르기 전에 갈등을 처리하기 위해 노동자와 관리자들의 모임인 인간관계위원회라는 것을 설치했다. 그 위원회가 감정적 문제를 다루기 위해 사용한 기법은 매우 이례적이고 효과적이었다. 위원회 구성원들은 한 번에 한 사람만 화를 낼 수 있다는 규칙을 정하고, 화를 내는 사람에게 다른 사람들이 거칠게 대응하지 않는다는 것을 원칙화했다. 그렇게 한 사람이 감정을 폭발시키고 나면, "자, 되었소. 이제 다음 사람 차례요." 하고 인정해줌으로써 감정의 분출을 더욱 용이하게 한 것이다. 이 규칙은 더 나아가 사람들이 감정을 자제하도록 돕는 이점도 있었다. 즉 규칙을 깨는 것은 자기통제력을 상실했다는 증거이기 때문에 그 위반자는 체면을 깎이는 것이었다.

상징적인 제스처를 사용하라. 연인들은 붉은 장미 한 송이를 선물하는 것으로 싸움을 끝낼 수 있다는 것을 안다. 상대방의 감정에 매우 긍정적인 영향을 미치면서도 거의 또는 전혀 비용이 들지 않는 제스처가 많이 있다. 공감 표시, 사과의 말 한 마디, 조문, 손자에게 작은 선물을 하는 것, 악수나 포옹, 함께 하는 식사, 이 모든 것들이 적은 비용으로 적대적 감정을 해소할 수 있는 대단히 귀중한 기회가 될 수 있다. 당신이 나쁜 의도를 갖지 않았고 개인적으로 책임이 없는 경우에도 사과는 감정 문제를 푸는 효과적인 방법이 된다. 때로 사과의 말 한 마디는 가장 적은 비용으로 가장 큰 보답을 얻는 투자가 될 수 있다.

▌의사소통

소통 없는 협상은 없다. 협상이란 공동 결정에 다다를 목적으로 서로 의사를 주고받는 과정이다. 의사소통은 공동의 가치관을 갖고 경험을 함께 나눈 사람들 사이에서도 쉬운 일이 아니다. 30년 동안 함께 살아온 부부도 거의 매일 상대방을 오해한다. 하물며 잘 모르는 사람이나 적대감, 의심을 가진 사람과는 의사소통이 잘될 리가 없다. 당신이 무슨 말을 하더라도 상대방은 거의 언제나 그것을 다른 뜻으로 알아듣는다.

의사소통에는 다음과 같은 세 가지 큰 문제가 있다. 첫째로 협상자들이 상대방을 상대로 이야기하지 않거나, 상대방이 이해할 수 있는 방법으로 이야기하지 않는다는 것이다. 각자 상대방을 단념하고 더 이상 진지한 대화를 시도하지 않는 경우도 많다. 그런 경우 그들은 단지 제삼자나 자기 위임자들에게 좋은 인상을 남기기 위해 말하고 있는 것이다. 협상 상대자와 밀고 당기면서 서로 동의할 수 있는 결과를 얻으려 하지는 않고 상대방을 궁지에 몰아넣으려고 하거나, 협상 상대와 건설적인 대화를 하는 대신 청중의 호응을 얻기 위해 대화를 한다. 청중에게 영합하기 위해 대화한다면 양측의 효과적인 의사소통은 거의 기대할 수 없다. 당신이 직접적으로 분명하게 이야기하고 있을 때에도 상대방이 반드시 그 말에 귀를 기울인다는 보장은 없다. 이것이 소통의 두 번째 문제다. 사람들이 당신이 하는 말을 건성으로 흘려듣고 있는 경우가 얼마나 많은지 주의해서 보라.

마찬가지로 당신 역시 상대방의 말을 기억할 수 없는 경우가 얼마나 많은가. 특히 협상중에 당신은 다음에 할 말, 상대방의 마지막 제안에 대한 대응 방안 또는 다음 주장을 어떤 식으로 제기할 것인가 등을 생각하느라 바빠서 상대방이 하는 말에 귀 기울이지 못할 때가 많다. 혹은 상대방보다 위임자들의 말에 더 주의를 기울이고 싶을지도 모른다. 당신이 협상결과에 대해 보고해야 할 사람은 결국 그 위임자들이고, 실제로 당신이 만족시키고 싶은 사람도 바로 그들이다. 그러니 당신이 그들에게 많은 주의를 기울이고 싶어 하는 것은 당연하다. 그러나 상대방이 하는 말을 듣지 않으면 의사소통은 불가능하다.

의사소통의 세 번째 문제는 오해다. 상대방이 한 말의 뜻을 잘못 해석하는 것이다. 같은 방에서 협상하고 있을 때에도 한 사람이 다른 사람에게 의사를 전달하는 것이 마치 돌풍 속에서 연기로 신호를 보내는 것과 흡사할 때가 있다. 양쪽의 언어가 다를 때 오해의 소지는 배가된다. 예를 들면, 페르시아어로 '타협'은 영어처럼 '양쪽이 함께 살 수 있는 중도적 해결책'이라는 긍정적인 의미는 없고 '우리 인격이 손상되었다'라는 부정적인 의미를 갖고 있다. 또 페르시아어로 '중재자'라는 말은 불쑥 끼어든 '참견자'를 뜻한다. 1980년 초에 유엔사무총장 쿠르트 발트하임이 이슬람혁명 직후 이란 학생들에게 인질로 잡힌 미국 외교관들의 석방을 위해 이란으로 날아갔다. 하지만 그의 노력은 도착 직후 테헤란에서 한 이런 말이 이란 국영 라디오와 텔레비전에서 페르시아어로 방송되면서 끝장나고 말았다. "나는 간섭자(영어 의미로는 중재자)로서 인격의 손상(영어 의미로는 타협)을 위해 이곳에 왔다." 이 방송이 있고 한 시간 후, 성난 이란인들이 그의 차에 돌을 던졌다.

의사전달상의 이 세 가지 문제를 어떻게 풀 것인가?

적극적인 태도로 듣고 상대방이 이야기하고 있는 것을 인정하라. 들을 필요가 있는 것은 분명하지만 잘 듣기는 어렵다. 진행중인 협상에서 압박감을 느낄 때는 특히 그렇다. 적극적인 태도로 듣는다면 당신은 상대방의 인식을 이해하고 상대방의 감정을 느끼고 그가 말하려고 하는 것을 알아들을 수 있다. 열심히 듣는다는 것은 당신의 청취력뿐 아니라 상대방의 표현력도 증진시킨다. 당신이 주의 깊게 들으면서 간간이 "당신이 한 말이 이런 뜻입니까?" 하고 묻는다면 상대방은 지금 시간을 낭비한다거나 단지 의례적인 일을 하고 있는 게 아니라고 생각하게 될 것이다. 또한 그는 상대방이 자기 말을 잘 듣고 또 잘 이해하고 있다는 만족감을 가질 것이다. 당신이 상대방에게 할 수 있는 가장 값싼 양보는 그의 말이 경청되고 있다는 것을 그가 알도록 해주는 것이다.

훌륭한 청취 기술의 기본은 상대방이 말하는 것에 주의를 기울이고 그 말이 정확히 무엇을 의미하는지를 파악하기 위해 상대방에게 묻고, 만일 어떤 모호한 점이나 불분명한 점이 있으면 그것을 다시 설명해달라고 요청하는 것이다. 상대방의 말을 들으면서 당신이 해야 할 일은, 당신이 상대방에게 어떻게 응답할까를 궁리하는 것이 아니라 상대방이 자신을 이해하듯이 상대방을 이해하는 것이다. 상대방의 인식, 욕구, 한계를 수용하라.

많은 사람들이 상대방 주장에 별로 주의를 기울이지 않고 상대방 관점의 정당성을 인정하지 않는 것을 좋은 전술로 생각한다. 그러나 좋은 협상자는 그와 정반대로 행동한다. 당신이 상대방의 말을 받아들이고 그 말을 이해했다는 것을 보여주지 않는다면 상대방은 당신이 자기 말을 듣지 않았다고 생각할 것이다. 그렇게 되면 당신이 견해 차이를 설명할 때, 그는 여전히 당신이 자기 말뜻을 이해하지 못했다고 생각한다. 상대방은 마음속으로 '내 견해를 말했는데도 저 사람이 계속 엉뚱한 말을 하고 있는 것을 보면 내 말뜻을 이해 못한 게 분명해.'라고 생각할 것이다. 이런 생각이 들면 그는 당신 의견을 들으려 하기보다는 어떻게 하면 이번에는 자기 말뜻을 당신이 이해하도록 설명할지를 궁리하게 된다. 그러니 당신이 이해했다는 것을 보여주라. "내가 당신 말을 제대로 이해했는지 확인해봅시다. 그러니까 당신 생각에는 상황이 이러이러하다는 말씀이죠?" 하고 말하라.

당신이 이해한 바를 상대방에게 전달할 때는 그의 주장에 담긴 강점을 명확히 밝히면서 상대방의 견해에 입각해서 긍정적으로 진술하라. 예를 들어 당신은 이렇게 말할 수 있다. "낭신의 주장은 인상 깊게 들었습니다. 그 주장의 요지를 제가 다시 한 번 간추려 보겠습니다. 당신 주장의 요지는 이러이러한 것으로 저는 이해했습니다." 이해와 동의는 다르다. 상대방의 말을 이해하지만 그 말에 전혀 동의하지 않을 수도 있다. 그러나 당신이 상대의 견해를 이해하고 있다는 사실을 그에게 확신시키지 않고는 당신 말을 상대가 경청하게 만들지 못할 수도 있다. 그러므로 당신이 상대방의 주장을 요약한 다음에 상대방의 제안이 갖는 문제점으로 화제를 돌리라. 당신이 상대방의 주장을 그보다 더 잘 설명할 수 있다면, 당신은 상호 이점에 근거한 건설적인 대화를 주도할 기회를 극대화하면서 당신이 상대방을 잘못 이해하고 있다는 오해의 소지를 극소화할 수 있다.

당신의 주장이 이해될 수 있도록 말하라. 대화는 상대방과 하라. 협상은 논쟁이 아니라는 것을 잊기 쉽다. 또 협상은 재판이 아니다. 당신은 제삼자를 설득하려는 것이 아니다. 당신이 설득해야 할 사람은 당신과 마주 앉은 상대방이다. 협상을 소송절차와 비교한다면, 두 판사가 사건을 어떻게 처리할지를 놓고 합의를 보려는 것과 흡사하다. 당신의 역할을 위와 같이 설정하고 반대편 사람을 함께 공동판결문을 작성해야 할 동료 판사처럼 다루어보라. 이렇게 보면 당신이 상대방에게 문제의 책임을 떠넘기고, 욕설을 하면서 언성을 높이는 것은 분명 납득이 가지 않는 일이다. 오히려 거꾸로 자신들이 상황을 서로 다르게 파악하고 있다는 것을 분명하게 인정하고, 공동의 문제를 가진 사람들처럼 함께 문제를 풀어나가려고 노력하는 것이 바람직할 것이다.

언론, 유권자 혹은 제삼자가 주는 위압적이고 산만한 영향을 줄이려면, 상대방과 개인적으로 믿을 만한 의사전달 통로를 마련해 놓는 것이 유익하다. 단체협상회의인 경우에는 참석자의 수를 제한하는 것이 의사전달을 더 쉽게 할 수 있는 방법이다. 예를 들면, 유고슬라비아와 영국과 미국 사이에 진행된, 이탈리아 북동부의 항구도시 트리에스테에 대한 협상은 이들 세 주요 협상국이 대규모 대표단을 철수시키고, 개인 사저에서 비공식적으로 단출하게 회담을 재개하기 전까지는 아무런 성과를 내지 못했다. 우드로 윌슨 미국 대통령의 유명한 슬로건인 '공개적인 협약은 공개적으로'는 '공개적인 협약은 은밀히'로 바꾸는 것이 좋을 것이다. 협상에 참석한 사람의 수가 아무리 많다 하더라도 중요한 결정은 단 두 명에 의해 이루어진다.

상대방이 아니라 당신 자신에 대해 말하라. 많은 협상에서 사람들은 상대방의 의도와 동기를 장황하게 설명하고 비난한다. 그러나 상대방이 무슨 말을 왜 했는지 말하기보다 상대방의 행동이 당신에게 어떤 영향을 미쳤는지를 설명하는 것이 훨씬 설득력이 강하다. 이를테면 "당신이 약속을 어겼다."라고 말하지 말고 "나는 좀 실망했다."라고 말하라. 또 "당신은 인종차별주의자다." 하는 말보다 "나는 차별대우를 받은 느낌이 든다." 하는 말이 더 설득력이 있다. 상대방이 진실이 아니라고 여기는 어떤 점에 관해 당신이 말한다면, 그는 당신 말을 무시하거나 화를 낼 것이다. 상대방은 당신의 관심에 초점을 맞추려 하지 않을 것이다. 하지만 당신의 느낌을 진술한 것에 대해서는 반박하기 어렵다. 따라서 당신이 느낀 바를 이야기하면 당신의 제안을 받아들이지 않으려는 상대방의 방어적 반응을 불러일으키지 않으면서도 똑같은 내용을 전달할 수 있다.

필요한 말만 하라. 때로는 의사전달이 너무 적은 게 문제가 아니고 너무 많은 게 문제다. 분노와 오해가 심할 때에는 어떤 생각은 이야기하지 않는 게 최선이다. 어떤 경우에는 당신이 얼마나 양보할 수 있는지를 드러내는 것이 합의를 더 어렵게 만들 수 있다. 만일 내가 당신 차를 2만 달러에 사고 싶다고 말했는데 당신이 1만 8천 달러에도 팔

의향이 있다고 말한다면, 당신이 아무 말도 안 했을 때보다 거래 성사가 더 어렵게 될 것이다. 이로부터 우리는 다음과 같은 교훈을 얻는다. 어떤 중대한 발언을 하기 전에 전달하고자 하는 바가 무엇인지 혹은 알아내고자 하는 것이 무엇인지, 그리고 그 진술이 어떤 목적을 위한 것인지 정확히 알아야 한다.

▌예방이 최선의 치료다

인식, 감정, 의사전달 문제를 다루는 위의 기법들은 보통 어디에서나 효과가 있다. 그러나 사람 문제를 해결할 수 있는 최선의 시기는 그 문제가 발생하기 전이다. 이 말은 협상이 난국에 봉착하는 것을 막아주는 안전판으로, 상대방과 사적이고 조직적인 관계를 쌓아두라는 뜻이다. 이것은 또한 문제의 내용과 대인관계를 구분하는 방법으로 협상 게임을 조직하고 협상자의 자존심이 본질적 토론과 얽히지 않도록 유의하는 것을 뜻한다.

우호적인 관계를 수립하라. 상대방을 개인적으로 아는 것은 정말 유용하다. 당신이 개인적으로 알고 있는 아무개에게 악의를 품기는 어렵지만, '상대방'이라 불리는 전혀 모르는 추상적인 사람에게 악의를 품기는 쉬운 일이다. 동창, 동업자, 친구 또는 친구의 친구를 상대하는 것과 낯선 사람을 상대하는 것은 전혀 다르다. 낯선 사람을 친분이 있는 아무개로 빨리 만들수록 상대방의 저의가 무엇인지 더 쉽게 이해할 수 있다. 상대방이 어떤 사람인지 알게 되면 어려움이 줄어든다. 상대방을 알게 되면 협상의 난국을 헤쳐 나갈 신뢰의 기반을 갖게 된다. 그래서 의사전달 과정이 부드럽고 화기애애해진다. 격의 없는 농담이나 여담 한 마디로 긴장된 협상 분위기를 쉽게 풀 수도 있다.

이러한 관계를 발전시킬 수 있는 시기는 협상이 시작되기 전이다. 상대방과 알고 지내도록 하고 그가 좋아하는 것과 싫어하는 것을 미리 알아두라. 또 비공식적으로 상대방을 만날 방법도 강구하라. 정해진 협상 시간보다 일찍 도착하고 회담 후에도 바로 회담장을 떠나지 말고 상대방과 이야기할 기회를 가지라. 벤자민 프랭클린이 좋아한 방법은 상대방에게 책을 빌려줄 수 있느냐고 묻는 것이었다. 이런 말을 함으로써 상대방은 우쭐해지고 프랭클린이 자신에게 부탁했다는 것으로 친밀하고 편안한 느낌을 갖게 된다.

사람이 아니라 문제와 맞서라. 협상자들이 서로 얼굴을 마주보며 상대방을 적으로 여기고 있다면, 협상의 실질적인 문제를 그들의 인간관계와 구분하는 것은 대단히 어렵게 된다. 그런 상태에서는 한 협상자가 실질적 문제에 관해 한 말을 상대방은 개인적으로 자신을 향해 한 말로 듣고 또 그렇게 받아들인다.

양측은 각자의 행동에 대해 방어적이고 반사적인 행동을 취하고, 이런 과정이 악순환되면 상대방의 정당한 이해관계마저 무시하는 쪽으로 흘러간다.

협상 당사자들이 자신을 생각할 수 있는 가장 효과적인 방법은 협조자로서 나란히 앉아 각자에게 유리하고 공정한 합의점을 찾는 것이다.

구명보트에 탄 두 명의 난파선 선원이 한정된 식량과 비축 물품을 놓고 다투는 것처럼 협상자들은 상대방을 적으로 간주하며 협상을 시작할 수도 있다. 양측은 서로를 장애물로 여길 것이다. 그러나 살아남기 위해서는 객관적 문제를 사람과 분리하는 것이 필요하다. 두 선원이 그늘, 의약품, 물, 식량 등에 대한 각자의 필요를 확인하고 나서 불침번을 서고, 빗물을 받고, 보트를 해안으로 저어가야 하는 것처럼, 협상자들은 서로 확인한 각자의 욕구 충족을 공동의 문제로 다루어야 한다. 선원들이 공동의 문제를 풀기 위해 나란히 노력을 경주하는 과정에서 자신들이 공유한 이익을 증진시킬 뿐만 아니라 상충되는 이해관계를 더욱 잘 조화시킬 수 있게 된다. 협상자들도 이와 크게 다르지 않다. 양측의 인간적 관계가 아무리 어렵다 할지라도 양측이 과제를 공동의 문제로 받아들이고 공동으로 그 문제에 대처할 때, 그들은 다양한 이해관계를 더욱 우호적으로 조화시킬 수 있게 된다.

상대방을 마주보는 적대관계에서 나란한 동행관계로 변화시키기 위해 당신은 다음과 같이 분명하게 당신의 논점을 제기해야 한다.

"자, 우리는 둘 다 법률가(외교관, 사업가, 가족 등등)다. 내가 당신의 이해관계를 충족시키려 하지 않는다면 나 자신을 만족시켜줄 합의에 이르기 어려울 것이고, 그 반대도 마찬가지다. 우리 함께 우리의 집단적 이해관계를 만족시킬 수 있는 방안을 찾아보자." 이제 당신은 협상을 상대방과 나란히 동행하는 과정으로 받아들이고 시작할 수 있으며, 그러한 당신의 행동으로 상대방도 당신과 동참하는 것을 기쁘게 여길 것이다.

문자 그대로 협상테이블의 한쪽에 나란히 앉아 계약서, 지도, 메모지 등 무엇이든 문제를 설명하는 데 필요한 자료를 당신들 앞에 펼쳐 놓는 것이 도움이 될 것이다. 만일 상호 신뢰의 기반이 이미 확립되어 있다면 훨씬 더 좋다. 또한 설사 상호 관계가 불안정하다 할지라도 협상을 나란히 동행하는 활동으로 만들기 위해 노력하라. 그럴 때 두 사람은 서로 다른 이해관계, 인식, 감정을 갖고 있을지라도 합심해서 공동의 과제에 맞설 수 있을 것이다.

사람을 문제와 분리하는 것은 한 번 하고 나서 잊어버려도 되는 그런 성질의 것이 아니다. 그 일은 당신의 부단한 노력을 필요로 한다. 상대방을 인간적으로 대하고, 문제를 서로의 이점에 입각해서 보는 것이 원칙화된 협상의 기본적인 접근방법이다. 이후 어떻게 할 것인가 하는 것이 다음 세 장의 주제다.

3 장

입장이 아닌 이해관계에 초점을 맞추라

매리 파커 폴렛의 이야기를 들어보자. 도서관에서 두 사람이 다투고 있다. 한 사람은 창문을 열어놓기 원하고 또 한 사람은 닫고 싶어 한다. 그들은 창문을 얼마만큼 열어둘 것인지로 다투고 있다, 아주 조금만 열 것인지 반 정도 아니면 그 이상 열어둘 것인지. 어떤 해결책도 두 사람 모두 만족시킬 수 없다.

사서가 와서 한쪽 사람에게 왜 창을 열고 싶은지 묻는다. "시원한 공기를 마시고 싶어서요." 또 다른 사람에게 왜 창을 닫으려 하는지 묻는다. "외풍을 막으려고요." 그러자 사서는 잠시 생각하고 나서 옆방과 통하는 문을 활짝 열어서 외풍 없이 신선한 공기를 마실 수 있게 했다.

▎현명한 해결책이란 입장이 아니라 이해관계를 조정하는 것이다

위의 이야기는 많은 협상의 전형적인 예다. 양측의 문제는 입장으로 인한 것처럼 보이고, 그래서 입장의 일치를 보는 것이 협상의 목표인 것처럼 느껴진다. 실제로 협상자들은 그렇게 생각하고 입장에 관해 이야기를 나누는 경향이 있다. 그리고 그 과정에서 흔히 막다른 골목에 부딪힌다.

그 사서가 만약 창문을 열기를 혹은 닫기를 원하는 두 사람의 입장에만 초점을 맞추었더라면 해결책을 찾아내지 못했을 것이다. 대신 그녀는 그 입장 뒤에 놓인 그들의 이해관계, 즉 신선한 공기를 마시는 것과 외풍을 막는 것에 주목했다. 입장과 이해관계의 차이는 이렇듯 결정적인 것이다.

문제는 이해관계에 있다. 협상에 있어서 기본적인 문제는 상충되는 입장에 있는 것이 아니라 각자의 요구, 관심, 두려움 등의 차이에 있다.

"난 내 집 옆에다 건물을 짓는 걸 막으려고 애쓰는 중이야." 혹은 "우린 의견이 엇갈려. 그 사람은 집을 30만 달러에 팔려고 하지만 나는 25만 달러 이상은 절대로 줄 수 없어." 하는 말을 좀 더 근본적인 면에서 보면 이렇다.

"옆집 남자는 돈을 벌고 싶어 해. 나는 평화롭게 조용히 살기를 원하고." 혹은 "그 사람은 주택담보대출을 갚고 새 집에 20%의 계약금을 내기 위해 최소한 30만 달러가 필요해. 나는 내 가족에게 집을 사는 데

25만 달러 이상은 쓰지 않겠다고 약속했고." 하는 문제일 수도 있다.

이러한 욕구나 관심사가 '이해관계'다. 이해관계가 사람들에게 동기를 부여한다. 이해관계는 떠들썩한 입장 뒤에 있는 소리 없는 주동자라 할 수 있다. 입장이 당신이 이미 결정한 어떤 것이라면 이해관계란 그렇게 결정하도록 만든 동기가 되는 어떤 것이다.

1978년 캠프데이비드 정상회담에서 윤곽이 짜인 이집트-이스라엘 평화조약은 입장 뒤에 놓인 그 무엇에 주목하는 것이 얼마나 유용한지를 보여준다. 이스라엘은 1967년 6일전쟁 이후 이집트의 시나이반도를 점령했다. 이집트와 이스라엘이 1978년에 평화 정착을 위해 협상하고자 대좌했을 때, 양국의 입장은 양립될 수 없는 것이었다. 이스라엘은 시나이반도의 일부를 고수하겠다고 주장했다. 반대로 이집트는 시나이반도 전체가 이집트의 주권 아래 되돌아와야 한다고 주장했다. 사람들은 이집트와 이스라엘 사이에 시나이반도를 나눌 만한 경계선을 수십 번 지도에 그려보았다. 그러나 이집트는 이런 식의 타협을 용납할 수 없었다. 반대로 1967년 상태로 되돌아가는 것은 이스라엘이 용납하질 않았다.

입장이 아니라 이해관계에 주목했을 때에야 비로소 해결책을 발전시키는 것이 가능했다. 이스라엘의 이해관계는 안전보장에 있었다. 그들은 이집트 탱크가 어느 때고 국경을 넘어올 자세를 취하고 있는 것을 원치 않았다. 한편 이집트의 이해관계는 주권문제에 있었다. 시나이반도는 파라오왕 시절 이래 이집트 영토였다. 이집트는 수세기에 걸쳐 그리스, 로마, 터키, 프랑스, 영국의 지배를 받다가 최근에야 주권을 다시 얻었기 때문에 외부 정복자들에게 다시는 영토를 할애하려고

하지 않았다.

캠프데이비드에서 이집트 사다트 대통령과 이스라엘 베긴 수상은 시나이반도를 완전히 이집트주권 아래 복귀시키고, 비무장지대를 확대해서 이스라엘의 안전을 확실하게 한다는 계획에 동의했다. 이집트 국기는 시나이반도 어디에서나 휘날리겠지만 이집트 탱크는 이스라엘 국경 근처 어디에도 존재하지 않게 된 것이다.

입장보다 이해관계를 조정하는 것은 두 가지 이유로 인해 효과가 있다. 첫째, 모든 이해관계에는 대개 그것을 충족시킬 수 있는 여러 가지 가능한 입장이 존재한다. 예를 들면, 이스라엘이 시나이반도의 일부를 지킬 것이라고 공언한 데에서도 그렇듯이, 사람들은 너무나 자주 단순하게도 가장 분명한 입장 하나만을 채택한다. 상반된 입장들 뒤에 놓인 이해관계의 동기를 찾는다면, 당신은 자신의 이해관계뿐 아니라 상대의 이해관계도 충족시킬 대안이 되는 입장을 발견할 수 있다. 시나이반도에서는 비무장화가 그런 대안이 되는 입장 중 하나였다.

입장을 놓고 타협하는 것보다 이해관계를 조정하는 것이 더 효과가 있는 두 번째 이유는 종종 상반된 입장 뒤에는 밖으로 드러난 상지된 이해관계들 외에 더 많은 이해관계가 존재하기 때문이다.

상반된 입장 뒤에는 상치된 이해관계뿐 아니라 공유와 양립이 가능한 이해관계도 존재한다. 우리는 상대방의 입장이 우리와 상반되면 그들의 이해관계도 우리와 반대될 것이라고 생각하는 경향이 있다. 우리가 자신을 방어하려는 이해관계를 가지고 있다면, 상대방은 우리를 공격하고자 할 것이 틀림없다. 우리의 이해관계가 임대료를 최소화하려는 것이라면, 임대료를 최대로 받으려는 것이 상대방의 이해관계가 될 것이다. 그러나 많은 협상에서, 잠재된 이해관계를 면밀하게 관찰한다면 상반되는 이해관계보다는 공유되고 양립될 수 있는 이해관계가 많이 존재하고 있음을 알게 될 것이다.

예를 들어, 세입자와 집주인이 공유하는 이해관계를 보자.

① 양측 모두 안정성을 원한다. 집주인은 안정적인 세입자를 원하며, 세입자는 오래 살 셋집을 원한다.

② 양측 모두 아파트가 잘 유지되기를 바란다. 세입자는 거기에서 살 것이기 때문이고, 집주인은 그 건물의 평판뿐 아니라 아파트의 가치가 올라가기를 바라기 때문이다.

③ 양측 모두 서로 좋은 관계를 맺으려고 한다. 집주인은 세입자가 집세를 제때에 내주기 바라고, 세입자는 집주인이 필요한 보수 공사를 즉시즉시 해주기를 원한다.

그들의 이해관계는 상충되는 것이 아니라, 단지 다를 뿐이다. 예를 들면,

① 세입자는 알레르기가 있어서 자신이 페인트를 만지는 걸 원치 않는다. 집주인은 아파트를 다시 칠하는 비용을 들이고 싶어 하지 않는다.

② 집주인은 첫 달 집세를 현금으로 그리고 내일까지 지불하기 바라고, 세입자는 좋은 아파트라는 것을 알기 때문에 지불기한이 내일이든 언제든 신경 쓰지 않는다.

이처럼 서로 다른 공동의 이해관계를 저울질해보면, 집세를 최소화

하려는 세입자와 그 임대료를 최대화하려는 집주인의 상반되는 이해관계들은 다루기가 쉬워 보인다. 공동의 이해관계는 장기임대, 아파트 개선비용을 공동 부담한다는 합의, 좋은 관계를 유지하고자 하는 양측의 노력으로 나타날 수 있다. 또 양측이 달리하는 이해관계는 첫 달의 집세를 내일 현금으로 지불하고, 세입자가 페인트를 사고 집주인이 칠하기로 합의하면 해결될 수도 있다. 그러면 임대료를 정확히 결정하는 문제만 남게 되고, 그 문제는 아파트 임대시장 가격을 근거로 쉽게 해결할 수 있을 것이다.

합의는 종종 이해관계가 다르기 때문에 가능하다. 당신이나 구두를 파는 사람 모두 돈과 구두를 좋아한다. 그는 신발 한 켤레보다 50달러에 더 큰 이해관계를 가질 뿐이다. 당신은 그 반대로 50달러보다 구두를 더 선호한다. 그래서 거래가 이루어지는 것이다. 공동의 이해관계와 상이하지만 상호보완적인 이해관계는 둘 다 현명한 합의를 이끄는데 있어 블록을 쌓는 것과 같은 역할을 할 수 있다.

▎이해관계를 명확히 알 수 있는 방법은 무엇인가

서로의 입장 뒤에 놓인 이해관계를 찾는 것은 분명 유익하다. 그러나 어떻게 그것을 찾을지는 분명하지 않다. 입장은 대개 구체적이고 명백하지만, 그 입장에 내재하는 이해관계는 잘 드러나지 않아 알아차리기 어렵고 일관성이 없을 수도 있다. '상대방'의 이해관계를 알아내

는 것이 '당신'의 이해관계를 알아내는 것 못지않게 중요하다면, 당신
은 협상에 관련된 이해관계를 규명하기 위해 어떻게 해야 하는가?

"왜?"라고 물으라. 한 가지 기본적인 기술은 처지를 바꾸어서 생각하
는 것이다. 예를 들면, 왜 집주인은―5년 임대일 경우―집세를 해마다
정하기를 원할까? 하고 자문해보라. 당신이 생각해낸 '물가 상승에 대비
하기 위해' 같은 결론이 그의 이해관계 가운데 하나일 수 있다. 또 당신
은 직접 집주인에게 그 같은 특별한 입장을 취하는 이유가 무엇인지 물
을 수도 있다. 그런 경우, 주인에게 그 입장의 정당화를 요구하는 것이
아니라, 그 입장을 취하게 된 그의 요구나 희망, 두려움, 욕구 등을 이해
하기 위해서라는 것을 분명히 밝히도록 하라. "피터 씨, 임대 계약을 3년
이상으로는 할 수 없다는 당신 입장의 근본 관심사는 무엇입니까?"

"왜 그러지 않을까?"라고 묻고, 상대방의 선택에 관해 생각해보라. 상
대방의 이해관계를 밝혀내는 가장 유용한 방법 중의 하나는 우선 당신
이 상대방에게 선택하도록 요구한 기본적인 결정에 대해 상대방이 어
떻게 생각하는지를 밝혀내고, 왜 그가 그 결정을 선택하지 않는지 자
문해보는 것이다. 그의 이해관계 중 무엇이 결정에 장애가 되고 있는
가? 당신이 그의 생각을 바꾸고 싶다면, 그의 관심이 지금 어디에 쏠려
있는지 파악하는 것부터 시작해야 한다.

예를 들어, 추방된 이란 국왕이 암치료를 받으려고 미국을 방문한
1980년(이슬람혁명 직후), 이란 테헤란에서 운동권 학생들에게 인질로 잡
힌 52명의 미국 외교관과 대사관 직원들의 석방 문제로 미국과 이란

간에 있었던 협상을 생각해보자. 인질 문제는 국제적 공분을 샀고, 미국은 곧 제재조치를 취하면서 이란계 은행의 금융거래를 동결시키고 그들 자산을 대상으로 한 개인적 소송을 허가했다. 반면 이란 내에서는 인질을 잡은 학생들이 일부 사람들로부터는 영웅으로 여겨졌고, 중도성향의 선출 공무원을 내쫓으려는 보수주의자들에게는 정치적으로 유용한 존재들이 되었다.

이 문제의 해결에 수많은 중대한 장애물이 있었지만, 실은 전형적 학생대표가 선택할 만한 것이 무엇인지 아는 것만으로도 문제해결의 실마리를 찾을 수 있다. 미국의 요구는 분명했다. "인질을 석방하라."는 것이다. 1980년에 학생대표들이 취할 수 있었던 선택이란 아래 대차대조표에 쓰인 것과 같았을 것이다.

1980년 봄 현재, 이란 학생대표가 인식한 선택

Question   미국 인질을 즉각 석방하도록 압력을 넣을 것인가?

내가 'Yes' 한다면	내가 'No' 한다면
– 나는 혁명을 배신하는 것이다.	+ 나는 혁명을 돕는 것이다.
– 나는 친미적이라고 비난받을 것이다.	+ 나는 이슬람을 방어한다고 칭찬받을 것이다.
– 다른 학생들이 내게 동의하지 않을 것이다.(그러면 나는 지도력을 잃을지도 모른다) 만약 동의한다면 그때 인질을 석방한다.	+ 우리는 아마 전부 똘똘 뭉칠 것이다. 우리는 우리의 불만을 TV를 통해 전달하게 된다.
– 이란은 약한 국가로 보인다.	+ 이란의 국력은 강해보일 것이다.
– 우리는 미국에 항복한다.	+ 우리는 미국에 용감히 맞선다.
– 우리는 아무것도 얻지 못한다.	+ 우리는 뭔가를 얻을 기회를 갖게 된다.
(국왕의 강제 송환도, 돈도)	(최소한 우리의 돈을 되돌려 받을 수 있다)

– 우리는 미국이 어떻게 나올지 모른다.	+ 인질은 미국의 개입을 어느 정도 막을 수 있다.
– 나는 학교로 돌아가야 할지도 모른다.	+ 나는 점차 중요한 정치적 활동가가 될 것이다.

그러나 한편으론	그러나 한편으론
+ 경제제재를 끝내는 기회가 된다.	– 경제제재는 틀림없이 계속된다.
+ 다른 나라, 특히 유럽과의 관계가 개선될지도 모른다.	– 다른 나라, 특히 유럽과의 관계가 악화될지도 모른다.
	– 인플레이션과 다른 경제적 문제가 지속된다.
	– 미국이 군사행동을 취할 위험이 있다. (물론 순교란 가장 영광스러운 것이지만)

	하지만 이럴 수도 있다
	+ 미국은 우리의 돈이나 불간섭, 경제제재를 끝내는 것 등에 관해 더 많은 약속을 할 수도 있다.
	+ 우리는 후에 언제든지 인질을 풀어줄 수 있다.

만약 어떤 전형적인 학생대표의 선택이 위와 같이 복잡하다면, 운동권 학생들이 왜 그렇게 오래 인질을 붙잡고 있었는지 쉽게 이해할 수 있을 것이다. 맨 처음 인질을 잡은 것부터가 폭력적이고 불법적이었기 때문에 학생들이 한번 잡은 인질을 적당한 석방시기를 기다리며 계속 붙잡고 있는 것이 불합리한 일도 아니었다.

상대측 사람들이 취할 것으로 여겨지는 선택들을 구성하면서 맨 먼저 자문할 것은 "나는 누구의 결정에 영향을 끼치고자 하는가?"이다.

두 번째는 "상대측 사람들은 당신이 요구하는 결정이 무엇이라고 생각하는가?"인데, 만일 당신이 그들의 생각을 알지 못한다면 그들도 모를 확률이 높다. 이 사실 하나만으로도 왜 상대방이 당신이 바라는 대로 결정하지 못하는지를 충분히 설명할 수 있다.

위와 같은 질문을 한 다음에는 상대방이 당신의 요구대로 결정하는 경우와 그 반대 경우의 결과를 상대방이 보는 시각으로 분석해보아야 한다. 아래와 같은 목록이 그 분석에 도움이 될 것이다.

나 개인의 이해관계에 미칠 영향

- 나는 정치적인 지지를 잃게 될까, 얻게 될까?
- 동료들이 나를 비난할까, 칭찬할까?

내가 속한 집단의 이해관계에 미칠 영향

- 단기적으로 어떤 결과를 얻게 될까, 장기적인 결과는?
- 경제적인 면에서는 어떤 결과를 가져올 것인가?

  (정치적, 법적, 심리적, 군사적 측면에서는?)
- 집단 밖의 지지자나 여론에는 어떤 영향을 줄까?
- 좋은 선례가 될 것인가, 나쁜 선례가 될 것인가?
- 이 결정으로 더 나은 결정을 놓치는 것은 아닌가?
- 이 조치가 우리의 원칙에 부합하는가, 이 행동은 '옳은' 것인가, 하고자 한다면 나중에라도 이것을 할 수 있는가?

이런 과정을 거치면서 너무 상세하게 파고드는 것은 잘못이다. 찬성과 반대를 일일이 기록하고 가늠하여 정책을 결정하는 사람은 거의 없다. 당신은 어떤 선택의 인간적 이유를 이해하려고 노력하는 것이지 기계적이고 수학적인 계산을 할 필요는 없다.

양측은 다수의 이해관계를 가지고 있다는 사실을 깨달으라. 거의 모든 협상에서 양측은 단 하나가 아닌 많은 이해관계를 갖는다. 예를 들면, 세입자가 임대 문제를 협상할 때도 그는 유리한 임대 계약을 원할 수도 있고, 적은 노력으로 빨리 계약하기를 원할 수도 있으며, 집주인과 좋은 인간관계를 유지하려 할 수도 있을 것이다. 당신은 도달하게 될 합의에 영향을 끼치고 싶은 이해관계를 가질 뿐만 아니라, 그 합의를 성취하려는 강력한 이해관계도 가질 것이다. 당신은 자신만의 이해관계와 양측 공동의 이해관계를 동시에 추구할 수 있을 것이다.

협상 상황을 진단할 때 흔히 범하는 실수는 상대편에 속하는 사람들 각자가 모두 같은 이해관계를 갖고 있다고 가정하는 것이다. 그러나 이런 사례는 거의 없다. 베트남전쟁 당시 린든 존슨 미국 대통령은 북베트남(월맹) 정부, 남쪽의 저항세력 베트콩, 여러 소련 연방국, 중국 고문단 등을 전부 한데 묶어서 집합적으로 '그'라고 불렀다. "적은 '그'가 전쟁에 이길 수 없다는 것을 알게 될 것이다." 어떤 문제에 관련된 많은 사람들과 여러 파벌의 서로 각기 다른 이해관계를 일일이 파악하지 못한다면, '그'라고 명명된 집합체가 어떤 사항에 동의하도록 영향을 끼친다는 것은 불가능에 가깝다.

두 명이 협상하는 양자간의 사건은 예로 들기에 안성맞춤이지만, 현실적 협상은 여러 사람이 다각적 측면에서 많은 사람의 영향을 받으면서 진행된다는 것을 잊어서는 안 된다. 어느 야구선수의 연봉협상에서 팀 감독이, 다른 팀에서 비슷한 수준의 선수에게 최소한 그 정도는 지불하고 있는데도 50만 달러가 어느 특정 선수에게 너무 많다고 계속 주장했다. 사실 그 감독은 자신의 주장이 정당화될 수 없음을 알고 있었다. 그러나 그는 구단주로부터 이유를 설명하지 말고 강력히 그 주장을 계속하라는 엄명을 받았다. 재정적 어려움을 겪고 있던 구단주가 그 사실을 대중이 알게 되는 것을 원치 않았기 때문이다.

고용인, 고객, 피고용인, 동료, 가족 혹은 배우자 등 협상자가 누구든 간에 이들에게는 각각 이해관계에 민감한 대변자들이 있다. 따라서 어느 협상자의 이해관계를 파악한다는 것은 그가 고려해야 할 여러 사람의 서로 다른 이해관계를 파악한다는 뜻이다.

가장 강력한 이해관계란 인간의 기본 욕구 충족이다. 겉으로 표명된 입장 뒤에 있는 기본적 이해관계들 중에서 특별히 찾아내야 할 것은 모든 사람을 자극하는 가장 밑바닥에 있는 관심사다. 만약 그 기본 욕구를 잘 다룰 수 있다면 합의를 이끌어낼 가능성이 커진다. 그리고 합의에 도달한 후엔 상대방이 그것을 지킬 가능성 또한 커진다. 인간의 기본적 욕구란 다음과 같은 것을 포함한다.

- 안전보장
- 경제적 행복
- 소속의식
- 인정받고자 하는 욕구

• 자기 삶에 대한 관리

인간의 기본 욕구는 그것이 근본적인 것임에도 불구하고 간과되기 쉽다. 많은 협상에서 우리는 돈만이 유일한 관심사라고 생각하기 쉽다. 그러나 심지어 합의 별거를 할 때 발생하는 별거수당같이 돈의 액수를 책정하는 협상에서도 돈 이 외에 더 많은 이해관계가 포함되어 있다. 일주일에 천 달러의 별거수당을 요구하는 배우자가 정말 원하는 것이 무엇인가? 자신의 경제적 안정에 관심이 있는 것은 틀림없겠지만, 그 외에 또 무엇이 있을까? 배우자는 자신이 공정하고 평등하게 대우받았다고 느끼기 위해서, 즉 타인의 인정을 원하기 때문에 그 정도의 수당을 요구하는 것일 수도 있고, 사실은 그렇게 많은 돈을 필요로 하지 않는지도 모른다. 그러나 안정에 대한 욕구와 타인의 인정에 대한 욕구가 다른 식으로 충족될 수 있을 때에만, 그 배우자는 천 달러보다 적은 돈을 받는 데 동의할 것이다.

이처럼 개인에게 해당되는 것이 집단이나 국가의 경우에도 해당된다. 어느 한쪽이 자신의 인간적 기본 욕구 충족을 상대방이 위협한다고 믿는 한 협상은 큰 진전이 있을 수 없다. 미국과 멕시코의 협상에서 미국은 멕시코에게 천연가스를 낮은 가격으로 팔 것을 요구했다. 이것이 돈에 관한 협상이라고 판단한 미국 동력자원부 장관은 미국 석유컨소시엄이 멕시코와 타협한 가격인상안을 거부했다. 당시 미국 외에는 잠정적인 구매자가 없었으므로 미국은 멕시코측이 예전보다 요구 가격을 낮출 것으로 생각했다. 그러나 멕시코는 자국의 천연가스를 제값에 파는 것도 중요하지만, 제대로 존중받고 동등하게 대우받는 것에도 큰 관심이 있었다. 그런데 멕시코인들이 볼 때 미국이 취한 행동은 다시 한 번 으스대는 것처럼 보였다. 그래서 그것은 엄청난 분노를 유발했고, 멕시코 정부는 가스를 파는 대신 태워버리기 시작했다. 낮은 가격으로 합의를 본다는 것은 정치적으로 불가능해진 것이다.

또 다른 예를 들어보자. 북아일랜드의 장래에 관한 협상에서 프로테스탄트 지도자들은 가톨릭측의 소속감, 인정받으려는 욕구 및 동등한 국민으로 대접받고자 하는 욕구를 오랫동안 무시하는 경향이 있었다. 그런데 한편 가톨릭 지도자들이 프로테스탄트 지도자들의 신변안전에 대한 욕구를 자주 경시하는 것 같았다. 가톨릭 지도자들이 프로테스탄트의 공포심을 주의를 요구하는 정당한 관심사로 보지 않고 '그들의 문제'라고 가볍게 취급했기 때문에 북아일랜드 장래 문제의 해결책을 찾는 협상이 더욱 어렵게 되었다.

이해관계의 목록을 작성하라. 양측의 다양한 이해관계를 분류하기 위해서 이해관계가 생각날 때마다 그것을 기록해두는 것이 좋다. 그것을 기억하는 데에 도움이 될 뿐 아니라, 새로운 정보를 얻는 대로 그 정보의 가치를 평가하는 당신의 능력을 향상시키고, 또한 모아놓은 이해관계들을 그 중요도에 따라 배열하는 것을 가능하게 한다. 나아가서 이 기록은 다양한 이해관계를 어떻게 충족시킬 것인가 하는 아이디어를 자극할 수도 있다.

이해관계에 관해 대화하라

협상하는 목적은 당신의 이해관계를 만족시키기 위해서다. 상대방과 의견을 주고받을 때 당신의 이해관계를 충족시킬 기회가 늘어난다. 상대방은 당신의 이해관계가 무엇인지 모를 수 있고, 당신도 그들의 이해관계를 알지 못할 수 있다. 양쪽 중 어느 한쪽이나 혹은 양쪽 다 장래의 중대사 대신 과거의 불만에 초점을 맞추고 있거나 서로 상대방의 말을 듣지 않고 있을 수도 있다. 어떻게 하면 완고한 입장을 취하지 않고 건설적으로 양측의 이해관계를 논의할 수 있을까?

만약 상대방이 당신의 이해관계를 고려해주기 바란다면 그 이해관계가 무엇인지 상대방에게 설명하라. 이웃에서 건설공사가 벌어질 것에 불만을 품은 시민모임의 회원은 어린이의 안전과 밤의 편안한 수면을 보장하는 것 등의 쟁점을 분명하게 설명해야 한다. 자신이 쓴 책을 많은 사람들에게 무료 증정하고 싶은 작가는 출판사측과 그 문제를 의논해야 한다. 출판사는 책의 판매 촉진에서 작가와 이해관계를 함께하므로 작가에게는 할인된 최저가로 책을 제공할 의향이 있을 수도 있다.

당신의 이해관계를 생생하게 드러내라. 만일 극심한 위궤양증세로 의사를 찾아가서는 마치 배가 좀 아픈 것처럼 의사에게 증상을 설명한다면 많은 도움을 기대할 수 없다. 당신의 이해관계가 얼마나 중요하고 정당한 것인지 상대방에게 분명히 납득시키는 것은 당신 책임이다.

그럴 경우 지켜야 할 지침은 '진술이 명확해야 한다'는 것이다. 구체적으로 세부까지 묘사하는 것이 상대방으로 하여금 당신의 설명을 믿게 만들 수 있고 효과도 커진다. 예를 들면 이렇다. "지난주에 이런 일이 세 번이나 있었어요. 한 어린아이는 당신네 트럭에 치일 뻔했어요. 화요일 아침 8시 30분쯤에 자갈을 실은 당신네 붉은색 큰 트럭이 거의 시속 65㎞로 북쪽으로 달리다가 일곱 살 난 로레타 존슨을 칠 뻔했는데 방향을 틀어 겨우 사고를 피했어요."

당신이 상대방의 이해관계가 중요하지도 않고 정당한 것도 아니라고 생각하는 듯한 느낌을 주지 않는 한, 당신은 당신의 관심사가 얼마나 진지한지를 밝힐 때 강력한 태도를 취할 수 있다. "혹시 내가 잘못 알고 있다면 지적해주세요."라고 말함으로써 당신의 개방성을 보여줄 수 있고, 그때 만약 상대방이 당신에게 아무 지적도 하지 않는다면 그것은 상대방이 그 상황에 관한 당신의 설명을 수용한다는 뜻이 된다.

이해관계의 정당성을 확립하는 것이 이해관계를 상대방에게 부각시키는 데 큰 도움이 된다. 당신은 상대방에게 인신공격을 하는 것이 아니며, 당신이 직면한 문제가 주의를 요하는 정당한 것이라는 사실을 상대가 알아주기를 원한다. 그가 당신 처지라면 당연히 당신처럼 느낄 거라는 생각을 상대방이 갖도록 할 필요가 있다. "자녀가 있으세요? 당신이 사는 거리에서 트럭들이 시속 65㎞로 쌩쌩 달린다면 어떻겠습니까?" 하고 물으라.

상대방의 이해관계를 문제의 일부로 인정하라. 우리는 각자의 이해관계에만 신경을 쓰는 나머지 다른 사람의 이해관계는 마음에 두지 않으려는 경향이 있다.

사람들은 상대방이 이해해준다고 느낄 때 상대방의 말을 더 잘 경청한다. 자신을 이해하는 사람들이란 들어줄 가치가 있는 의견을 가진 현명하고 공감이 갈 만한 사람이라고 생각하는 것이다. 그러기에 '당신'의 이해관계를 상대방이 제대로 알아주길 바란다면, 당신은 '그'의 이해관계를 잘 알고 있다는 것을 보여주는 일부터 시작하라.

"내가 이해하는 바로는, 건설회사를 하고 있는 당신의 현재 관심사는 기본적으로 공사를 최소비용으로 빨리 끝내고, 이 도시에서 당신 회사가 안전하고 책임감도 있다는 평판을 유지하는 것입니다. 제가 바로 이해했습니까? 혹시 다른 중요한 관심사가 있습니까?"

당신이 상대방의 관심사를 이해하고 있음을 보여주는 것 말고도 그의 관심사가 당신이 해결하고자 하는 전체 문제의 일부분임을 인정하는 것도 도움이 된다. 상대방과 공동의 이해관계를 가지고 있는 경우 그것은 특히 하기 쉬운 일이다. "당신네 트럭이 아이를 치기라도 하면, 그것은 우리뿐 아니라 당신에게도 끔찍한 일이 될 것입니다."

해결책을 제안하기 전에 우선 문제부터 설명하라. 건설회사의 대표에게 말할 때 당신은 "우리는 당신들이 48시간 이내로 공사장 주변에 안전막을 설치하고 트럭이 오크가에서 시속 25㎞ 이상으로 다니지 못하도록 즉각 조치해야 한다고 믿습니다. 왜 그런가 하면 …." 하고 말할 수도 있다. 그러나 당신이 이런 식으로 말하면, 상대방은 당신이 말하는 이유는 듣지도 않을 게 뻔하다. 그는 당신의 입장을 들었으니 틀림없이 당신에게 맞설 대응거리를 생각하느라 바쁠 것이기 때문이다. 그는 아마 당신의 말투나 제안 그 자체 때문에 기분이 상했을 수도 있다. 그 결과 당신 주장이 정당하다는 것은 미처 깨닫지도 못하게 된다.

만일 상대방이 당신의 논리를 들어주고 이해하기를 바란다면, 우선 당신의 이해관계와 그 논리를 설명하고 그 후에 결론이나 제안을 말하라. 우선 건설회사측에 그들로 인해 아이들은 위험해지고 밤에 주민들이 숙면을 취할 수 없다는 사실을 말하라. 그런 경우 이야기를 어떻게 귀결시킬지 궁금해서라도 그들은 당신 말을 주의 깊게 들을 것이다. 그리고 당신이 결론을 내리면 그들은 그 이유를 즉시 이해하게 될 것이다.

과거를 보지 말고 미래를 보라. 우리는 놀라울 정도로 자주 다른 사람들의 언행에 단순하게 반응한다. 사람들이 겉으로는 협상을 하는 것 같지만 실제로는 '협상'의 목적과 상관없는 대화를 하는 경우가 많다. 사람들은 어떤 문제에 대한 의견이 상반되는 경우 마치 합의점을 찾기 위한 것인 양 토의를 한다. 그러나 사실상 논쟁은 하나의 의식으로 혹은 단순히 심심풀이로 진행되고 있는 것이다. 각각은 상대방에 대해 우위를 점하려고 하거나 오랫동안 품어 왔고 그래서 앞으로도 바뀔 것 같지 않은 상대방에 내한 자신들의 건해를 정당화시켜줄 증거를 찾는 데에만 급급하다. 어느 쪽도 합의점을 찾으려 들지 않고, 상대방에게 영향을 주려고도 하지 않는다.

만일 논쟁하고 있는 두 사람에게 왜 그러냐고 묻는다면, 그들은 전형적으로 대개 다투는 원인을 말하지 다투는 목적에 대해서 말하지는 않는다. 부부간이든 노사 간이든 두 사업자든 싸움 당사자들은 그들 자신의 장기적인 이익을 찾기보다는 상대방의 언행에만 반응하는 경향이 있다. "그 사람들이 내게 이렇게 할 수는 없습니다. 그들이 이런 식으로 해도 된다고 믿는다면 다시 생각해야 할 겁니다. 나도 가만 있지 않겠습니다."

"왜?"라는 질문은 매우 다른 두 가지 뜻을 갖는다. 하나는 인간의 행동이 과거에 있었던 사건에 의해 결정된다는 생각으로 과거를 돌아보며 그 원인을 찾으려는 것이고, 다른 하나는 인간의 행동은 자유의지에 달렸다는 생각으로 앞으로 달성해야 할 목적을 찾으려는 것이다. 어떻게 행동할지 결정하기 위해 자유의지와 결정론을 놓고 여기서 철학적 논쟁을 할 필요는 없다. 우리가 자유의지를 갖고 있거나, 미래 행동이 이미 결정되어 있거나 둘 중의 하나인 것이다. 둘 중 어느 경우든 선택은 우리가 한다. 즉 과거의 원인을 찾을 것인지 미래의 목표를 찾을 것인지는 우리가 '선택'할 수 있다.

과거가 어떠했다는 것보다 미래의 목표가 무엇인지를 말함으로써 당신의 이해관계를 더 잘 충족시킬 수 있다. 지난 4분기에 비용이 너무 많이 들었다, 지난주에 적절한 권한도 없이 행동했다, 어제는 기대에 못 미치는 일을 했다 등 과거사에 관해서 상대방과 논쟁하지 말고, 장차 무슨 일이 있기를 바라는지 말하라. 상대방에게 어제 한 일을 해명하라고 요구하지 말고 "누가 앞으로 무엇을 해야 하는가?"를 물으라.

구체적으로 그리고 융통성 있게 대하라. 협상할 때 당신은 협상의 목표가 무엇인지 정확히 알지만, 그대로 계속 마음을 열고 신선한 아이디어를 받아들이려 해야 한다. 협상결과가 무엇이어야 하는지에 대한 어려운 결정을 피하기 위해서 사람들은 다른 계획 없이 협상에 나가서 상대방이 무엇을 제안하고 또 요구하는지 지켜보기만 한다.

어떻게 하면 이해관계들을 확인하고 나서 그것을 충족시킬 특정한 옵션을 발전시키면서 여전히 그 옵션에 대한 당신의 융통성을 견지할 수 있을까? 당신의 이해관계를 구체적 옵션으로 전환시키려면, 우선 자신에게 "내일 상대방이 내게 협력하기로 동의한다면 내가 그들의 협력을 받아야 하는 것은 무엇인가?"를 물어야 한다. 당신 의견에 융통성을 갖기 위해서는 당신이 고안한 각각의 옵션을 단순한 예로 취급하고 당신의 이해관계를 충족시키는 옵션을 한 가지 이상 생각해두라. '여러 가지 중에 하나'라는 개념이 당신 행동의 지침이 되어야 한다.

처음 입장을 관철시키겠다고 희망하며 입장에 근거한 거래를 하는 사람은 상대방의 이해관계를 충분히 고려한 제안을 하면 대개 얻고자 하는 것을 성공적으로 얻을 수 있다. 예를 들어 스포츠 계약 협상의 경우, 계약 대리인은 "1년에 5백만 달러면 핸더슨도 자기가 받아야 된다고 믿는 수준의 금액이네. 그리고 계약기간이 5년이라면 안정적인 선수생활을 원하는 핸더슨도 만족할 걸세." 하는 식으로 말할 수 있을 것이다.

당신의 이해관계를 충분히 생각한 후에 이러한 당신의 합리적인 이해관계를 충족시킬 여러 개의 구체적 옵션을 가지고 회의장에 들어가되 열린 마음자세를 갖추어야 한다. 열린 마음이란 텅 빈 마음과는 다른 것이다.

문제는 강경하게, 사람은 부드럽게 대하라. 모든 협상자가 자기 입장에 강경하듯이 당신도 당신의 이해관계에 대해서 강경하게 말해도 된다. 사실 대개의 경우 강경하게 주장하라고 충고하고 싶다. 당신의 입장에 너무 집착하는 것은 현명하지 못하지만 당신의 이해관계에 온 힘을 다하는 것은 현명한 일이다. 협상에서 당신의 에너지를 적극적으로 쓸 곳은 바로 이 대목이다. 자신의 이해관계에 큰 관심을 가진 상대방은 가능한 합의의 범위를 지나치게 낙관적으로 크게 잡는 경향이 있다. 상대방에게는 최소의 비용을 물게 하고 당신에겐 최대한도로 이익을 주는 가장 현명한 해결 방안은 당신의 이해관계를 강경하게 옹호함으로써만 가능해진다. 각기 자신의 이해관계를 완강하게 고수하는 두 협상자는 상호 이익이 되는 해결 방안을 연구하면서 자주 서로의 창의성을 자극하게 된다.

인플레이션을 우려하는 건설회사는 낮은 비용으로 공사를 제때 끝내는 것을 가장 중요한 관심사라고 여길지 모른다. 그런 경우 당신은 그들을 흔들어 정신이 들게 해야 한다. 솔직한 감정으로 대하면 회사의 이윤과 아이들의 생명보호에 더 나은 해결점을 마련할 수도 있다. 문제를 정당하게 해결하지 못하고 적당히 타협하려 해서는 안 된다. "내 아들의 생명이 안전막을 설치하는 비용보다 가치가 없다고 말하진 않겠지요. 당신 아들이라면 그렇게 말할 리는 없을 테니까요. 젠킨스 씨, 나는 당신이 냉정한 사람이라고 생각하지 않아요. 이 문제를 어떻게 풀 것인지 함께 궁리해봅시다."

만약 상대방이 그 문제에 관해 인신공격을 당하고 있다고 느낀다면 그는 방어적이 되고 당신 말을 듣지 않으려 할지도 모른다. 사람과 문제를 분리하는 것이 중요한 것은 바로 이 때문이다. 사람을 비난하지 말고 문제만을 공격하라. 한 걸음 더 나아가 개인적으로는 그를 지지

하라. 존경심을 가지고 상대방의 의견을 듣고, 정중함을 보여주고, 그가 할애한 시간과 노력에 감사를 표하고, 그의 기본 욕구와 일치하는 당신의 관심사를 강조하라. 당신이 문제를 공격하는 것이지 그를 공격하는 것이 아니라는 사실을 보여주라.

한 가지 간단한 규칙은 당신이 그 문제를 강조할 때와 같은 강도로 상대편 사람들에게 적극적인 지지를 보내는 것이다. 지지와 공격은 조화를 이룰 수 없는 모순처럼 보인다. 심리적으로는 그렇다. 하지만 그 모순이 일을 도와준다. 잘 알려진 심리학의 인식의 불일치 이론은 사람들이 모순된 것을 싫어해서 모순을 제거하기 위해 행동한다고 주장한다. 주택가에서 트럭이 속력을 내서 달리는 문제를 공격하되, 동시에 그 회사 대표 젠킨스 씨에게 적극적인 지지를 보냄으로써 당신은 그의 인식의 불일치를 초래한다. 이 불일치를 극복하고 문제를 해결하기 위해서 그는 문제와 자신을 떼어놓고 생각하려 할 것이다.

문제의 내용을 두고 강력하게 싸우는 것은 효과적인 해결책 강구에 압력을 가중시킨다. 상대편 사람을 인간적인 면에서 지지하면 그와의 관계를 향상시키고 합의에 도달할 가능성을 증대시키는 경향이 있다. 지지와 공격이 조화를 이루어야 효과가 있다. 둘 중 하나만으로는 충분치 못하다.

협상에서 당신의 이해관계를 강경하게 내세우라는 것이 곧 상대방의 견해에 폐쇄적인 태도를 취하라는 뜻은 아니다. 그의 제안에 열린 태도를 보이지 않는다면, 상대방이 당신의 이해관계를 들어주거나 당신이 제안한 옵션에 관해 논의하는 것을 기대할 수 없을 것이다. 성공적인 협상은 확고하면서 동시에 열린 태도를 필요로 한다.

4장

상호 이익이 되는 옵션을 개발하라

누가 얼마만큼 시나이반도를 차지할 것인지에 관한 이스라엘과 이집트 사이의 협상은, 협상할 때 중요한 문제가 무엇이며 결정적인 기회가 언제인지를 말해준다.

이와 같은 협상 문제는 흔히 볼 수 있는 것이다. 이런 경우에는 양쪽 모두 만족하도록 파이를 나눌 방법이 없는 것처럼 보인다. 영토의 범위나 자동차의 가격, 아파트 임대기간 혹은 물건 매상의 수수료와 같은 문제를 협상할 때 흔히 당신은 한 가지 차원에서 협상한다. 또 자주 당신이나 상대방 중 어느 한쪽에만 유리한 양자택일의 상황에 직면해 있는 것처럼 느껴진다. 이혼할 경우에 누가 집을 갖는가, 아이의 양육권은 누가 가질 것인가 하는 문제를 이기거나 지는—그러나 아무도 지려고 하지 않는—양자택일의 상황으로 볼 것이다. 당신이 이겨서 1만 5천 달러에 차를 사고, 5년간 임대 계약을 맺고, 집과 아이를 다 차지하게 된다 할지라도 상대방이 당신을 그냥 두지 않으리란 불안감을 갖게 된다. 상황이 어떠하든 당신의 선택은 한정되어 보인다.

시나이반도의 협상은 또다른 기회를 보여준 본보기였다. 시나이반도의 비무장화 같은 창의적인 옵션은 협상의 막다른 골목에 부딪치는 것과 합의의 차이를 뚜렷이 보여준다. 의뢰인과 상대방측 모두에게 유리한 해결책을 창안하는 능력 덕분에 일찍 성공한 변호사가 있었는데, 그는 파이를 나누기 전에 우선 그것을 크게 부풀렸다. 옵션을 창안해내는 기술은 협상자가 지닐 수 있는 가장 유용한 자산 중 하나다.

그러나 여전히 너무 많은 협상이, 그 유명한 '오렌지 하나를 놓고 다툰 두 아이'의 이야기처럼 끝을 맺는다. 마침내 오렌지를 반으로 나누기로 합의한 후에, 한쪽 아이는 절반을 갖고 과육을 먹은 후 껍질을 던져버렸다. 그런데 다른 아이는 나머지 절반 중에서 과육은 던져버리고 껍질만 케이크를 굽는 데 사용했다. 협상자들은 너무나 자주 '돈은 테이블 위에 그냥 놓고' 간다. 즉 사람들은 합의를 볼 수 있었는데도 보지 못하거나 그들이 합의한 것보다 양측 모두에게 더 유리한 합의안이 있는데도 그걸 놓치고 만다. 너무나 많은 협상에서 한쪽은 오렌지 속(과육)을 전부 갖고, 다른 쪽은 껍질을 전부 갖는 이상적인 합의 대신 오렌지를 반으로 나누어 갖고 협상을 끝낸다. 왜 그럴까?

진 단

옵션을 많이 갖는 것이 매우 중요함에도 불구하고, 협상 당사자들은 그 필요성을 거의 느끼지 못한다. 논쟁할 때 사람들은 대개 자신들이 정답을 알고 있다고 생각한다. 즉 자기 의견이 이길 거라고 믿는다. 계약 협상 때도 마찬가지로 사람들은 자신의 제안이 합당하다고 믿거나 가격만 약간 수정하면 받아들여질 것이라고 믿기 쉽다. 해결책이 될만한 대답은 모두 당신 입장과 상대방의 입장을 잇는 일직선상에 놓여 있는 것처럼 보인다. 창의적인 생각이라고 제시한 것은 고작 두 입장의 차이를 쪼개 갖자는 제안 정도다.

대부분의 협상에서는 풍부한 옵션을 창안해내는 데 방해가 되는 네가지 장애물이 있다. 첫째 성급한 판단, 둘째 단 한 가지 해답만을 찾으려는 태도, 셋째 파이의 크기가 정해져 있다는 생각, 넷째 "상대방의 문제는 상대방이 해결할 일이다."라는 생각이다. 이런 제약에서 벗어나기 위해서 당신은 이 장애물을 올바로 이해할 필요가 있다.

▎성급한 판단

옵션을 개발하는 일은 노력 없이 그냥 되는 일이 아니다. 당신이 긴장감이 팽팽한 협상장 밖에 있을 경우에도 옵션에 대해 생각하지 않는 것이 오히려 정상적인 상태다. 만약 당신이 노벨 평화상을 받을 만한 최고의 자격이 있는 사람을 지명해달라는 요청을 받는다면 어떤 사람의 이름을 대려고 하다가 우선 제한된 조건을 떠올리며 이런 의구심을 갖게 된다. "과연 그 사람이 노벨 평화상을 받을 만한 '최고'의 자격을 지녔다고 확신할 수 있을까?" 당신은 머릿속이 텅 비어 아무 생각 없이 관습적으로 "글쎄요, 교황이나 미국 대통령 정도겠죠." 하고 대답할 수도 있을 것이다.

옵션을 개발해내는 데 새로운 아이디어의 결점을 찾아내려는 비판 의식보다 더 큰 장애는 없다. 판단은 상상력을 방해하기 때문이다.

다가올 협상으로 인한 압박감 때문에 당신의 비판 의식은 더욱 날카로워지기 쉽다. 실제적인 협상에는 실제적 사고가 필요하지 상상력이 풍부한 창의적 아이디어들이 필요한 것 같지 않게 여겨진다.

당신의 창의성은 상대방의 존재로 인해 더욱 짓눌릴 수도 있다. 내년 연봉을 놓고 사장과 협상을 한다고 가정해보자. 당신은 4천 달러 인상을 요구했고, 사장은 당신으로서는 불만스러운 금액인 1천 5백 달러 인상을 제의했다. 이렇게 팽팽하게 긴장된 상황에서는 상상력을 발휘해 해결책을 찾는 것이 쉽지 않다. 당신은 인상 요구액의 반만 받고 나머지 반은 추가 이익이 발생하면 받도록 하자는 식의, 조금은 현명하지만 미온적인 제안을 했다가는 자신이 어리석은 사람으로 보이지 않을까 염려할 것이다. 당신의 사장은 "좀 진지해지게. 자네가 그걸 모르지는 않을 텐데. 그건 회사 정책을 뒤엎는 짓이야. 다른 사람도 아닌 자네가 그런 제안을 하다니 뜻밖이네." 하고 말할지도 모른다. 만약 얼떨결에 당신이 인상을 연기하자는 안을 내놓는다면 사장은 그것을 하나의 제안으로 여겨 "그런 조건에서라면 협상할 준비가 되어 있네."라고 말할지도 모른다. 당신이 무슨 말을 하든 제안으로 받아들일 수 있기 때문에 말하기 전에 두 번 생각해봐야 한다.

또한 옵션을 개발함으로써 협상중인 당신의 입장이 곤경에 빠질지도 모를 정보를 노출시킬까 봐 두려워할 수도 있다. 예를 들어, 집을 사려고 하는데 회사에서 재정을 보조해줄 것을 제안한다면, 사장은 당신이 회사에 계속 남을 의향이 있으며, 끝내는 사장 자신이 제안한 어떤 봉급 인상안이라도 받아들일 거라고 결론내릴 것이다.

유일한 해답을 찾기

많은 사람들이 옵션을 창안해내는 것은 협상 과정의 일부가 아니라고 생각한다. 자신들이 해야 할 일은 서로의 입장 차이를 좁히는 것이지 가능한 옵션의 폭을 넓히는 것은 아니라고 생각한다. 사람들은 "이 정도 합의하는 데도 무척 힘이 들었는데 또 새로운 아이디어를 내다니 그건 아니지."라고 생각하는 경향이 있다. 협상의 최종 산물은 단 하나의 결론이다. 따라서 그들은 자유분방한 토론은 협상을 지연시키고 혼란만 가져올 뿐이라고 생각하는 것이다.

창의적인 사고의 첫 번째 장애물이 성급한 판단이라면, 두 번째 장애물은 성급한 결론을 내리는 것이다. 처음부터 유일한 최고의 해답 하나만을 찾음으로써 가능성 있는 수많은 답 가운데서 해답을 선택하는 현명한 결정 과정을 없애버리기 쉽다.

파이의 크기는 정해져 있다는 가정

테이블 위에 놓인 옵션의 수가 그토록 적은 세 번째 이유는 이러하다. 즉 서로가 그 상황을 내가 갖거나 네가 갖거나 둘 중 한쪽만 택해야 하는 것으로 보기 때문이다. 협상은 대개 '합계가 정해져 있는(fixed-sum) 게임'처럼 보인다. 자동차 가격이 당신에게 100달러 이익이라는 것은 나에게는 100달러 손해를 의미하는 것처럼 말이다. 만약 모든 옵션이 그처럼 뚜렷하고, 내가 손해를 보지 않고서는 당신을 만족시킬 수 없다면 무엇 때문에 성가시게 옵션을 만들어내려고 하겠는가?

█ '그들의 문제는 그들이 알아서 할 일이다'라는 생각

실제적인 옵션을 만들어내는 데 최종적인 장애요인은 양측이 단지 즉각적인 자신의 이해관계에만 관심을 갖는 것이다. 협상자가 자신의 이해관계에 부합하는 합의에 도달하기 위해서는 상대방의 이해관계에도 부응하는 해결 방안을 찾아낼 필요가 있다 그러나 양측의 이해관계에 부합하는 현명한 방법을 생각해내려면 문제를 조금 떨어져서 바라보아야 하는데, 쟁섬의 한 변에 감정을 개입시키면 그것이 어려워진다. "우리 문제만으로도 충분해. 그들 문제는 그들이 알아서 할 수 있겠지." 또한 심리적으로 상대방의 시각에 정당성을 부여하기를 꺼리는 일도 자주 있다. 상대방을 만족시킬 방법을 생각해내는 것은 자기측에 충실하지 못한 것이라고 생각되기 때문이다. 그래서 협상자들은 근시안적으로 자신의 관심사만을 생각하기 때문에 자기편의 입장, 자기편의 논제 그리고 일방적인 해결책만을 발전시킬 따름이다.

처 방

창의적 옵션을 개발하기 위해서 당신은 다음과 같이 해야 한다. ①
옵션을 창안하는 것과 판단하는 행위를 분리할 것, ② 한 가지 해답만
을 찾기보다 옵션의 폭을 넓힐 것, ③ 서로에게 득이 되는 것을 찾을
것, ④ 상대방이 결정을 쉽게 내릴 방법을 창조해낼 것, 이 네 가지를
실천하는 각각의 단계는 다음과 같다.

▌옵션을 창안하는 것과 결정하는 것을 분리하라

판단은 상상력을 방해하므로 비판적 행위와 창의적 행위를 분리하
라. 가능성 있는 결정안들을 창안하는 과정과 그것들 가운데서 하나를
선택하는 과정을 분리하라. 우선 만들어내고 결정은 그 후에 하라.

협상자로서 당신은 혼자서 많은 옵션을 창안할 필요가 있는데, 그
것이 쉽지만은 않다. 새로운 아이디어를 짜내려면 당신 머릿속에 들어
있지 않은 것들도 생각해야 하기 때문이다. 생각해낸 것을 정리하고,
친구나 동료들과 함께 브레인스토밍 회의를 갖는 것을 고려해야 한다.
이런 회의가 옵션을 창안하는 과정과 그 중 하나를 결정하는 과정을
유효하게 분리해준다.

브레인스토밍은 당면과제를 풀기 위해 가능한 한 많은 아이디어들
을 창출하는 게 목적이다. 이의 핵심이 되는 중요한 규칙은 아이디어

에 대한 모든 비판과 평가를 일단 뒤로 미루는 것이다. 즉 단순히 아이디어를 제안하기만 하고 그것이 좋은지 나쁜지, 현실적인지 비현실적인지는 판단하지 않는 것이다. 그렇게 해야 하나의 아이디어가 폭죽이 터지듯 연달아 다른 아이디어를 자극하게 된다.

브레인스토밍 회의에서는 전형적이 아닌 생각들도 분명히 고무되어야 하므로 어리석게 보일까 봐 걱정할 필요가 없다. 그리고 상대방이 없을 때는 신뢰할 만한 정보가 노출될까 봐, 혹은 진지한 언질로 여겨지는 불충분한 의견을 가지고 있다는 것이 알려질까 봐 걱정할 필요가 없다.

브레인스토밍 과정에 정도는 없다. 오히려 그 과정은 당신의 필요와 자원에 따라 재단될 수 있다. 그 과정에서 다음과 같은 지침들을 고려하는 게 도움이 될 것이다.

브레인스토밍을 하기 전에

1. 당신의 목표를 분명히 하라.

회의에서 어떤 결과를 얻어가지고 나오고 싶은지 미리 생각하라.

2. 회의 참석자 수를 적게 하라.

참석자 수는 적극적으로 의견을 교환하기에 충분할 만큼 많아야 하고, 동시에 모든 회원의 참여와 자유로운 창의가 이루어질 수 있을 만큼 적어야 한다. 대개 5~8명 정도가 좋다.

3. 환경을 바꾸라.

가능한 한 보통 때와 다른 토의 시간, 다른 장소를 선택하라. 보통 때의 모임과 다르게 보일수록 참석자들이 판단을 유보하기가 더 쉬워진다.

4. 격식을 차리지 않는 분위기로 유도하라.

당신과 다른 사람들이 긴장을 푸는 데에는 무엇이 필요한가? 음료수를 마시면서 대화하는 것, 혹은 그림처럼 예쁜 휴가용 별장에서 회의를 갖는 것, 혹은 편안한 옷차림으로 회의하는 것, 아니면 성을 빼고 서로 이름을 부르는 것 등으로 긴장을 완화할 수 있을 것이다.

5. 회의를 잘 진행할 사람을 고르라.

누군가가 회의를 잘 진행할 필요가 있다. 즉 회의가 궤도를 벗어나지 않도록 하고, 모두에게 말할 기회를 주고, 기본 규칙들이 지켜지도록 하고, 질문을 던져서 토론을 자극하는 등의 일을 맡을 사람이 필요하다.

브레인스토밍을 하는 동안에

1. 문제를 앞에 두고 참석자들이 나란히 앉는다.

물리적인 것이 심리적인 것을 강화한다. 나란히 자리잡고 앉으면 공동의 문제를 놓고 씨름한다는 정신적 유대가 강화된다. 서로 마주보고 앉으면 상대방에게 집중하게 되고 대화나 논쟁에 빠져드는 경향이 있다. 그러나 의자를 반원형으로 놓고 플립차트와 화이트보드를 마주하고 옆으로 나란히 앉으면 사람들은 그곳에서 설명되는 문제에 반응하게 된다.

2. 기본 규칙들을 명백히 하고, 비판을 허락하지 않는다는 규칙을 포함시키라.

만약 참석자들이 전부 서로를 알지 못하면, 회의는 돌아가면서 자기소개를 하는 것부터 시작하고 이어서 기본 규칙들을 분명히 하도록 해야 한다. 부정적인 비판은 절대로 금지하라.

우리는 각자 자신의 업무상의 전제에 의해 제한된 범위 내에서만 사고가 가능하기 때문에, 공동작업을 통해 새로운 아이디어를 만들어내는 것이다. 만일 아이디어들이 모든 참석자에게 호소력을 가져야만 수용된다면, 공동작업의 묵시적 목적은 아무도 거부하지 않을 아이디어를 발전시키는 것이 될 것이다. 이에 반해 전형적이 아닌 아이디어도 장려되고 고무된다면―그 중 어느 것은 실제로 실현 가능성이 없는 것도 있지만―브레인스토밍 참석자들은 가능성이 '존재하고', 아무도 이전에 생각하지 못했던 옵션들을 이런 아이디어들로부터 창출해낼 수 있다.

그리고 이 회의의 전 과정을 기록하지 않는 것과 아이디어를 어떤 참석자 개인의 공으로 돌리지 못하게 하는 것 등을 회의의 기본 규칙으로 정하는 것이 좋을 것이다.

3. 브레인스토밍을 하라.

회의의 목표가 일단 명확해지면 당신의 상상력을 발동시키라. 생각할 수 있는 모든 각도로 문제에 접근하면서 긴 아이디어 목록을 작성토록 하라.

4. 아이디어들을 잘 보이도록 기록하라.

화이트보드나 플립차트에 여러 가지 아이디어를 기록하는 것은 회의 참석자들에게 집단적 성취감을 느끼게 해준다. 기록을 하면 '무비판'이라는 규칙이 강화되고, 같은 말이 되풀이되는 것을 막아주며, 또 다른 아이디어를 발굴하는 데 도움이 된다.

브레인스토밍을 한 후에

1. 가장 유망한 아이디어에 별표를 하라.

브레인스토밍 후에 가장 유망한 아이디어를 골라내려면 무비판이라는 규칙을 조금 완화하라. 당신은 아직 결정 단계에 있는 것이 아니고 단지 더 발전시킬 만한 가치가 있는 아이디어를 지명하는 것일 뿐이다. 참석자들이 가장 좋다고 생각하는 것에 표시를 해놓으라.

2. 유망한 아이디어를 더 개선하라.

유망한 아이디어를 택해서 그것을 실행할 방법뿐 아니라 그것을 더 좋게 더 현실적으로 만들 방법을 찾아내라. 이 단계에서 할 일이란, 할 수 있는 한 그 아이디어를 매력적으로 만드는 것이다. 따라서 이런 건설적인 비판을 서두로 삼으라. "그 아이디어의 가장 좋은 점은 이러이러한 점입니다. 만일 이렇게 하면 그 아이디어는 훨씬 더 좋아질 것 같습니다."

3. 아이디어를 평가하고 결정할 시간을 정하라.

회의를 끝내기 전에 이 과정에서 발췌한 아이디어의 목록을 작성하고, 그 가운데 어떤 아이디어를 어떻게 적용할 것인지 결정하기 위한 다음 회의시간을 정하라.

상대방과의 브레인스토밍을 고려하라. 당신측 사람들과 브레인스토밍을 하는 것보다 훨씬 어렵겠지만 상대방 사람들과의 브레인스토밍 역시 매우 가치 있는 일이다. 상대방과의 브레인스토밍은 브레인스토밍 과정의 정해진 규칙에도 불구하고 상대방이 당신의 이해관계에 편견을 갖게 될 말을 할지도 모를 위험이 있기 때문에 더욱 어렵다. 당신은 비밀정보를 부주의하게 노출하거나, 당신이 생각해낸 옵션을 당신의 제안으로 상대방이 오해하게 될 위험이 있다. 그럼에도 불구하고 상대방과 함께 브레인스토밍을 하는 것은 협상에 관련된 모든 사람들의 이익을 고려한 아이디어를 창안할 수 있고, 함께 문제를 풀어가는 분위기를 조성하고 서로 상대방에게 자신의 관심사를 알려주는 등의 이점이 있다.

상대방과 함께 브레인스토밍을 하면서 당신을 보호하기 위해서는 공식적인 견해를 표명하고, 기록을 전제로 하는 협상과 브레인스토밍 자체를 명확히 구분해야 한다. 사람들은 합의를 목적으로 하는 회의에 너무 익숙해 있으므로 다른 목적으로 회의를 하는 경우에는 그 목적을 명확하게 천명할 필요가 있다.

어떤 특정 아이디어에 찬성하는 것처럼 보일 위험을 피하기 위해서 한 번에 적어도 두 가지 대안을 내놓는 것이 좋다. 때로는 당신이 분명히 동의하지 않는 옵션을 내놓을 수도 있다. "나는 당신에게 그 집을 공짜로 줄 수도 있었다, 또는 당신은 내게 그 집값으로 현금 100만 달러를 지불할 수도 있었다, 또는 ⋯." 이럴 경우 당신이 이들 중 어떤 아이디어도 제안할 리가 없기 때문에 정식 제안으로 받아들여지지 않고 단지 희박한 가능성으로만 여겨질 것이다.

양측의 공동 브레인스토밍이 도대체 어떤 것인지 알아보기 위해 탄광회사 경영진과 지역 노조 지도자들이 하루 이틀 정도의 공인되지 않은 파업을 진정시킬 방도를 찾기 위해 함께 브레인스토밍을 한 실례를 보기로 하자. 양측에서 각각 다섯 명씩 열 명이 나와서 화이트보드를 마주하고 테이블 주위에 반원형으로 둘러앉는다. 중재적 위치에 있는 진행자가 참석자들에게 아이디어를 말해달라고 요청하고 그것을 화이트보드에 적는다.

진행자   좋습니다. 지금부터 공인되지 않은 작업중단 문제를 어떻게 해결해야 할지에 관해 여러분의 의견을 들어봅시다. 자, 그럼 5분 내에 화이트보드에 열 가지 아이디어를 모아봅시다. 톰, 말해보세요.

톰(노조)   작업 감독관은 노조원의 불만사항을 현장에서 해결해줄 수 있어야 합니다.

진행자   좋습니다. 기록하겠습니다. 짐, 손 드셨군요.

짐(경영진)   노조원은 행동을 취하기 전에 문제가 무엇인지 작업 감독관에게 말해야 합니다.

톰(노조)   우리는 그렇게 하고 있습니다. 하지만 감독관들이 듣지를 않습니다.

진행자   톰, 아직 비판은 하지 말아주기 바랍니다. 비판은 나중에 하기로 합의되었어요. 그렇죠? 제리, 당신 생각은 어때요? 무슨 생각이 있는 듯한데 ….

제리(노조)   파업할 만한 문제가 생기면 노조원들이 즉시 휴게실에서 회합을 가질 수 있도록 허락해주어야 합니다.

로저(경영진)   경영진은 휴게실을 노조회의에 사용하도록 허가하는 데 동의할 수 있고, 감독관들이 문을 닫고 나가 있도록 해서 회의의 비밀을 보장해줄 수 있습니다.

캐롤(경영진)   노조 지도자와 경영진이 만나 즉시 문제를 해결할 기회를 갖지 않고서는 파업할 수 없다는 규칙을 채택하는 것은 어떻습니까?

제리(노조)   불만이 있을 때, 감독관과 노조원이 그들 간에 해결을 보지

	못할 경우 24시간 내에 회의를 갖도록 시간을 규정하는 것이 어떻겠습니까?
카렌(노조)	네. 그리고 함께 문제를 해결하는 방법에 관해 노조원들과 감독관들을 위한 합동훈련 시간을 마련하는 게 어떻습니까?
필(노조)	일을 잘하는 사람이 있으면 칭찬을 좀 해주세요.
존(경영진)	노조원과 경영진 간에 친근한 관계를 맺읍시다.
진행자	존, 가능성이 있는 이야기같군요. 좀 더 구체적으로 말씀해 주시겠습니까?
존(경영진)	노조원과 경영진 연합 소프트볼 팀을 만드는 건 어떨까요?
톰(노조)	볼링 팀도 만들지요.
로저(경영진)	모든 가족이 일 년에 한 번 피크닉을 가는 건 어떻겠습니까?

이렇게 회의가 진행되면서 참석자들은 많은 아이디어를 내놓게 된다. 이런 아이디어의 대부분은 브레인스토밍이 아니면 거론되지 않을지도 모른다. 그런 아이디어 중 몇 가지는 공인되지 않은 파업을 줄이는 데 효과적일 수도 있다. 함께 브레인스토밍으로 보낸 시간은 분명히 협상에서 가장 가치 있게 보낸 시간이다.

그러나 당신이 상대방과 함께 브레인스토밍을 하든 안 하든 옵션을 개발하는 행위와 그것을 결정하는 행위는 따로 떼어놓고 생각하는 것이 어떤 협상에서든 매우 유용하다. 옵션을 놓고 토의하는 것은 입장을 취하는 것과는 근본적으로 다르다. 한쪽의 입장이 다른 쪽의 입장과 어긋나는 데 반해 옵션은 다른 옵션을 낳는다. 옵션을 토의할 때는 당신의 어투 자체가 다르다. 그것은 단정적인 어투로 표현되는 것이 아니라 질문 형태로 표현된다. 그것은 닫혀 있지 않고 열려 있다. "한 가지 옵션은 이것입니다. 당신이 생각하는 다른 옵션은 무엇이지요?" "우리가 여기에 동의하면 어떻게 됩니까?" "이렇게 하면 어떻겠습니까?" 하는 식으로 질문을 하게 된다. 결정하기 전에 먼저 아이디어를 창안해내라.

한 가지 대답을 찾기보다는 옵션의 폭을 넓히라

아무리 의도가 좋아도 브레인스토밍에 참여하는 사람들은 건초더미에서 건초를 하나하나 뒤지면서 바늘을 찾듯이 '단 하나'인 최고의 답을 찾고 있다는 가정하에 행동하기 쉽다.

그러나 이 단계의 협상에서 왕도를 찾으려고 해서는 안 된다. 당신은 협상할 여지를 개발해야 한다. 협상할 여지를 개발한다는 것은 뚜렷이 차이가 나는 많은 아이디어—당신과 상대방이 나중에 협상의 기초로 삼을 수 있고, 그 가운데 나중에 선택할 만한 아이디어가 들어 있는 —를 가짐으로써만 가능하다.

좋은 포도주를 만들어 파는 포도주 상인은 수많은 종류의 포도 중에서 좋은 포도를 고른다. 스타플레이어를 찾는 스포츠팀은 전국의 지역경기와 대학팀을 샅샅이 뒤지기 위해 능력 있는 스카웃 전문가들을 파견할 것이다. 같은 원리가 협상에도 적용된다. 현명한 결정의 핵심은 포도주를 만드는 일이든 스포츠든 협상이든 간에 많은 수의 다양한 옵션 중에서 가장 좋은 것을 고르는 것이다.

만약 누가 올해 노벨 평화상을 받아야 할지 물어온다면 당신은 "음, 좀 생각해보구요." 한 다음 기발한 수많은 아이디어를 끄집어내서 외교·사업·언론·종교·법률·농업·정치·학술·의약 및 그 외 분야에서 100명 정도의 명단을 만드는 것이 좋다. 처음부터 정답을 찾으려고 마음먹기보다는 이런 식으로 하는 것이 훨씬 좋은 결정을 내릴 수 있는 게 분명하다.

브레인스토밍 회의는 사람들이 자유롭고 창의적으로 생각하도록 풀어준다. 일단 자유로워지면 사람들은 문제에 관해 생각하고 건설적인 해결책을 만들 방법을 찾아낼 필요를 느낀다.

특수한 것과 일반적인 것 사이를 오가면서 옵션을 늘리라. 도표를 이용하라. 옵션을 창안하는 일은 네 가지 사고유형을 포함한다. 첫 번째 사고유형은 특별한 문제—당신이 싫어하는 상황, 예를 들면 당신 소유의 땅에 흐르는 냄새 나고 오염된 하천과 같은—에 관해 생각하는 것이다. 두 번째 사고유형은 서술적 분석이다. 즉 일반적인 용어로 현존하는 상황을 진단하는 것이다. 문제를 범주별로 분류하고 시험적으로 각각의 원인을 분석한다. 하천에 흐르는 물은 화학물질을 너무 많이 포함하고 있거나 산소가 매우 부족할 수 있다. 세 번째 사고유형은 일반적으로 말해 무엇을 해야 할지를 생각하는 것이다. 당신이 내린 진단에 의거해 화학적 방출물을 줄이고, 물의 유용을 줄이고, 다른 강에서 맑은 물을 끌어오는 것 등 이론적으로 생각할 수 있는 처방들을 찾아본다. 마지막 네 번째 사고유형은 행동을 취하기 위해 구체적이고 실행 가능한 제안을 끌어내는 것이다. 이런 일반적인 접근방식 중에서 하나를 실행에 옮기기 위해서 내일 누가 무엇을 해야 하는가? 예를 들어, 주 환경청은 하천 상류의 산업시설들에게 화학물질 방출량을 제한하도록 명령할 수도 있다.

다음의 도표는 이 네 가지 사고유형을 설명하고, 이 네 가지 단계를 순서대로 밟아나갈 것을 제안한다. 모든 것이 잘 되면 이런 방식으로 만들어지고 채택된 특정한 행위로 당신의 근본적인 문제를 처리할 수 있을 것이다.

옵션 창안의 네 가지 기본 단계

	실제상으로 C	이론상으로 D
잘 못 된 것 A	**제1단계 | 문 제** 무엇이 잘못됐나? 드러난 상태는 무엇인가? 희망하는 상황과 대조되는 바람직하지 않은 사실은 무엇인가? A + C	**제2단계 | 분 석** 문제를 진단한다. 상태별로 분류한다. 원인을 파악한다. 부족한 것이 무엇인지 살펴본다. 문제해결의 장애들에 주목한다. A + D
해 야 할 것 B	**제4단계 | 행동에 관한 생각** 무엇을 해야 하는가? 문제해결을 위해 어떤 세부적 단계를 밟아야 하는가? B + C	**제3단계 | 접 근** 가능한 전략 혹은 처방은 무엇인가? 이론적 치유책은 무엇인가? 해결책에 대한 폭넓은 아이디어를 창출한다. B + D

도표는 하나의 생각을 이용해서 다른 생각을 창출하는 쉬운 방법을 제공한다. 당신 앞에 어떤 행동에 관한 유용한 아이디어가 하나 놓여 있다면 당신은—혹은 브레인스토밍을 하는 당신이 속한 집단은—그 행동에 관한 아이디어가 단지 일종의 적용 사례에 불과한 일반적 접근 방식인지를 확인해야 한다. 그러면 당신이 직면한 현실에 위에서 확인한 일반적 접근방식을 적용할 다른 행동에 관한 아이디어들을 생각해낼 수 있다. 마찬가지로 한 걸음 더 물러나서 "만약 이 이론적 접근방식이 유용하다면 그 뒤에 있는 진단은 무엇인가?" 하고 물을 수 있다. 진단을 명확히 표현한 후에 그런 방식으로 분석된 문제를 다룰 다른 접근방식을 창출할 수 있고, 그런 후에 이 새로운 접근방식을 실행에 옮길 조치를 찾을 수 있다. 그러므로 협상테이블에 놓인 한 가지 좋은 옵션은 그것을 좋게 만들어줄 이론을 수립하는 데 길잡이가 되어 주며, 그런 후에 그 이론을 이용하여 다른 옵션을 생각해내도록 이끌어준다.

그 과정에 대한 한 가지 예로 북아일랜드의 갈등을 해결한 방법을 생각할 수 있다. 1980년대에 고안된 한 가지 아이디어가 있었는데, 그것은 가톨릭과 프로테스탄트 교사들이 양쪽 계열 학교의 조급학년용으로 북아일랜드 역사에 관한 학습지를 공동으로 마련하자는 것이었다. 그 아이디어는 1990년대에 실제로 적용되어 북아일랜드 역사를 그때까지와 다른 관점에서 조명하고, 아이들에게 역할 수행 및 처지를 바꾸어 생각하는 연습 기회를 주게 되었다. 더 유용한 아이디어들은 이러한 구체적 행동 제안으로 시작하고, 그것을 뒷받침하는 이론적 접근방식을 모색하여 창안되었다. 그때 다음과 같은 일반적 제안들이 있었다.

"두 학교제도에 공통적인 교육내용이 포함되어야 한다."

"가톨릭과 프로테스탄트는 우선 처리하기 쉬운 작은 일부터 공동으로 해야 한다."

"너무 늦기 전에 어린이들의 이해를 증진시켜야 한다."

"편파적 인식이 무엇인지 분명히 밝히는 방식으로 역사를 가르쳐야 한다."

이런 이론을 가지고 작업하면서 추가적 행동 제안이 창안되었는데, 가톨릭과 프로테스탄트가 서로 다른 시각을 통해 북아일랜드 역사를 보여주는 영화를 공동으로 제작한다든가 양측 학교 선생님을 바꿔서 가르쳐 보는 방안 또는 초급학년 아이들이 함께 수업을 받게 하는 것 등이 그것이었다.

여러 분야 전문가들의 눈을 통해 보자. 다양한 옵션을 만들어내는 또 다른 방법은 다른 직업과 다른 규율의 관점에서 당신의 문제를 조사해 보는 것이다.

예를 들어 자녀의 양육문제에 관한 논쟁에서 가능한 해결책을 창안하려면 교사·은행가·정신과 의사·민권 변호사·성직자·영양관리사·의사·여성인권론자·축구 코치 외 다른 특별한 관점을 가진 사람이 보듯 문제를 보라. 만약 당신이 사업계약을 위해 협상중이라면 은행가·발명가·노조 지도자·부동산 투자가·주식시장 중개인·경제학자·조세 전문가 혹은 사회주의자 등이 생각할 옵션을 창출해내라.

당신은 또한 여러 분야의 전문가들 눈을 통해 문제를 보고자 하는 아이디어를 적용하여 이 도표를 사용할 수도 있다. 차례로 각 전문가가 상황을 어떻게 진단할지, 각기 어떤 접근방법을 제안할지, 이런 접근방법에서 나오게 될 실용적 제안은 무엇일지 생각하라.

강도가 서로 다른 합의들을 창출하라. 당신은 얻고자 하는 합의안이 어렵다고 판명될 경우 손에 쥐고 있는 수정안을 완화시킴으로써 가능한 합의안의 숫자를 늘릴 수 있다. 예를 들어 당신이 그 협상의 실질적 내용에 동의할 수는 없더라도 그 절차에는 동의할 수 있을 것이다. 파손된 구두의 선적비용을 누가 지불해야 하는지 그 문제를 놓고 도매상과 제화공장이 합의를 보지 못하고 있다 해도 그들은 그 문제를 중재자에게 위탁하는 데에는 합의할 수 있을 것이다. 이와 마찬가지로 영구적인 합의가 가능하지 않더라도 일시적 합의는 가능할 수 있다. 당신과 상대방이 최선의 합의에 도달할 수 없더라도 최소한 차선의 합의에는 도달할 수도 있다. 즉 서로 의견이 다르다는 것에 우선 의견을 같이하고, 그래서 명백하지 않을 수도 있는 쟁점이 무엇인지 양측이 알게 되는 것이다. 아래와 같은 형용사도 '강도'면에서 차이가 나는 잠재적 합의를 제안한다.

더 강한 것	더 약한 것
실질적인	절차적인
영구적인	임시적인
포괄적인	부분적인
최종적인	원칙적인
무조건적인	조건을 수반하는
구속력이 있는	구속력이 없는
제1등급의(최선의)	제2등급의(차선의)

제안된 합의의 범위를 변화시키라. 합의의 강도뿐만 아니라 그 범위를 변화시키는 것도 고려하라. 예를 들면, 당신은 문제를 더 작게 더 다루기 쉬운 단위로 '세분화'할 수 있다. 당신 책의 편집을 맡을 사람에게 "제1장을 편집하는 데 300달러 정도면 어떻겠습니까? 우선 그렇게 하고 나서 다시 생각해봅시다."라고 말할 수 있다. 왜냐하면 합의는 부분적이며 소수의 관련자를 포함하고, 단지 몇 개의 선택된 주제만 다루고, 한정된 지역에만 적용되고, 제한된 기간에만 유효할 수도 있기 때문이다.

또 위와 반대로 어떻게 하면 '항아리에 꿀을 가득' 채울 수 있을까 하는 식으로 협상의 주제를 넓혀서 합의를 더욱 매력적으로 만드는 문제도 생각해볼 수 있다. 인도와 파키스탄의 인더스강 물 분쟁 때는 세계은행이 이들 양측에게 기금을 조성하여 양국에 이익이 되는 새로운 관개시설, 새로운 저수용 댐, 그 밖의 엔지니어링 사업을 모색할 것을 요청했다.

상호 이득이 되는 것을 찾으라

창의적인 문제해결에 장애가 되는 세 번째 중요 요인은 파이의 크기가 정해져 있다는 생각이다. 즉 상대방의 몫이 적을수록 내 몫이 많아진다고 여기는 것이다. 이 생각은 옳지 않다. 우선 양측은 언제라도 지금보다 상태가 더 나빠질 수 있다. 체스는 합이 '0'인 게임(zero-sum game)이다. 한쪽이 지고, 한쪽이 이기는 것이다. 도중에 개가 체스판을 흐트

러뜨리거나 맥주를 엎지르거나 해서 양측 모두 게임 전보다 나쁜 상태가 되지 않는 한 그렇다.

둘 다 손해 보는 것을 피하는 공동의 이해관계 말고도 함께 이득을 볼 수 있는 방법이 거의 언제나 존재한다. 이 방법으로 서로 유리한 관계로 발전시킬 수도 있고, 창의적 해결책으로 각자의 이해관계를 만족시키는 형태를 취할 수도 있다.

공동의 이해관계를 확인하라. 이론적으로 공동의 이해관계가 합의를 도출하는 데 보탬이 되는 것은 분명하다. 공동의 이해관계에 부합하는 아이디어를 창안해내는 것이 당신에게나 상대방에게나 분명 좋은 일이다. 그러나 현실적으로는 이런 논리가 항상 맞는 것은 아니다. 가격 협상에서는 공동의 이해관계가 분명하게 드러나지 않을 수도 있고, 문제와 관련이 없는 것처럼 보일 수도 있다. 그렇다면 어떻게 공동의 이해관계를 찾아낼 것인가?

예를 들어보자. 당신이 타운센드라는 정유회사의 경영자라고 하자. 이 정유공상이 있는 페이시빌 시의 시장이 타운센드사가 시에 내는 세금을 연 100만 달러에서 200만 달러로 올리려 한다고 하자. 당신은 그에게 1년에 100만 달러면 충분히 합당하다고 말한다. 협상은 바로 이 지점에서 시작된다. 시장은 더 많은 세금을 원하고 당신은 예전대로 내고 싶어 한다. 여러 가지 면에서 전형적인 예라 할 수 있는 이 협상에서 공동의 이해관계는 어디에서 생기는 것일까?

시장이 원하는 것을 좀 더 자세히 살펴보자. 그는 돈—틀림없이 시의 서비스와 새로운 시민회관을 짓는 데 필요한 돈, 그리고 일반 납세자들의 부담도 덜어주게 될 돈—이 필요하다. 그러나 이 시는 현재와 미래에 필요한 돈을 전부 타운센드사에서만 받아낼 수는 없다. 건너편 석유화학공장에 더 과세할 수도 있고, 앞으로 새로 설립되는 회사나 기존의 산업이 확장되는 경우에 거기에서 재원을 확보할 수도 있을 것이다. 그 자신 사업가인 시장은 또한 일자리를 마련해주고 페이지빌의 경제를 튼튼하게 할 산업 확장을 장려하거나 새로운 사업을 유치하려 할 것이다.

이런 경우 당신 회사의 이해관계는 무엇인가? 정유기술의 급속한 변화와 낙후된 공장시설 때문에 당신은 기존 공장시설의 대폭적 대체 및 확장을 고려하고 있다. 이 경우 당신은 시에서 확장한 정유공장의 자산을 더 크게 평가해서 세금을 더 많이 책정할지도 모른다는 우려를 할 것이다. 당신 공장에서 나오는 제품을 이용하기 쉽도록 근처에 플라스틱공장을 유치하려고 했던 점도 고려해볼 것이다. 시에서 세금을 올리는 것을 보고 다른 생각을 하지나 않을지 당신이 걱정하는 것은 당연하다.

시장과 당신의 공통된 이해관계는 이제 더 분명해진다. 양쪽 모두 기존 산업의 확장을 촉진하고 새로운 산업을 장려한다는 목표를 갖고 있는 것이다. 만약 이런 공동의 이해관계에 부합하는 것을 개발해낸다면 다음과 같은 몇 가지 아이디어를 시험해 볼 수도 있을 것이다. 새로운 산업을 대상으로 7년간의 면세 혜택, 새로운 회사를 유치하기 위한 상공회의소와의 공동 캠페인, 확장을 준비중인 기존 산업에 대한 감세 조치 등등이다. 이런 아이디어는 시의 재원을 계속 채우면서 당신 회사의 돈도 절약할 수 있게 해준다. 반대로 협상이 회사와 시의 관계를 뒤틀어놓는다면 양측 모두 피해를 입게 된다. 당신 회사는 시 자선단체나 학교 체육부에 주던 기부금을 중단하게 된다. 한편 시는 건축 규칙과 여타 조례를 시행하는 데 있어 터무니없이 까다로워질 수 있다. 그렇게 되면 시의 정치 및 기업계 지도자들과 당신 회사의 인간적 관계가 불편해질 것이다. 결과적으로 으레 당연한 것처럼 간과되던 양측의 인간관계가 이제는 그 중요성에 있어 어느 특정 현안 문제의 결과보다 훨씬 더 크게 부각될 것이다.

협상자로서 당신은 상대방을 어느 정도 만족시켜줄 해결책을 찾고자 할 것이다. 손님이 바가지를 썼다고 느낀다면 그 가게 주인은 실패한 것이다. 그는 손님 한 명을 잃게 되고 그의 평판도 나빠질 것이다. 상대방이 아무것도 얻지 못한 결과란 나중에 상대방을 달랜 결과보다 당신에게 더 나쁜 것이다. 거의 대부분의 경우 당신의 만족도는 당신이 어느 정도로 상대방에게 만족한 합의를 도출해내서 상대방이 그 합의를 실천하겠다고 결심하도록 만드는가에 달려 있다.

공동의 이해관계에 관한 세 가지 요점은 기억해둘 가치가 있다. 첫째, 공동의 이해관계란 모든 협상에 잠복해 있어서 즉각 눈에 띄지 않을 수도 있다. 따라서 스스로에게 물으라. 우리는 기존의 인간관계를 유지해야 할 공동의 이해관계를 가지고 있는가, 협조와 상호 이익을 위해 우리 앞에 어떤 기회가 놓여 있는가, 협상이 깨질 경우 감수해야 할 대가는 무엇인가, 적정 가격처럼 우리 모두가 존중할 수 있는 공통된 원칙이 존재하는가?

둘째, 공동의 이해관계는 뜻하지 않은 횡재가 아니라 주어진 기회다. 이것을 잘 사용하려면 당신은 그 이해관계에서 무엇인가를 창출해낼 필요가 있다. 공동의 이해관계가 무엇인지를 분명히 하고 그것을 공동의 '목표'로 공식화하는 것이 유용하다. 달리 말하면, 공동의 이해 관계를 구체적이고 미래지향적인 것으로 만들라는 것이다. 앞서 예로 든 타운센드 정유회사 경영자는 시장과 공동으로 3년 내에 페이지빌시에 다섯 개의 새로운 산업을 유치한다는 목표를 설정할 수 있다. 그렇게 되면 새로운 산업에 대한 세금 면제는 시장의 양보사항이 아니라 양측 공동의 목표를 추구하는 데에 하나의 조치로 내놓을 수 있다.

셋째, 양측 공동의 이해관계를 강조하면 협상을 더욱 부드럽고 우호적으로 만들 수 있다. 한정된 식량을 가지고 대양 한가운데 떠 있는 구명보트의 승객들은 해변에 도착해야 한다는 공동의 이해관계를 추구함으로써 식량 분배에 대한 의견 차이를 감소시킬 수 있다.

서로 다른 이해관계들을 끼워 맞추라. 오렌지 한 개를 놓고 다투는 두 아이를 다시 한 번 생각해보자. 아이들은 둘 다 그 오렌지를 원했고 그래서 오렌지를 반씩 나누어 가졌는데, 한 명은 오렌지 알맹이를 먹길 원했고, 또 한 명은 빵 만드는 데 쓸 오렌지 껍질을 원했지만 이 사실을 서로 알지 못했다. 이처럼 많은 경우 서로가 '다른' 것을 원하므로 상호 만족스런 합의가 가능하다. 깊이 잘 생각해보면 이 사실은 참으로 놀라운 것이다. 사람들은 일반적으로 양측의 차이점이 문제를 낳는다고 생각한다. 하지만 바로 그 차이점이 해결책을 이끌어낼 수도 있다.

합의는 흔히 의견 차이에 근거한다. 항상 사실에 근거해서 합의를 봐야 한다고 생각하는 것은, 이를테면 주식을 매입하는 사람이 매도하는 사람에게 주가가 오를 것이라고 확신시키는 것과 마찬가지로 어리석은 짓이다. 만약 양쪽 모두 주가가 오를 것이라는 데 동의한다면 주식을 팔려고 했던 사람은 팔지 않을 것이다. 주식거래가 가능한 것은 사는 사람은 가격이 오를 것이라 믿고, 파는 사람을 가격이 떨어질 것이라 믿기 때문이다. 서로 믿는 바가 다르다는 점이 거래의 기초가 되는 것이다.

많은 창의적 합의는 차이점을 통해 합의에 도달한다는 이 원리를 반영한다. 이해관계가 다르고 서로 믿는 바가 다르다는 것이 당신에게는 큰 보탬이 되고, 상대방에게는 적은 비용이 드는 해결책을 낳을 수 있다. 이런 가사의 자장가가 있다.

> 잭 스프랫은 비계를 먹지 못하고
> 그 아내는 살코기를 먹지 못해.
> 그러니 둘이서
> 접시를 깨끗이 비워버렸지.

서로 끼워 맞추기 좋은 차이점이란 이해관계, 믿음, 시간에 대한 가치평가, 예측, 위험을 기피하는 태도 같은 데서 오는 차이다.

'이해관계의 차이점이란?' 다음의 간단한 대조표는 추구하는 관심사의 흔한 차이점을 나타낸다.

'믿음의 차이점이란?' 당신은 자신이 옳다고 믿고 상대방 역시 자신이 옳다고 믿으면 이 믿음의 차이점을 이용할 수 있다. 예를 들면, 서로 이기리라는 확신하에 양측 모두 그 쟁점을 해결해줄 중재자를 부르는 데 동의할 수 있다. 또 노조 지도부의 두 계열이 어떤 임금안에 의견 일치를 보지 못한다면, 그들은 그 문제를 노조원 총투표를 통해 해결하기로 합의할 수 있다.

A가 더 관심을 갖는 것	B가 더 관심을 갖는 것
형식	내용
경제적 고려	정치적 고려
대내적 고려	대외적 고려
상징적인 문제에 대한 고려	실질적인 문제에 대한 고려
곧 닥칠 미래	더 먼 미래
당장의 결과	인간관계
하드웨어	이데올로기
진보	전통 존중
선례	당면 사례
정치적 득점	집단의 복지

'시간에 대한 가치평가의 차이점이란?' 상대방이 미래를 더 중시하는 데 반해 당신은 현재를 더 중시할 수 있다. 경제용어로 말하자면 사람들은 미래의 가치를 여러 개의 서로 다른 할인율로 계산한다. 분할지불은 이 원리 때문에 가능한 것이다. 차를 구매하는 사람은 만약 그가 차값을 오랜 기간 나누어 지불할 수 있다면 돈을 더 낼 의향이 있을 것이다. 판매자는 더 많이 받을 수 있다면 차값을 그렇게 받는 것을 기꺼이 수용할 것이다.

'예측의 차이점이란?' 나이가 들어가는 축구 스타와 어느 유명 축구단의 연봉협상에서, 선수는 자신이 많은 경기에서 이길 것이라고 예상하고 구단주는 그 반대로 생각한다. 이 상이한 기대를 이용해서 양측은 적절한 기본 연봉과 플레이오프에 진출할 경우 큰 액수의 보너스를 지불하는 것에 합의할 수 있다.

'위험을 기피하는 태도의 차이점이란?' 마지막으로 당신이 이용할 수 있는 차이점은 위험을 기피하는 데 관한 것이다. 국제해양법 협상에서 심해 채굴을 둘러싼 협상을 예로 들어보자. 채굴회사는 공해에서의 채굴 특권의 대가로 국제 공동체에 얼마를 지불해야 하는가? 채굴회사는 큰 이익을 얻으려는 것보다 큰 손실을 피하는 데 더 큰 관심을 갖는다. 그들에게 심해 채굴은 중요한 투자이기 때문에 위험부담을 줄이고 싶어 한다. 반대로 국제 공동체는 수입에 더 큰 관심이 있다. 어떤 회사가 '인류 공동의 재산(해저 자원)'으로 돈을 많이 벌려고 한다면 지구상의 모든 이들은 그 수익의 몫을 톡톡히 나누어 갖기를 원한다.

바로 이런 차이점에 양측 모두에게 유리한 거래의 가능성이 존재한다. 위험과 수입은 맞바꿔질 수 있다. 위험 기피에 대한 이런 차이를 이용해서 투자를 회복할 때까지, 다시 말해서 위험부담이 큰 동안에는 조금만 부담하게 하고, 위험부담이 낮아지면 그때부터는 더 높은 비율의 부담을 지운다는 조건으로 협정을 맺을 수 있다.

상대방이 선호하는 것이 무엇인지 물으라. 이해관계를 서로 끼워 맞추는 한 가지 방법은 당신이 받아들일 수 있는 옵션을 몇 가지 생각해내서 상대방에게 그것 중 어느 것이 더 좋은지를 묻는 것이다. 당신은 그것들 중에서 꼭 받아들일 만한 것을 묻는 게 아니라 무엇을 선호하는지 묻는 것이다. 그런 후에 당신은 상대방이 선호하는 옵션에 추가

작업을 한 다음 다시 두 가지나 그 이상의 변경된 대안을 보여주고 또 다시 상대방에게 무엇을 선호하는지 물을 수 있다. 이런 식으로 어느 쪽도 결정하지 않은 상태에서 당신은 마침내 공동의 이익을 최대한 보장하는 계획안을 만들어낼 수 있다. 예를 들어 스포츠스타의 대리인은 구단주에게 이렇게 물을 수 있다. "4년 계약에 연봉 875만 달러와 3년 계약에 연봉 1천만 달러 중에서 어떤 것이 더 당신의 이해관계에 부합됩니까? 후자라구요? 좋습니다. 그러면 그것(연봉 1천만 달러)과, 3년간 연봉 750만 달러에 페르난도가 MVP에 뽑히거나 팀이 챔피언십에 승리하는 경우 매년 1천만 달러를 주는 조건 중 어느 것이 좋습니까?"

서로 다른 이해관계를 끼워 맞추는 것을 간단히 요약하면 다음과 같다. 당신에게 비용이 덜 들고 상대방에게 크게 이익이 되는 안과 그 반대가 되는 안을 찾으라. 이해관계, 우선순위, 믿음, 예측, 위험에 대한 태도 등의 차이는 모두가 서로 다른 이익을 끼워 맞추는 것을 가능하게 하는 요인들이다. "차이점이여, 만세!"가 협상자들의 모토가 될 수 있다.

▍상대방의 결정을 쉽게 해주라

협상에서 당신의 성공은 상대방이 당신이 바라는 결정을 하는 데 달려 있으므로 당신은 그 결정을 쉽게 만들기 위해 할 수 있는 모든 일을 해야 한다. 상대방에게 일을 어렵게 만들지 말고 상대방이 가능한 한 고민 없이 선택할 수 있도록 해주어라. 협상에서 자신의 이점을 깊이 인식하고 있는 사람들은 대개 상대방의 이해관계를 고려함으로써 그 협상을 더욱 진전시킬 방법을 찾는 데는 거의 주의를 기울이지 않는다. 자신의 즉각적인 이익만 너무 가까이 들여다보는 근시안적인 태도를 극복하려면 당신은 상대방의 입장에서 생각해야 한다. 상대방에게 호소력을 갖는 옵션이 없다면 합의는 결코 이루어질 수 없다.

상대측 누구의 처지를 고려해야 하는가? 당신은 협상자, 협상자의 상관, 협상자가 대변하는 위원회 혹은 여타 단체에 영향을 미치려 하는가? 당신은 '휴스턴'이나 '캘리포니아대학' 같은 추상적인 것과는 성공적으로 협상할 수 없다. 따라서 '보험회사'가 결정을 내리도록 설득하는 것보다 손해배상 청구대행인이 결정하도록 만드는 것이 더 현명하다. 상대방의 결정 과정이 아무리 복잡해 보일지라도 당신은 한 사람—아마도 당신이 다루고 있는 사람—을 골라서 그의 시각으로 문제가 어떻게 보이는지 알아보면 그 결정 과정을 더 잘 이해하게 된다.

협상자 한 명에게 초점을 맞춘다고 해서 상대측의 복잡한 결정 과정을 무시하는 것은 아니다. 오히려 당신은 그 복잡한 것들이 당신의 협상자에게 어떤 영향을 미치는지를 이해함으로써 협상을 더욱 잘해 나갈 수 있다. 협상에서 당신의 역할을 새로운 각도에서 인식하게 되는 것이다. 이를테면 상대방이 자기측 사람들을 설득하는 데 도움이 되도록 상대방의 입지를 강화한다든지 상대방의 논리에 합의를 해준다든지 하는 것을 당신의 역할로 간주하게 되는 것이다. 한 영국대사는 그가 협상에서 하는 일을 '상대방이 새로운 지시를 받도록 도와주는 것'이라고 했다. 당신이 상대방의 처지가 되어본다면 그의 문제가 무엇이며 어떤 옵션이 그것을 해결해 줄 수 있을지 알게 될 것이다.

상대방이 어떤 결정을 하도록 해야 하나? 2장에서 우리는 상대방이 취할 것으로 보이는 선택을 분석함으로써 상대방의 이해관계를 이해할 수 있는 방법을 논의했다. 이제 당신은 상대방의 선택을 바꾸어서 당신에게 만족스런 방법으로 결정하게 해줄 옵션을 창출하고자 한다. 당신의 임무는 그들에게 문제를 던져주는 것이 아니라 답을 주는 것이고, 힘든 결정안을 주는 것이 아니라 쉬운 결정안을 주는 것이다. 그 과정에서 결정안 자체의 내용에 주의를 집중하는 것이 중요하다. 그 결정안은 불확실성 때문에 자주 방해를 받는다.

당신은 가능한 한 많은 것을 얻고 싶어 하지만 실제로 얼마나 원하는지는 당신 자신도 알지 못한다. 사실 당신은 "제안해 보세요. 그러면 그것이 충분한지 어떤지 말씀드리지요." 하고 말하기 쉽다. 그것이 당신에게는 합리적으로 보일지 모르나 상대방의 관점에서 보면 그건 별로 호소력 있는 요구가 아니다. 왜냐하면 상대방이 무슨 말을 하든 또 어떤 행동을 하든 당신은 그것을 최저선이라 생각하여 그 이상을 요구하려 할 것이기 때문이다. 상대방에게 '갈수록 더 많은 것'을 요구해서는 아마 당신이 바라는 결정을 얻지 못할 것이다.

많은 협상자들은 그들이 요구하는 것이 언질인지 성과인지 분명하게 알지 못한다. 그러나 그것을 구별하는 것은 무척 중요하다. 당신이 원하는 것이 성과라면 '협상의 여지'를 위해서 무엇인가를 첨가하지는 말라. 말이 담장을 뛰어넘게 하고 싶다면, 담장을 높이지 말아야 한다. 자판기의 음료수를 2달러에 팔고 싶다면 협상할 여지를 갖겠다고 2달러 50센트로 가격을 책정해서는 안 된다.

대개의 경우 당신은 약속, 즉 합의가 이뤄지기를 바랄 것이다. 연필을 들고 메모지에 몇 가지 가능한 합의안을 작성해 보라. 협상 도중에 분명한 생각을 돕는 초안을 작성해 보는 것은 결코 성급한 일이 아니다. 가능한 한 가장 단순한 것부터 시작해서 다양한 안들을 준비하라. 상대방이 서명할 수 있고, 당신뿐만 아니라 상대방에게도 매력적인 조건은 무엇일까, 동의를 해야 할 사람의 수를 줄일 수 있는가, 상대방이 이행하기 쉬운 합의안을 작성할 수는 없는가? 상대방은 합의를 실행하는 데 있어 어려운 점들을 고려할 것이다. 당신 역시 그래야 한다.

이미 진행중인 행동을 멈추게 하는 것보다 아직 하지 않은 행동을 못하게 하는 것이 더 쉬운 법이다. 그리고 완전히 새로운 행동을 취하는 것보다 하던 것을 멈추는 것이 더 쉽다. 노동자들이 작업시간에 음악을 틀어달라고 요구한다면, 회사가 그 프로그램 운영에 동의하는 것보다는 노동자들이 프로그램을 시험삼아 실행하는 몇 주 동안 그 문제에 개입하지 않기로 합의하는 것이 더 쉽다.

내부분의 사람들은 정당성에 관한 자신의 관념에 강한 영향을 받는다. 따라서 상대방이 받아들이기 쉬운 해결책을 발전시키는 한 가지 효과적인 방법은 그 해결책이 올바른—공정성, 적법성, 명예 등의 측면에서 올바른—것으로 보인다면 더 쉽게 수용될 것이다.

선례만큼 결정에 촉매 역할을 하는 것도 없다. 그러니 선례를 찾도록 하라. 상대방이 전에 비슷한 상황에서 내린 결정이나 공언을 찾으라. 이것은 당신의 요구에 객관적 기준을 마련해주고 상대방이 쉽게 따르도록 만든다. 그들의 일관성을 유지하고자 하는 욕구를 알아내고 그들의 과거 언행에 대해 연구해 보면, 당신이 받아들일 수 있고 그들의 관점도 고려한 옵션을 창출하는 데 도움이 될 것이다.

협박하는 것은 적절치 않다. 상대방의 결정 내용뿐 아니라 그 결정이 가져올 결과를 상대방의 관점에서 고려해야 한다. 당신이 그 사람이라면 어떤 결과를 가장 두려워할까, 어떤 결과를 희망할 것인가?

상대방이 내가 바라는 대로 결정하지 않을 경우 우리는 추후에 발생할 일을 가지고 협박하거나 경고함으로써 상대방에게 영향력을 행사하려고 한다. 상대방이 당신이 바라는 대로 결정할 경우 그가 기대할 수 있는 결과가 무엇인지 깨닫게 하는 일과 그 결과를 상대방의 관점에서 발전시키는 일에 집중하라. 어떻게 하면 당신의 제안을 상대방이 더 잘 믿게 할 수 있을까, 상대방이 좋아할 만한 구체적인 것들은 무엇인가, 상대방은 마지막 제안을 자신이 했다는 칭찬을 듣고 싶어 하는가, 또 그것을 자기가 공표하려 할까, 당신에게 비용이 적게 들면서 상대방에게 매력을 끌 만한 것을 생각해낼 수 있는가?

상대방의 관점에서 옵션의 가치를 평가하려면 상대방이 그것을 택할 경우 어떤 비판을 받게 될지 생각해보라. 당신이 요구하려는 결정에 대해 상대방의 가장 강력한 비판자가 뭐라고 할지 생각해보고 그것을 한두 문장으로 써보라. 그리고 나서 상대방이 자신을 방어하기 위해서 이용할 법한 문장을 두 가지 정도 써보라. 그런 연습은 상대방이 협상중에 어떤 구속을 받는지를 당신이 제대로 파악하는 데 도움이 될 것이다. 그것은 또한 상대방의 이해관계에 부합하는 옵션을 창출하도록 도와주어서 상대방이 당신의 이해관계에 부합하는 결정을 할 수 있게 해준다.

한 가지 옵션에 대한 최종 테스트는 'Yes라고 할 만한 제안'의 형태로 기록하는 것이다. 상대방의 'Yes' 한 마디로 충분하고 현실적이며 또 활용될 수 있는 그런 제안을 작성하도록 노력하라. 그렇게 할 수 있다면 당신 자신의 이해관계에 급급해서 상대방의 관심에 부합해야 할 필요성을 미처 깨닫지 못하는 위험을 줄이게 된다.

복잡한 상황에서 창의적으로 옵션을 생각해내는 것이 절대적으로 필요하다. 어떤 협상에서든 협상의 폭을 넓혀 놓아야 양측이 만족할 만한 잠정적 합의의 범위를 만들 수 있다. 그렇기에 먼저 많은 옵션을 만들어내고 나중에 그 가운데서 선택하라. 즉 먼저 창안하고 그 후에 결정하라. 공동의 이해관계와 상반되는 이해관계를 찾아 서로 끼워 맞추라. 그리고 상대방이 쉽게 결정을 내리도록 돕는 데 힘쓰라.

5장

객관적 기준을
사용할 것을 주장하라

　상대방의 이해관계를 아무리 잘 파악한다 하더라도, 양측의 이해관계를 조종할 방법을 능력껏 생각해낸다 하더라도, 상대방과의 인간관계를 아무리 높이 평가한다 할지라도, 당신은 거의 언제나 상충되는 이해관계로 인해 가혹한 현실에 직면하게 될 것이다. '양자 승리(win-win)'라는 말로 이 사실을 숨길 수는 없다. 당신은 더 낮은 집세를 원하고 집주인은 더 높은 금액을 원한다. 당신은 물건이 내일 배달되기를 원하는데 공급자는 다음 주에 배달했으면 한다. 당신은 당연히 전망 좋은 큰 사무실을 쓰고 싶어 하는데 당신의 동업자도 마찬가지다. 이런 차이는 무시할 수 없는 것들이다.

┃ 의지에 근거한 결정에는 큰 대가가 따른다

협상자들은 대부분 위와 같은 갈등 속에서 결국은 하나의 입장을 결정의 근거로—달리 말해서 어떤 것은 수용하고 어떤 것은 수용할 수 없다고 결정함으로써—해결하려고 한다. 어떤 협상자는 상대방에게 끈질기게 실질적 양보를 요구할 수도 있다, "5천 달러 이하로는 절대 안 돼요." 하는 식으로. 또 어떤 사람은 상대방의 지지나 우정을 바라며 관대한 제안을 할 수도 있다. 상황이 누가 더 완고한가 아니면 누가 더 관대한가 하는 경쟁이 되더라도 이러한 협상 과정은 각자 합의하고자 하는 것에 초점을 맞춘다. 그리고 결과는 양측이 서로 협상에서 얻어내고자 하는 의지의 상호작용에서—마치 두 협상자가 역사도 관습도 도덕적 규범도 없는 무인도에서 살았던 것처럼—산출된다.

1장에서 이야기한 것처럼 의지에 근거해서 차이를 조정하려고 하면 큰 대가가 따른다. 만일 당신의 의지와 상대방의 의지를 맞붙게 한다면, 그래서 둘 중 하나가 항복해야 한다면 협상은 효율적일 수도 상호 우호적일 수도 없다. 그리고 외식할 음식점을 선택하거나, 사업을 준비하거나, 아이의 양육권을 놓고 협상하거나 간에 객관적 기준을 고려하지 않을 경우 객관적 기준으로 판단했을 때보다 더 현명한 합의에 도달할 수 없을 것이다.

만일 의지에 근거해서 이익의 차이를 해결하는 것이 이처럼 큰 대가를 요구한다면 해결책은 양측의 의지와 '별개'인 것에 근거해서, 즉 객관적 기준에 근거해서 협상하는 것이다.

객관적 기준을 적용하는 사례

정찰가격으로 당신 집의 공사 계약을 했다고 가정하자. 콘크리트 지반을 보강해야 하는데 콘크리트의 두께는 계약내용에 포함되지 않았다. 건설업자는 2피트를 제안하지만 당신은 당신 집 같은 경우 대개 5피트 정도 두께로 해야 한다고 생각한다.

계약자는 이렇게 말한다. "천장에 철재로 보를 대자는 당신 뜻에 동의했으니, 이번에는 지반을 얕게 하자는 내 의견에 당신이 동의할 차례요." 이런 경우 현명한 집주인이라면 양보하지 않을 것이다. 서로 맞바꾸는 식의 이런 방법보다는 문제를 객관적인 안전도 기준에 의거해서 결정하자고 주장할 것이다. "이봐요, 어쩌면 내가 틀린 건지도 모르지요. 당신 말대로 2피트면 충분할지도 모르지만, 내가 원하는 것은 건물을 안전하게 지탱해줄 만큼 깊고 튼튼한 지반이에요. 보통 이런 토질의 경우 어떤 기준을 정해 놓았습니까? 이 지역의 다른 건물들의 지반은 얼마나 깊습니까? 이곳의 지진위험은 어느 정도입니까? 이런 문제를 해결할 기준은 어디서 찾을 수 있다고 보십니까?"

좋은 계약을 맺는 것이 튼튼한 지반을 만드는 것보다 더 쉽지는 않다. 객관적 기준을 적용하는 것이 집주인과 건설업자 간의 협상에 그렇게 절실하게 필요하다면 사업상 거래, 단체 협약, 법적 해결, 국제 협상에도 얼마든지 적용될 수 있지 않겠는가. 예를 들어 가격협상이란 판매자가 요구하는 대로 주는 것이 아니라 구매자가 시장 가격, 대체 가격, 공인된 중고품 가격 혹은 경쟁 가격 등과 같은 객관적 기준에 근거해야 한다고 주장할 수 있지 않겠는가.

간단히 말해서 이 접근법은 압력이 아닌 원칙에 근거해서 해결책을 찾는 것이다. 양측의 성미나 기질에 치중하지 말고 문제의 이점에 집중하라. 논리는 받아들이고 위협은 물리치라.

원칙화된 협상은 우호적이고 능률적으로 현명한 합의를 낳는다. 공정하고 효율적인 기준이나 당신의 특정 문제가 갖고 있는 과학적 장점을 끌어들일수록 더욱더 현명하고 공정한 최종 일괄 협상안을 만들 수 있다. 당신과 상대방이 선례와 공동체의 관계를 참고하면 할수록, 과거의 경험에서 도움을 받을 기회가 커진다. 그리고 선례에 어긋나지 않는 합의는 공격받을 가능성도 적다. 임대가 표준적인 조건으로 다루어진다면, 또 판매계약이 그 산업에서의 관례에 따른다면 계약자 한쪽이 부당하게 대우받았다고 느끼거나 사후에 합의한 내용의 이행을 거부할 위험이 적다.

서로 우위를 차지하려는 부단한 다툼은 상호 관계를 위협한다. 원칙화된 협상은 그 위협을 막아준다. 서로를 굴복시키려고 압력을 사용할 때보다 양측이 문제해결을 위해 객관적 기준에 관해 논의할 때 사람을 다루는 일이 훨씬 쉬워진다.

객관적 기준을 토대로 한 논의를 통해 합의에 접근해가면, 합의를 향해 나아가는 동안 공언하고 또 취소하고 해야 할 언질의 수를 줄일 수 있다. 입장에 근거한 거래에서 협상자들은 그들의 입장을 방어하고 상대방의 입장을 공격하는 데 대부분의 시간을 보낸다. 객관적 기준을 쓰는 사람들은 가능한 기준과 해결책을 의논하면서 시간을 더 효율적으로 사용하게 된다.

협상 참여자가 많을 때 독립적 기준의 효율성은 훨씬 더 커진다. 반대로 협상 참여자가 많은 경우, 입장에 근거한 거래는 잘해도 성사되기 힘들다. 왜냐하면 입장에 근거한 거래는 각 협상자 간의 연합을 필요로 하기 때문이다. 그리고 한 입장에 동의하는 참여자 수가 많을수록 그 입장을 바꾸기가 더 어려워진다. 마찬가지로 각 협상자에게 위임자가 있거나 상의해야 할 고위층이 있다면 입장을 채택하고 그 후에 입장을 바꾸는 것은 많은 시간을 요하는 어려운 일이 된다.

해양법에 관한 협상에서 있었던 일화는 객관적인 기준을 사용함으로써 얻는 장점이 무엇인지 보여준다. 제삼세계 블록을 대표하는 인도가, 심해에서 채굴하는 회사는 초기에 작업 공구당 6천만 달러의 기본 사용료를 지불할 것을 회의중에 제안했다. 미국은 그것이 불가능한 일이라고 주장하면서 인도의 제안을 거절했다. 양측은 자기 입장을 고수했고 따라서 사태는 의지의 대결로 번져갔다.

그리고 나서 어떤 사람이 매사추세츠 공과대학(MIT)이 심해 채굴의 경제적 실용성을 위해 개발한 모델을 찾아냈다. 참가국들이 점차 객관성을 인정하게 된 그 모델은, 채굴의 기본 사용료에 관한 여러 제안의 영향을 평가하는 것이었다. 인도 대표는 자신의 제안이 어떤 영향을 미칠지 물었고, 그가 제안한 금액—그 채굴 공구에서 수입이 발생하기 전 5년 동안 지불하는—이 채굴회사로서는 사실상 채굴이 불가능할 정도로 엄청난 것임을 알게 되었다. 그 결론에 놀란 인도 대표는 자기 입장을 재고해 보겠다고 발표했다. 한편 MIT의 모델은, 그 문제에 관해서 거의 대부분 채굴회사가 제공한 정보만 가지고 있던 미국 대표들을 교육시키는 데에도 도움이 되었다. 그 모델은 어느 정도의 기본 사용료는 경제적으로 가능하다는 것을 지적했다. 결과적으로 미국도 자신의 입장을 수정했다.

이 협상에서 아무도 굴복하지 않았으며, 아무도 약세로 보이지 않았다. 모두 합리적이었을 뿐이다. 긴 협상 끝에 참가국들은 상호 만족스러운 임시 합의안에 도달했다.

MIT모델은 합의의 가능성을 증가시켰고, 비용이 큰 입장 고수 전략의 기회를 감소시켰다. MIT모델은 여러 회사를 끌어들여 채굴하도록 하고, '그와 동시에' 세계 여러 국가에 상당한 수입을 창출하게 하는 더 좋은 해결책을 가져다주었다. 어떤 제안의 결과를 예측할 수 있는 객관적 모델이 있었기 때문에 양측이 도달한 임시적 합의가 공정한 것임을 참가국들에게 확신시키는 데에도 도움이 되었다. 또한 협상국들 간의 관계를 돈독하게 했고, 합의가 오래 지속될 확률을 높여주었다.[3]

▌객관적 기준의 개발

원칙화된 협상을 하는 데 두 가지 문제가 제기된다.

첫째, 어떻게 객관적 기준을 개발할 것인가?

둘째, 객관적 기준들을 협상에서 어떻게 사용하는가?

당신이 사용하는 협상 방법이 무엇이든 미리 준비한다면 당신은 협

---

3   해양법 협상에 관한 더 흥미로운 사례는 James K. Sebenius의 'Negotiating the Law of the Sea: Lessons in the Art and Science of Reaching Agreement'(Harvard University Press, 1984)를 보라.

상을 더 잘할 것이다. 준비는 원칙화된 협상에도 유효하다. 그러므로 미리 대안이 될 만한 기준을 개발하고, 당신의 경우에 적용할 것을 잘 생각해보라.

공정한 기준 당신은 대개 합의의 근거로 이용할 수 있는 한 가지 이상의 객관적 기준을 찾을 수 있다. 예를 들어 당신의 차가 완전히 망가져서 보험회사에 보험금을 청구한다고 가정하자. 보험 사정인과 보험금을 놓고 협상할 때 당신은 ① 원래 가격, ② 그 차를 팔았을 경우 받을 수 있는 가격, ③ '블루북(역주:미국에서 사용하는 중고차 가격표)'에 의한 그해 그 모델의 가격, ④ 그 차를 비슷한 수준의 다른 차로 바꿀 때 드는 비용, ⑤ 법원에서 산정할 그 차의 가격 등 차 가격을 판단할 기준을 고려할 것이다.

다른 경우에는 문제에 따라서 다음과 같은 항목에 근거를 둔 합의를 제안할 수 있다.

시장 가격	법원이 정할 가격
선례	도덕적 기준
과학적 판단	동등한 대우
전문적 기준	전통적 기준
효율성	상호성
비용	기타

객관적 기준은 최소한 양측의 의지와는 무관해야 한다. 현명한 합의

를 보장하기 위해서는 의지와 무관할 뿐 아니라 정당성이 있고 또 실제적이어야 한다. 예를 들어 경계를 둘러싼 논쟁에서 당신은 강둑에서 동쪽으로 3야드 떨어진 선으로 정하는 것보다 강과 같은 물리적 특징을 경계로 삼는 것이 합의하기가 훨씬 쉽다.

객관적 기준은 최소한 이론상으로 양측 모두에게 적용되어야 한다. 따라서 제안된 기준이 공정하고 양측의 의지와 무관한지를 알려주는 상호 적용 테스트를 이용할 수 있다. 만약 당신에게 집을 소개한 부동산 중개인이 일반적으로 사용되는 계약 형식을 제안한다면, 그에게 '그'가 집을 살 때에도 같은 식으로 계약하는지 물어보는 것이 현명하다. 국제무대에서 자치정부의 원칙이 자국의 근본 권리라고 주장하면서 상대방에게는 그 원칙 적용을 거부하는 악명 높은 국가들이 있다. 대표적인 예로 중동, 카슈미르, 사이프러스 등 세 나라의 경우를 생각해보라.

공정한 절차 각자의 의지와 무관한 결과를 산출하기 위해서 실질적인 문제에 공성한 기준을 사용하거나 아니면 상충된 이해관계를 해결하는 데에 공정한 절차를 사용할 수 있다. 예를 들면, 두 아이가 케이크를 나누는 흔한 방법을 생각해보라. 한 아이는 케이크를 자르고 또 한 아이는 고르는 것이다. 아무도 공정하게 나누지 않았다고 불평할 수 없다.

이런 단순한 절차가 가장 복잡한 협상중의 하나인 해양법 협상에서 사용되었다. 한때 심해에서 채굴할 구역을 어떻게 배정할 것인지를 놓고 협상은 막다른 곳에 이르렀다. 합의된 초안의 조건에 따르면, 채굴

지역의 반은 민영기업이, 나머지 반은 유엔 소유의 채광 산업체인 '엔터프라이즈'가 채굴하기로 되었다. 그러나 후진국들은 선진국의 민영기업이 좋은 공구를 고를 수 있는 기술과 전문지식을 가졌으므로 그들보다 지식이 부족한 유엔의 '엔터프라이즈'가 불리한 거래를 하는 것이 아닌지 우려했다.

그래서 고안된 해결책이 해저 채굴을 하려는 민영기업이 유엔의 '엔터프라이즈'에게 '두 군데' 채굴 공구를 제안하게 하는 것이었다. 그리고 유엔의 '엔터프라이즈'가 먼저 그 중 하나를 고르고, 민영기업이 남은 하나를 채굴할 권리를 인정받는 것이었다. 민영기업은 자기들이 어떤 공구를 갖게 될지 알 수 없으므로 가능한 한 두 공구 모두 좋은 곳으로 정해야 할 동기를 갖게 된 것이다. 이 간단한 절차는 상호 이익을 위해 민영기업의 앞선 전문기술을 이용한 것이다.

한편 협상에는 '한 명은 자르고 또 한 명은 고르는' 방식의 변형이 있다. 양측이 협상에서 그들 각각의 역할을 결정하기 전에 양측이 공정하다고 생각하는 대안을 놓고 협상하는 방법이다. 예를 들어 이혼 협상에서 어느 쪽이 아이를 키울지 결정하기 전에 우선 양육권이 없는 쪽이 아이를 방문하는 권리(와 책임)에 합의하는 것이다. 이것은 양측 모두 공정하다고 생각하는 자녀 방문권에 합의할 동기를 마련해 준다.

절차상의 해결책을 모색할 때는 양측의 차이를 해결해 줄 다음과 같은 기본적 수단을 찾아보라. 즉 차례대로 하기, 제비뽑기, 제삼자에게 결정하도록 하기 등이다.

'차례대로 하기'는 집단으로 상속받은 많은 동산을 상속자들이 나누어 갖는 최적의 방법이다. 차례로 상속재산을 나누어 가진 후 원한다면 그것들을 서로 바꿀 수도 있다. 혹은 임시로 '차례대로 하기' 방법을 선택해서 어떤 결과를 가져오는지 알아본 후에 결정할 수도 있다. 제비뽑기, 동전던지기, 그 외에 운수에 맡기는 다른 형태의 방법들은 근본적으로 공정한 것이다. 그 결과는 불공평할 수도 있지만 기회라는 측면에서는 각자에게 공평한 방법이기 때문이다.

마지막은 '제삼자에게 결정하도록 하기'다. 공동으로 결정해야 할 상황에서 제삼자로 하여금 핵심적 역할을 하도록 하는 것은 여러 가지 형태로 변형해서 사용할 수 있는 좋은 절차다. 양측은 특별한 문제를 전문가에게 맡겨 충고나 결정을 하도록 하는 데 동의할 수 있다. 또는 중재자에게 결정을 도와달라고 요청할 수 있다. 혹은 권위와 구속력 있는 결정을 위해 문제를 중재자에게 위임할 수도 있다.

예를 들면, 프로야구에서는 선수 연봉문제 해결을 위해 '각자가 내는 최종 제안, 각자가 원하는 최고 제안의 중재' 방법을 이용한다. 중재자는 한쪽의 최종 제안과 다른 쪽의 최종 제안 중에서 선택해야 한다. 이 절차는 양측이 좀 더 합리적인 제안을 하도록 압력을 가한다는 논리에서 나온 것이다. 야구의 경우와 공무원 분쟁 시에 이런 중재방법을 의무화하고 있는 주 정부에게 이 방법은 전통적 중재방법보다 문제를 훨씬 잘 해결해 주는 것 같다. 그러나 가끔 문제해결을 전혀 원치 않는 양측이 중재자가 두 극단적인 제안 중에 내키지 않는 선택을 하게 만들 수도 있다.

객관적 기준에 근거한 협상

객관적 기준과 절차를 명확히 했다면 어떻게 상대방과 그것에 관해 토의해 나갈 것인가? 이 경우 세 가지 기억해야 할 기본 요점은 다음과 같다.

1. 현안 문제를 객관적 기준을 찾는 공동 탐색작업으로 만들라.
2. 어떤 기준이 가장 적절하고, 그 기준을 어떻게 적용할 것인지에 관해 논리적으로 설득하고 논리에 승복하라.
3. 압력에 절대로 굴하지 말고 원칙에 승복하라.

간단히 말해서 객관적 기준에 단호하게, 그러나 융통성 있게 초점을 맞추라.

현안 문제를 객관적 기준을 찾는 공동 탐색작업으로 만들라. 만약 집 값에 대해 협상하고 있다면 이런 말로 시작하라. "당신은 높은 가격을 원하고, 나는 낮은 가격을 원하죠. 그러니 우리 공정한 가격이 얼마인지 생각해 봅시다. 그걸 알려면 어떤 객관적 기준이 가장 적합할까요?" 이렇게 되면 당신과 상대방은 상충된 이해관계를 가지고 있으면서도 이제 공통의 목표를 갖게 되는데, 그것은 곧 공정한 가격을 정하는 것이다. 당신은 한 가지 이상의 기준―감가상각과 인플레이션을 반영한 집값, 이웃에 있는 비슷한 집의 최근 판매가격 혹은 독립적인 감정가―을 직접 제안하면서 협상을 시작하고, 그런 다음 상대방에게 의견을 요청할 수 있을 것이다.

"당신의 논리는 무엇입니까?" 하고 물으라. 판매자가 "25만 5천 달러입니다." 하는 식으로 당신에게 입장을 표시하면서 협상을 시작한다면, 그 가격 뒤에 존재하는 논리가 무엇인지 물어보라. "어떻게 그런 계산이 나왔지요?" 판매자도 객관적 기준에 근거해서 공정한 가격을 제시하도록 그 문제를 다루라.

우선 원칙에 합의하라. 합의 가능한 조건들을 고려하기 전에 당신은 적용할 기준에 합의를 보도록 해야 한다.

상대방이 제안하는 각 기준은 당신이 상대방을 설득하는 데에 사용할 지렛대가 된다. 당신의 입장이 상대방의 기준에 의해 제시된 경우 더 큰 영향력을 가지게 될 것이고, 상대방은 현안 문제에 자신의 기준을 적용하는 것을 반대하기가 어려울 것이다. "당신은 존스 씨가 26만 달러에 옆집을 팔았다고 했습니다. 당신 논리는 당신 집과 비슷한 이웃집이 받은 가격만큼 받아야 한다는 것이지요, 그렇죠? 그렇다면 엘즈워스와 옥스퍼드가의 모퉁이 집과 브로드웨이와 다나에 위치한 집이 얼마에 팔렸는지 알아봅시다." 당신이 양보하기 가장 어렵다고 느끼는 때는 상대방의 제안을 어쩔 수 없이 받아들여야 할 때다. 그러나 상대방이 객관적 기준에 근거한 제안을 했을 경우에는 그것을 따르는 것이 의지가 약한 행위가 아니라 상대방의 말을 실행하는 강한 행위가 되는 것이다.

논리적으로 설득하고 논리에 승복하라. 협상을 공동 탐색작업으로 이끌어가기 위해서는 당신이 아무리 다양한 객관적 기준을 준비했을지라도 유연한 마음자세로 협상테이블에 나가야 한다. 대부분의 협상에서 사람들은 선례나 객관적 기준을 자기 입장을 지원하기 위한 논거로 사용한다. 예를 들어 경찰 조합은 임금인상을 주장하고 나서 다른 도시의 경찰들이 주장한 것을 논거로 자신의 입장을 정당화하려고 할 수 있다. 기준을 이렇게 적용하면 상대방은 자기 입장을 더욱 완강하게 고수하려 할 것이다.

한 걸음 더 나아가서 어떤 이들은 그들의 입장이 원칙적인 문제라 선언하면서 협상을 시작하고, 상대방의 입장은 고려하지도 않는다. "이것은 원칙의 문제다."라고 말하는 것은 이념을 놓고 싸우는 성전聖戰에서 외치는 함성과 같은 것이다. 실제적 차이점들이 원칙적 차이점으로 확대되고, 협상자들을 자유롭게 하기보다는 더욱 구속하게 된다.

이것은 결코 원칙화된 협상이 의도하는 바가 아니다. 합의가 객관적 기준에 근거해야 한다는 주장은 오직 당신이 내놓은 판단 기준만을 근거로 해야 한다는 주장을 의미하지 않는다. 정당한 하나의 기준이 있다고 해서 다른 기준을 배제해서는 안 된다. 상대방이 공정하다고 믿는 것을 당신은 공정한 것이 아니라고 생각할 수도 있다. 당신은 판사처럼 행동해야 한다. 당신이 어느 한쪽—이런 경우에는 당신 자신—으로 기운다고 할지라도 다른 기준을 사용하거나 기준을 다르게 적용하려는 논리에 기꺼이 응해야 한다. 양측이 각기 다른 기준을 제안할 때 과거에 그들이 사용한 기준을 찾아본다든지 또는 더 광범위하게 적용되는 기준이 어떤 것인지 알아보면서 그 다른 두 가지 기준 중에서 하나를 결정할 근거를 찾도록 하라. 어떤 기준을 적용할 것인지의 문제도 실질적인 문제와 마찬가지로 의지에 근거해서 해결해서는 안 된다.

어떤 경우에는 양측 모두 똑같이 타당함을 인정하나 각각 다른 결과를 가져다줄 두 개의 기준(시장가격과 할인비용 같은)이 있을 수 있다. 그런 경우에 두 객관적 기준이 낳은 결과의 차이를 둘로 나누거나 두 결과를 절충하는 것은 전적으로 타당하다. 이런 경우 산출되는 결과는 여전히 양측의 의지와는 무관한 것이다.

그러나 문제의 이점을 철저히 토론한 후에도 당신이 여전히 상대방이 제안한 기준을 가장 적절한 것으로 받아들일 수 없다면, 당신은 그 기준을 시험해볼 것을 제안하는 것이 좋다. 양측 모두 공정하다고 여기는 어떤 사람에게 제안된 기준의 목록을 주어라. 그리고 가장 공정하고 가장 적절한 기준이 무엇인지 결정해 줄 것을 부탁하라. 객관적 기준은 정당한 것이어야 하고, 또 정당성이란 많은 사람들에게 받아들여질 수 있는 것임을 의미하므로 제삼자에게 이런 요청을 하는 것은 공정한 일이다. 당신은 제삼자에게 당신의 실질적 분쟁을 해결해 달라는 것이 아니고 단지 이 문제를 해결하는 데 어떤 기준을 적용해야 할지 충고해 달라고 부탁하는 것이다.

어떤 문제를 결정하는 데 적절한 원칙에 합의하는 것과 단순히 입장을 지지하기 위한 논점으로 원칙을 사용하는 것 사이에는 미묘하나 매우 중대한 차이가 있는 것이다. 원칙화된 협상법으로 협상하는 사람은 이점에 대한 논리적 설득에 승복하지만 입장을 따져서 거래하는 사람은 그렇지 않다. 원칙화된 협상이 상대방을 협상에 동조하도록 유도하는 데 있어 그처럼 설득력과 효력을 갖는 이유는 바로 이 협상법의 논리에 대한 승복과 객관적 기준에 근거한 해결책에 대한 주장과 승복 때문이다.

압력에 절대로 굴복하지 말라. 건설업자와의 협상을 한 번 더 생각해보자. 건설업자가 당신이 건물 지반의 깊이 문제를 양보하는 조건으로 당신 처남을 고용하겠다고 제의하면 어떻게 해야 할까? 당신은 아마 이렇게 대답할 것이다. "내 처남의 취직 문제와 집의 지반 문제는 아무 상관이 없습니다." 만약 건설업자가 그 깊이로 하려면 가격을 올려야 한다고 위협한다면? 아마도 당신은 역시 같은 대답을 할 것이다. "우리는 서로에게 도움이 되도록 문제를 해결해야겠지요. 다른 업자들이 이 정도 공사에 얼마나 책정하는지 알아봅시다." 혹은 "비용을 제시해 보세요. 그리고 공정한 이익률을 계산해봅시다." 이때 만약 업자가 "이봐요, 지금 나를 믿지 못하겠다는 겁니까?" 한다면 당신은 이렇게 대답할 것이다. "믿고 안 믿고는 전적으로 다른 문제지요. 문제는 집이 안전하려면 지반을 얼마나 깊게 해야 하느냐는 것입니다."

압력은 다양한 형태를 취할 수 있다. 뇌물, 협박, 교묘하게 신뢰에 호소하는 방법, 혹은 그냥 꿈쩍도 안 하는 방법 등등. 이런 모든 경우에서 원칙적인 대응이란 똑같다. 그로 하여금 논리를 펴게 하고, 당신이 생각하는 객관적 기준을 적용할 것을 제안하고, 이런 것을 근거로 하지 않고는 어떤 진행도 거부하는 것이다. 압력에 절대 굴복하지 말고 원칙에 승부하라.

이런 경우 결국 누가 이길 것인가? 어떤 경우에도 그 판단은 불가능하지만, 당신이 대체로 우세할 것이다. 당신은 의지뿐 아니라 정당성이 주는 힘과 논리의 승복에서 오는 설득력도 가지고 있다. 상대방이 객관적 기준 제안을 거부하는 것보다 당신이 임의의 양보를 거부하는 편이 더 쉽다. 굴복하기를 거부하는 것은 타당한 논리의 제안을 거부하는 것보다 공적, 사적으로 수월하다.

당신은 적어도 협상 과정 문제에 있어서는 우세할 것이다. 당신은 대개 협상 과정을 입장에 근거한 거래에서 객관적 기준을 찾는 형태로 바꿀 수 있다. 이런 점에서 원칙화된 협상은 입장에 근거한 거래보다 나은 전략이다. 협상이 이점에 근거해야 한다고 주장하는 사람은 상대방을 그 게임에 참여하도록 유도해올 수 있다. 왜냐하면 그것이 상대방의 실질적 이해관계를 높이는 유일한 길이기 때문이다.

내용상으로도 당신이 더 우세할 것이다. 특히 입장에 근거한 협상자의 위협에 직면할 수도 있는 사람들에게 원칙화된 협상은 자신의 원칙을 지키면서도 여전히 공정한 협상을 할 수 있게 한다. 그것은 "정의는 힘이다."라는 말과 통한다.

만약 상대방이 정말 꿈쩍도 않고, 자기 입장에 대해 설득력 있는 근거를 제시하지도 않는다면 협상은 더 이상 진전될 수 없다. 당신은 이제 정찰제라서 값을 흥정할 수 없는 어느 가게에 들어갔을 때처럼 선택을 해야 한다. 물건을 사든가 사지 않고 그냥 나오든가 해야 할 것이다. 그냥 나오기 전에 당신은 그 정찰제 가격이 적절한 것인가를 객관적 기준으로 따져보았는지 생각해봐야 한다. 만일 당신이 그런 기준을 찾아낸다면 그리고 합의하지 않는 것보다 그 기준에 근거해 합의하는 것이 낫다면 합의하도록 하라. 적절한 기준을 사용하면 임의적인 입장에 굴복할 때 치르게 되는 대가를 피할 수 있다.

만일 상대방의 입장에 탄력성이 없고, 그것을 받아들일 만한 원칙적 근거를 찾을 수 없다면, 당신이 마련한 최상의 대안을 따르지 않고 그의 정당화되지 않은 입장을 받아들였을 때 무엇를 얻게 될지 검토해봐야 한다. 당신이 협상을 결렬시키고 회의장 밖으로 나와 버렸을 경우 원칙에 따른 협상자라는 명성에 따를 이익과, 협상을 계속함으로써 얻게 될 실질적 이익을 비교해보라는 것이다.

협상에서 상대방이 주장하려는 것이 무엇인가 하는 문제에서, 그 일이 어떻게 결정되어야 하는가 하는 문제로 토론을 옮긴다고 해서 논쟁이 끝나지는 않으며, 유리한 협상결과를 보장하지도 않는다. 그러나 그것은 입장에 근거한 거래처럼 높은 비용을 들이지 않고도 강력하게 추진할 수 있는 전략을 제공해준다.

▎"그건 회사 방침입니다"

한쪽은 입장에 근거한 거래를 하고 다른 쪽은 원칙화된 협상을 하는 실제 사례를 보자. 동료 톰이 주차해 놓은 차가 덤프트럭에 받혀 완전히 망가졌다. 차는 보험에 들어 있으나 톰이 받아낼 정확한 보험금은 보험 사정인과 합의해야 할 문제로 남아 있다.

보험 사정인   우리는 당신의 경우를 조사해본 결과, 약관이 적용된다고 결정했습니다. 즉 당신은 13,600달러를 받을 자격이 있다는 말입니다.

톰   네, 그렇군요. 그런데 어떻게 그런 금액이 나왔지요?

보험 사정인   그건 우리가 당신 차의 가치를 얼마로 보느냐에 달렸지요.

톰   알겠습니다. 그런데 그걸 결정할 때 어떤 기준을 적용했지요? 내가 그 돈으로 그만한 차를 살 수 있는 곳을 알고 있나요?

보험 사정인   당신은 얼마를 받아야 된다고 생각하시는데요?

톰   약관에 의해 받을 수 있는 만큼은 받아야 한다고 생각합니다. 나는 내 차와 비슷한 중고차가 17,700달러 정도 하는 걸로 알고 있거든요. 세금을 합하면 19,000달러 정도 될 겁니다.

보험 사정인   19,000달러요? 그건 너무 많아요.

톰   나는 19,000달러나 18,000달러 또는 20,000달러를 요구하는 게 아니라 단지 공정한 보상을 바라는 거예요. 내가 차를 바꾸기에 충분한 금액이 가장 공정한 금액이라는 데에는 동의하시겠지요?

보험 사정인   좋습니다. 15,000달러로 합시다. 그게 내가 줄 수 있는 최고 한도예요. 회사 방침이라구요.

톰   회사는 어떻게 그런 계산이 나온 겁니까?

보험 사정인   이봐요. 15,000달러가 당신이 받을 수 있는 최고 액수예요. 받든지 말든지 마음대로 하세요.

톰   15,000달러가 공정한 금액일 수도 있겠죠, 난 잘 모르겠지만. 회사 방침을 따라야 하는 당신 입장은 이해합니다. 하지만 당신이 내가 받을 금액이 왜 그 정도인지 객관적으로 설명할 수 없다면 법정에서 더 좋은 해결을 볼 수 있을 것 같군요. 그 문제를 생각해보고 다시 얘기하는 게 어때요? 수요일 11시면 괜찮겠습니까?

보험 사정인   좋습니다. 그리피스 씨, 여기 오늘 신문에 같은 회사 같은 모델에 같은 연식의 차를 14,800달러에 판다는 광고가 있습니다.

톰   아, 그래요? 그 차의 주행거리가 얼마죠?

보험 사정인   4만 9천 마일인데요. 그건 왜요?

톰   내 차의 주행거리는 겨우 2만 5천 마일이에요. 당신 기준에 따르면 그 차이 때문에 얼마나 증액되지요?

보험 사정인   봅시다. … 1,650달러요.

톰   14,800달러를 가능한 기본 액수로 잡으면, 16,450달러가 되는군요. 그 광고에 테크 패키지도 나와 있나요?

보험 사정인   아니요.

톰   당신네 기준으로 테크 패키지가 있을 경우 얼마나 증액됩니까?

보험 사정인   1,100달러요.

톰   감광미러는요?

30분 뒤 톰은 18,024달러짜리 수표를 받아들고 걸어나왔다.

그렇습니다.
하지만 …

6장 상대방이 더 우세한 경우 어떻게 해야 하는가

당신의 배트나(BATNA)—협상 합의안이 아닌 최상의 대안—를 개발하라

상대방이 협상에서 더 유리한 입장에 있다면 이해관계, 옵션, 기준 등에 관해 이야기하는 것이 무슨 소용인가? 상대방이 더 부자이거나 더 좋은 연줄을 가지고 있거나 혹은 더 많은 참모나 더 강력한 무기를 가지고 있으면 당신은 어떻게 해야 하는가?

상대방이 가진 영향력이 훨씬 더 크다면 어떤 협상 방법도 성공을 보장할 수 없다. 원예에 관한 어떠한 책도 당신에게 사막에서 백합을, 늪에서 선인장을 기르는 방법을 가르쳐줄 수는 없다. 1백 달러짜리 지폐 한 장을 가지고 골동품가게에 들어가서 1천 달러를 호가하는 조지 4세 때의 순은제 찻잔을 사려 한다면, 그 금액의 차이를 극복할 재치 있는 협상을 기대할 수는 없다. 어떤 협상에도 바꾸기 어려운 현실이 존재한다. 이처럼 상대방이 가진 강한 힘에 대항해서 협상에서 최선의 성과를 얻기 위해서는 다음 두 가지 목표를 성취해야 한다. 첫째, 거절해야 할 합의를 하지 않도록 당신 자신을 보호하는 것, 둘째, 당신이 갖고 있는 유리한 조건을 이용해서 타결된 합의가 가능한 한 당신의 이해관계에 부합하도록 하는 것이다. 그러면 이 두 가지 목표를 차례로 살펴보자.

▌거절해야 할 합의를 하지 않도록
당신 자신을 보호하라

당신이 비행기를 놓치지 않고 타려고 할 때 그 목표는 매우 중요해 보인다. 그렇지만 다시 생각해 보면 다음 비행기를 탈 수도 있다는 것을 알 수 있다. 이와 같은 상황은 협상에서도 자주 나타난다. 예를 들면, 당신은 많은 돈을 투자한 중요한 사업 거래에서 합의에 실패하지나 않을까 걱정할 것이다. 이런 상황에서 가장 큰 위험은 당신이 상대방의 의견을 지나치게 호의적으로 받아들이는 것이다. 즉 너무 급히 동의해버리는 것이다. 그런 경우 "여기서 끝냅시다." 하는 요정의 노래가 설득력 있게 들리고, 당신은 거절했어야 할 계약을 하고 마는 수도 있다.

최저선을 택하는 대가 협상자들은 흔히 받아들일 수 있는 최악의 결과—그들의 최저선—를 미리 설정함으로써 위와 같은 위험에서 자신을 보호하려고 한다. 당신이 구매자라면 최저선이란 당신이 지불할 최고가이고, 판매자라면 최저선은 받아들일 수 있는 최저가일 것이다. 예를 들어 당신 부부가 집값을 30만 달러로 정해 놓고 26만 달러 이하는 받지 말자고 합의했을 수 있다.

최저선을 정해 놓으면 압력이나 순간의 유혹에서 쉽게 벗어날 수 있다. 집을 파는 예에서, 구매자가 24만 4천 달러 이상 지불하는 것이 불가능할지도 모르고, 이 일에 관계된 사람들 모두가 당신이 얼마 전에 23만 5천 달러를 주고 이 집을 샀다는 것을 알고 있을 수도 있다. 이런 상황에서 합의를 이끌어낼 힘을 당신이 가지고 있고, 구매자는 그렇지 못하므로 협상할 때 중개인들이나 그 방 안에 있는 사람 모두가 당신의 결정에 매달리게 될 것이다. 미리 최저선을 정함으로써 당신은 나중에 후회할 결정을 하지 않을 수 있다.

만약 당신 편에 두 명 이상이 있다면 함께 최저선을 설정하는 것이 구매자와 그 최저선보다 낮게 합의하는 위험을 피할 수 있다. "할 수 있는 한 최고 가격을 받으세요. 그렇지만 당신은 26만 달러보다 낮은 가격에는 팔아서는 안 됩니다."라고 말할 수 있다. 당신측이 출판인협회와 협상중인, 단결력이 약한 신문사 노조연합이라면, 최저선에 합의하는 것은 한 노조가 출판인측의 제의를 받아들여 이탈할 위험을 감소시킨다.

그러나 최저선을 정해 자신을 보호하는 데는 많은 대가가 따른다. 그것은 당신이 협상 과정을 통해 배울 수 있는 여러 가지 이점을 제한한다. 최저선은 변경할 수 없는 입장이라고 정의할 수 있다. 최저선을 정하면 상대방의 어떤 말도 당신의 최저선을 낮추거나 높일 수 없다고 미리 단정하기 때문에 당신은 그만큼 상대방의 말에 귀를 막게 된다.

최저선은 또한 상상력을 방해한다. 그것은 당신과 상대방 모두에게 유리한 방법으로 서로 다른 이해관계를 조정할 수 있는, 맞춤옷처럼 꼭 맞는 해결책을 창조할 가능성을 감소시킨다. 거의 모든 협상에는 하나 이상의 대안이 있을 수 있다. 땅을 단순히 26만 달러에 파는 것보다, 구입 우선권과 함께 지불 연기와 2년간 헛간을 창고로 사용할 권리, 목장 2에이커를 나중에 다시 사기로 한다는 전제로 23만 5천 달러를 제안함으로써 당신의 이해관계를 더 충족시킬 수 있다. 그러나 당신이 최저선을 고집한다면 이와 같은 상상력이 풍부한 해결책을 찾아낼 수 없을 것이다. 최저선이란―그 자체가 경직된 성격을 띠고 있는―'지나치게' 경직된 것임이 분명하다.

게다가 최저선은 너무 높게 설정되기 쉽다. 당신 집을 파는 데 얼마를 최저가로 정할 것인지를 가족과 함께 아침 식탁에 둘러앉아 상의한다고 가정해보자. 한 명은 20만 달러라고 말하고 또 한 명은 "우리는 적어도 24만 달러는 받아야 해."라고 말한다. 세 번째 사람은 "우리 집이 24만 달러밖에 안 된다고? 그건 훔쳐가는 거나 마찬가지야. 최소한 30만 달러는 받을 가치가 있어." 한다. 높은 가격을 받을수록 좋다는 것을 알면서 식탁에 앉은 가족 가운데 누가 이런 제안에 반대할 수 있겠는가. 한 번 결정되면 그 최저선은 바꾸기 어렵고, 이는 그 집을 꼭 팔아야 할 때 팔 수 없게 만들 수도 있다. 또 어떤 경우에는 최저선이 너무 낮을 수도 있다. 그럴 때는 그 가격에 파는 것보다 임대하는 게 나을지도 모른다.

간단히 말해서 최저선을 정하는 것은 당신에게 매우 불합리한 합의를 받아들이지 않게 해주는 이점이 있는 반면, 당신이 해결책을 창안해내는 일과 받아들이는 게 현명한 해결책에 동의하는 일, 이 두 가지를 다 방해할 수도 있다. 임의적으로 결정한 수치는 당신이 무엇을 또는 얼마나 받아야 하는지에 대한 척도가 될 수 없다.

최저선의 대안은 무엇인가? 거절해야 할 합의를 받아들이지 않도록 그리고 받아들여야 할 합의를 거절하지 않도록 당신을 보호하는 합의안을 측정할 척도는 존재하는가? 존재한다.

당신의 배트나를 찾으라. 가족이 식탁에 모여서 팔 집의 최저가를 결정할 때 함께 숙고해야 할 문제는, 무엇을 얻을 수 있어야 하는가가 아니라 만일 집을 팔지 못했을 때 어떻게 할 것인가이다. 집을 막연히 무한정 부동산 시장에 내놓아 둘 것인가, 아니면 임대할 것인가, 건물을 부수고 땅을 주차부지로 만들 것인가, 페인트를 칠하는 조건으로 다른 사람에게 임대료 없이 살게 할 것인가, 아니면 다른 방법은 무엇인가, 모든 것을 고려할 때 대안들 중에서 가장 매력적인 것은 무엇인가, 그리고 그 대안은 지금까지 집값으로 제안 받은 최고의 가격과 비교할 때 어떠한가? 어떤 대안은 26만 달러에 집을 파는 것보다 더 매력적일 수 있다. 한편 22만 4천 달러밖에 안 되는 적은 가격에 집을 파는 것이 최서선을 무한정 지키려는 것보다 나을 수도 있다. 임의대로 선택한 최저선은 진정으로 가족들의 이해관계를 반영하지 못할 가능성이 매우 크기 때문이다.

협상을 하는 이유는 협상 없이 얻을 수 있는 결과보다 더 나은 무엇을 얻기 위해서다. 협상 없이 얻을 수 있는 결과란 무엇인가? 무엇이 그 대안인가? 당신의 배트나(BATNA:Best Alternative To a Negotiated Agreement, 협상 합의안이 아닌 최상의 대안)는 무엇인가? 이것이 제안된 합의안을 측정해 줄 기준이다. 배트나란 매우 불리한 조건을 받아들이거나 받아들일 만한 유리한 조건을 거절하는 잘못을 막아줄 유일한 기준이다.

당신의 배트나는 더 나은 척도일 뿐만 아니라 상상력이 풍부한 해결책을 찾을 수 있을 만큼 융통성이 있다는 이점을 갖는다. 당신의 배트나는 당신의 최저선에 못 미치는 어떤 해결책도 배제하는 대신에 상대방의 제안과 당신의 배트나 중에서 어느 것이 당신의 이해관계를 더 만족시켜 주는지 비교할 수 있게 한다.

알려지지 않은 배트나의 위험성 당신이 합의에 실패한다면 어떻게 할 것인지 깊이 생각해보지 않는다면 당신은 눈을 감고 협상하는 것과 마찬가지다. 예를 들면, 당신은 지나치게 낙관적이어서 많은 다른 선택을 할 수 있을 것이라고 생각할 수도 있다. 팔려고 내놓은 다른 집, 당신의 중고차를 살 만한 다른 구매자, 다른 배관공, 다른 가능한 직업, 다른 도매업자 등등. 심지어 당신의 대안이 고정되어 있을 때에도 당신은 합의에 실패할 경우 초래할 결과에 대해서 낙관적인 전망을 가질 수 있다. 혹은 당신은 이혼소송, 파업, 무기경쟁, 전쟁 등이 안고 있는 고통을 제대로 평가하지 못하고 있을 수도 있다.

흔한 실수 중 하나는 심리적으로 당신의 여러 가지 대안을 총체적으로 보는 것이다. 가령 당신은 임금협상에서 합의하지 못한다면 캘리포니아나 남쪽으로 가거나 또는 학교로 돌아가거나 책을 쓰거나, 농장에서 일을 하거나 프랑스 파리에서 살거나 그 밖에 다른 일을 할 수 있을 것이라고 스스로에게 말할지도 모른다. 당신은 이러한 대안의 총체적 합이 어느 특정 직업에서 얼마의 연봉으로 일하는 것보다 더 매력적이라고 생각하기 쉽다. 문제는 당신이 이 모든 대안을 동시에 다 이룰 수 없다는 것이다. 합의에 실패한다면 그 중 하나만을 선택해야 할 것이다.

그러나 대부분의 경우 이런 위험보다 더 큰 것은 당신이 합의를 보는 데 너무 집착한다는 것이다. 협상을 통한 해결책에 대안을 미리 생각해두지 않은 채 협상이 깨졌을 때 벌어질 일들에 대해 지나치게 비관적인 태도를 취하는 것이다.

당신의 배트나가 가치 있다는 것을 아는데도 불구하고 당신은 대안을 탐색하기를 주저할 수 있다. 당신은 이번 구입자 혹은 다음 사람이 집값에 매력적인 제안을 하기를 바란다. 당신은 합의가 이루어지지 않으면 '무엇을 해야 하는가?' 하는 질문을 회피할 수도 있다. 그리고 마음속으로 이렇게 말할 것이다. "우선 협상부터 하고 다음 일은 그때 가서 보자. 일이 잘 안 되면 그때 해결책을 찾아보자." 그러나 협상을 현명하게 처리하고자 한다면 최소한 그 문제에 대한 임시 해답이라도 가지고 있는 것이 절대적으로 필요하다. 협상에서 당신이 어떤 것에 동의해야 하는지 또는 동의해서는 안 되는지는 전적으로 당신의 배트나가 얼마나 매력적인가에 달려 있다.

대안을 체계적으로 세우라. 당신의 배트나가 제안된 합의를 판단하는 데 쓰여야 할 최선의 척도임에도 불구하고 당신은 다른 척도를 원할 수도 있다. 현재 협상중인 합의 내용이 별로 매력적이지 못하다는 것을 당신이 일찍 깨닫게 해줄, 당신의 배트나보다 낫지만 완전한 합의와는 거리가 먼 한 가지 대안을 확인해두는 것은 유용하다. 이 대안보다 더 나쁜 합의안을 받아들이기 전에 잠시 협상을 멈추고 상황을 재검토해야 한다. 최저선과 마찬가지로 이 대안도 대리인의 권한을 제한할 수 있다. "나와 상의 없이는 내가 지불했던 가격에 이자를 더한 25만 8천 달러보다 낮은 가격에 절대로 팔지 마시오."

이 대안은 어느 정도의 융통성이 있어야 한다. 협상할 때 당신이 이 대안에 반영된 기준에 도달한 후에 중재자를 부르기로 한다면, 당신은 중재자에게 당신 편에서 작업할 수 있도록 여지를 남겨두어야 한다.

┃ 당신의 자산을 최대한 이용하라

불리한 합의를 하지 않도록 자신을 보호하는 것과 유리한 합의를 도출하기 위해서 당신의 자산을 최대로 이용하는 것은 별개의 일이다. 당신은 어떻게 이것을 할 수 있는가? 이것 역시 해답은 당신의 배트나에 달려 있다.

당신의 배트나가 좋을수록 당신의 파워(협상력)는 강해진다. 사람들은 협상력이 재산, 정치적 연줄, 물리적 힘, 친분관계 그리고 군사력 등과 같은 자원에 의해 결정된다고 생각한다. 사실상 양측의 상호 협상력은 주로 합의에 실패할 경우에 사용할 수 있는 옵션이 각자에게 얼마나 매력적인가에 달려 있다.

뭄바이 역 근처 노점상에게서 작은 놋쇠항아리를 적당한 가격에 사려는 어느 부유한 여행자를 생각해보자. 노점상은 아마 가난할 것이다. 그러나 시장 원리를 알 것이다. 항아리를 그 여행자에게 팔지 않더라도 다른 이에게 팔 수 있을 것이다. 언제 그리고 얼마에 다른 사람에게 그것을 팔 수 있을지 경험으로 어림짐작할 수도 있다. 그 여행자는 부유하고 협상에서 우세해 보인다. 그러나 만일 그 항아리가 어느 정도의 가격인지 그리고 다른 곳에서 그와 유사한 항아리를 구하는 것이 쉬운지 어려운지를 정확하게 알지 못한다면 그는 협상에서 정말 '약해질' 수밖에 없다. 자신의 자원을 협상력으로 전환하자면 여행자는 그 항아리와 똑같거나 더 관심을 끄는 놋쇠항아리를 어디에서 얼마에 살 수 있는지 알아보는 데에 자산을 사용해야 할 것이다.

다른 취직자리도 제안 받지 못한 상태로 확실치 않은 가능성만 가지고 어느 회사 면접장에 들어갈 때 당신의 기분을 잠시 생각해보라. 그리고 지금 당신이 두 곳에서 취업 제안을 받은 상태에서 그 면접장에 들어갈 때의 기분과 비교해 보라. 임금협상이 어떻게 진행되겠는가. 그 차이는 곧 협상력이다.

개인 간의 협상에 적용되는 것은 조직 간의 협상에도 똑같이 적용된다. 공장에 부과하는 세금을 인상하려는 소도시 당국과 어느 커다란 산업체 간의 상대적인 협상력은 각각의 예산이나 정치적 힘에 의해서기 아니라 각자 기진 최고의 대안에 의해서 결정된다. 한 예로 어느 소도시 당국은 시경계선 밖에 인접한 한 공장과 1년에 30만 달러에서 무려 230만 달러에 이르는 '선의의' 세금에 합의를 보았다. 이것이 어떻게 가능했을까?

시 당국은 합의에 이르지 못할 경우 무엇을 해야 할지 정확하게 알고 있었다. 시 당국은 시경계선을 그 공장이 포함되도록 확장하고, 그 공장에 1년에 250만 달러 상당의 지방세를 부과할 예정이었다. 그 회사는 그 공장을 유지하기로 결정했다. 그래서 그들은 합의를 보는 것

외에 어떤 대안도 생각하지 않고 있었다. 얼핏 보아서 그 회사는 대단한 협상력을 가진 듯해 보였다. 회사는 재정적 어려움을 겪고 있는 시에 대부분의 일자리를 제공하고 있었다. 공장 폐업이나 이전은 그 도시를 황폐화시킬 수도 있을 것이다. 더구나 회사가 이미 지불하고 있던 세금은 더 많은 세금이 필요한 그 도시의 지도자급 인사들의 임금 지불에 일조를 하고 있었다. 그러나 이런 모든 유리한 점을 가지고 있었음에도 불구하고 그런 것들이 훌륭한 배트나로 전환되지 않았기 때문에 쓸모없는 것이 되고 말았다. 반대로 시 당국은 매력적인 배트나를 가지고 있었기 때문에 세계에서 가장 큰 회사 중의 하나인 그 회사보다 협상결과에 더 큰 영향력을 행사할 수 있었다.

당신의 배트나를 개발하라. 합의에 이르지 못했을 때 당신이 무엇을 해야 하는지를 열심히 찾아본다면 당신의 입지를 상당히 강화할 수 있을 것이다. 관심을 끌 만한 좋은 대안들은 당신이 가만히 앉아서 갖게 되는 것이 아니다. 당신은 많은 경우 그것을 개발해야 한다. 가능한 배트나를 개발하려면 다음과 같은 세 가지 작업이 필요하다. ① 합의에 이르지 못할 경우 취할 수 있는 행동 목록을 작성하는 것, ② 가능성 있는 아이디어를 개선해서 그것들을 실용적 대안으로 전환시키는 것, ③ 시험적으로 최고의 대안을 고르는 것 등이다.

첫 번째 작업은 목록작성이다. 만약 월말까지 X회사에서 당신에게 만족할 만한 일자리를 제공하지 못한다면 당신은 무엇을 해야 하는가? Y회사에서 직장을 구할 것인가, 다른 도시에서 찾을 것인가, 아니면 개인사업을 시작할 것인가, 그 외에 또 무엇을 할 것인가? 노동조합의 경우 그들에게 협상된 합의 외에 대안으로는 아마도 파업 결의, 재계약 없이 계속하는 노동, 60일간의 파업 통고, 중재 요청 그리고 조합원들에게 요구하는 준법 투쟁 등이 있을 것이다.

두 번째 단계는 당신의 아이디어 가운데 가장 좋은 것을 더욱 발전시켜 그 중 가장 유망한 아이디어를 실현 가능한 대안으로 바꾸는 것이다. 만약 당신이 시카고에서 일할 것을 생각하고 있다면 그 생각을 적어도 그곳에서 일자리 하나를 실제로 제안 받는 것으로 바꾸도록 노력하라. 당신 손에 시카고의 일자리 제의를 받아 쥐고 있다면—또는 반대로 당신이 직장을 구할 수 없음을 알았을 경우—당신은 뉴욕에서의 일자리의 장점을 더 잘 평가할 준비가 되어 있는 셈이다. 노동조합은 협상을 계속하고 있는 동안에도 중재자를 요청하거나 파업을 하겠다는 생각을 실행할 준비가 되어 있는 구체적인 작전상의 행동으로 바꿔야 한다. 예를 들어 그 조합은 계약이 만기되는 시점까지 해결이 되지 않으면 파업 결정 여부를 조합원들의 투표에 부쳐야 한다.

배트나를 개발하는 세 번째 단계는 여러 대안 중에서 가장 좋은 것을 선택하는 일이다. 만약 협상에서 합의에 이르시 못한다면 시금 당신이 갖고 있는 실현 가능한 대안들 중 어떤 것을 추구할 계획인가? 이러한 노력을 거친 후에 이제 당신은 하나의 배트나를 갖게 되는 것이다. 모든 제안을 이 배트나에 비교해서 판단하라. 당신의 배트나가 좋으면 좋을수록 협상에서 합의의 조건을 개선할 수 있는 당신의 능력은 더욱 커질 것이다. 협상이 합의로 귀결되지 않을 때 무엇을 해야 할지를 안다면 협상 과정에서 당신은 더욱 자신 있게 대처할 것이다. 또 원하는 것이 무엇인지 정확히 안다면 협상을 결렬시키기가 더욱 쉽다. 협상을 중단해도 좋다는 당신의 의지가 크면 클수록 합의안에 반영되어야 할 당신의 이해관계와 근거를 더욱 강력하게 제안할 수 있을 것이다.

상대방의 배트나를 고려하라. 당신은 상대방의 배트나도 생각해보아야 한다. 상대방의 대안에 대해 더 많이 알수록 협상을 더 잘 준비할 수 있게 된다. 상대방의 대안을 알면 협상을 통해 당신이 얻을 수 있다고 기대하는 것을 현실적으로 평가할 수 있다.

상대방은 합의가 이루어지지 않을 경우 자신이 할 수 있는 것에 대해서 지나치게 낙관적일 수 있다. 어쩌면 매우 많은 대안을 가지고 있고 또 대안의 총체적인 영향에 대해 과신하고 있을지도 모른다. 만약 상대가 자신의 배트나를 과대평가하는 것 같으면 당신은 상대방이 자신의 기대치가 과연 현실적인지 다시 생각하도록 돕고 싶을 것이다.

상대방의 배트나는 당신이 상상하는 어떤 공정한 해결책보다 더 훌륭할 수도 있다. 당신이 지금 건설중인 전력회사에서 방출될 유해가스를 우려하는 그 지역 공동체의 한 사람이라고 가정해보자. 전력회사의 배트나는 당신의 항의를 전적으로 무시하는 것이거나 공장이 다 지어질 때까지 계속 항의하도록 내버려두는 것이다. 그들이 당신의 관심사를 진지하게 받아들이게 하려면 건설허가를 취소해달라는 소송을 제기해야 할지도 모른다. 즉 그들의 배트나가 너무 좋아서 협상의 필요를 느끼지 못한다면 당신은 그들의 생각을 바꾸기 위해 할 수 있는 모든 것을 고려해야 한다.

만약 양측이 모두 매력적인 배트나를 가지고 있다면 가장 좋은 협상결과는 합의에 도달하지 않는 것이다. 그런 경우 당신과 그가 우호적이고 능률적으로 각각의 이해관계를 증진시키는 가장 좋은 방법은 합의에 도달하려는 노력을 중단하고 각자 다른 방법을 찾는 일이 될 것이다.

▎상대방이 우세할 경우

만약 상대방이 강력한 무기를 갖고 있는 경우, 당신은 협상에서 정면 대결하는 것을 원하지 않을 것이다. 상대방이 물리적이나 경제적 측면에서 강할수록 이점에 근거해 협상하는 것이 당신에게 더 유리할 것이다. 그들이 힘을 가지고 있고 당신이 원칙을 가지고 있는 경우라면 협상에서 원칙의 역할이 크면 클수록 당신의 상황이 더 나아질 것이다.

좋은 배트나를 갖는 것은 당신이 협상에서 유리한 위치를 차지하도록 도와준다. 당신은 배트나를 개발하고 개선함으로써 가지고 있는 유리한 조건을 효과적인 협상력으로 전환할 수 있다. 상대방의 동의에 상관없이 지식, 시간, 돈, 사람, 연줄, 기지 등을 최선의 해결책을 궁리하는 데 투자하라. 당신이 협상테이블로 보다 쉽게 보다 행복하게 걸어나갈수록 협상결과에 미칠 당신의 영향력은 커진다.

당신의 배트나를 개발하는 것은 당신이 수용할 수 있는 최저의 합의를 결정하도록 할 뿐 아니라 그 최저 수준을 높여줄 것이다. 배트나를 개발하는 것은 아마 겉보기에 당신보다 더 강력해 보이는 상대방을 다루는 가장 효과적인 방법이 될 것이다.

7장
상대방이 응하지 않으면
어떻게 할 것인가

협상에서 주짓수Jujitsu 기술을 사용하라

　이해관계, 옵션 및 기준 등에 관해 이야기하는 것은 현명하고 효과적이며 또한 우호적인 게임일 수 있다. 그러나 상대방이 응하지 않으면 어떻게 할 것인가? 당신은 상호 이해관계에 관해 이야기하려 하는데 상대방은 단호한 어조로 자기 입장만을 말한다. 당신은 양측의 이익을 극대화할 수 있는 합의점을 찾기 위해 노력하는데 상대방은 당신의 제안을 공격하고 오직 자기 이익만을 최대화하려고 한다. 당신은 문제의 이점을 파고드는데 상대방은 당신을 인신공격한다. 이럴 경우 상대방이 자신의 입장에서 벗어나 문제의 이점에 관심을 갖도록 유도하려면 어떻게 해야 하는가?

　상대방의 관심을 문제의 이점에 쏠리게 하는 세 가지 기본적인 접근방법은 다음과 같다. 먼저 당신이 할 수 있는 것에 집중하는 것이다. 당신은 입장보다 문제의 이점에 관심을 집중할 수 있다. 이 책의 주제이기도 한 이 방법은 쉽게 다른 이에게 전염된다. 이 방법은 이해관계,

옵션, 기준에 관해 논의하려는 사람들에게 성공의 문을 열어줄 것이다. 당신은 새로운 방법을 시도하는 것만으로도 협상의 형식을 바꿀 수 있다.

만일 이 방법이 효과가 없어 상대가 계속 입장만 고집한다면 당신은 상대방이 할 수 있는 것에 초점을 맞춘 두 번째 접근방법에 의존할 수 있다. 이 방법은 상대방의 관심을 이점으로 돌림으로써 입장을 근거로 거래하는 근본적 조치에 반격을 가할 수 있다. 이러한 전술을 우리는 '협상에서 사용하는 주짓수 기술'negotiation jujitsu이라 한다.

세 번째 접근방법은 '제삼자'가 할 수 있는 것에 초점을 맞추는 것이다. 만일 원칙화된 협상과 주짓수 기술을 사용해서도 상대방을 유도하는 데 실패하면 이해관계, 옵션, 기준에 대한 논의로 상대방을 이끌어줄 노련한 제삼자를 포함시키는 문제를 고려해보라. 이와 같은 노력에서 제삼자가 사용할 수 있는 가장 좋은 방법은 아마 단일 텍스트 중재방법일 것이다.

첫 번째 접근방법-원칙화된 협상-에 관해서는 이미 논의한 바 있다. 이번 장에서 설명할 것은 협상에서 사용하는 주짓수 기술과 단일 텍스트 중재방법이다. 이 장의 마지막 부분에서 우리는 집주인과 세입자의 대화를 통해 원칙화된 협상과 주짓수 기술의 사용방법이 비협조적인 상대방을 설득하는 데 어떻게 응용되는지 자세히 볼 수 있을 것이다.

협상에서 사용하는 주짓수 기술

상대방이 자신의 입장만을 굳게 고집한다면 당신은 그것을 비난하고 거부하려는 유혹을 받을 것이다. 또한 그들이 당신의 제안을 비난하면 당신은 그것을 옹호하고 고수하고 싶은 유혹을 느낄 것이다. 상대방이 당신을 인신공격하면 당신은 자신을 방어하고 또 반격하고 싶은 유혹을 받을 것이다. 한 마디로 상대방이 당신을 강하게 밀어붙이면 당신은 맞받아치려고 할 것이다.

그러나 실제로 그렇게 한다면 당신은 입장을 근거로 거래하는 게임을 하는 꼴이 될 것이다. 상대방의 입장을 거부하는 것은 그를 그 입장 속에 묶어버리는 결과가 되며, 당신의 제안을 고집하면 당신 자신을 그 제안에 묶어 놓는 격이 된다. 당신 자신을 방어하면 결국 협상을 옆길로 빠지게 하며 인신공격을 가져올 것이다. 그리하여 결국 당신은 상대방의 공격, 방어의 악순환에 빠지게 되고, 쓸데없이 밀고 당기며 승강이하는 데에 많은 시간과 에너지를 허비하게 될 것이다.

당신은 "맞받아치는 것이 통하지 않으면 어떻게 해야 하느냐?"고 반문할지도 모른다. 작용/반작용의 악순환을 어떻게 하면 막을 수 있을까? 상대방이 자기 입장만을 강변한다고 무조건 그 입장을 '거부'하지 말라. 상대방이 당신의 아이디어를 공격하면 당신 아이디어를 방어하지 말라. 상대방이 당신을 인신공격한다 해도 반격하지 말라. 대응하지 않으므로 해서 위에서 말한 그 악순환을 깨뜨려라. 맞받아치는 대신 그 공격을 피해서 그것이 비껴가도록 해야 한다. 동양 무술인 유도와 주짓수에서처럼 상대방의 힘에 맞서 곧바로 당신의 힘을 겨루려 하지 말고 당신의 기술을 이용하여 한 걸음 옆으로 비껴 피하며 그의 힘을 당신의 목적에 유리하게 사용하도록 하라. 상대방의 힘에 저항하려 하지 말고 그 힘을 바꾸어 이해관계를 탐구하고, 상호 이익이 되는 옵션을 창안해내고, 독립적인 기준을 찾도록 하라.

실제적으로 '협상에서 주짓수 기술'은 어떻게 작용하는가? 어떻게 당신은 상대방의 공격을 피하고 그 공격이 문제를 향하도록 유도할 것인가?

소위 상대방의 '공격'은 전형적으로 세 가지 요소로 이루어져 있다. 즉 자신의 입장을 완강하게 주장하는 것, 당신의 아이디어를 공격하는 것 그리고 당신을 인신공격하는 것이다. 이제 원칙화된 협상법으로 어떻게 이 세 가지 문제에 대응할지 알아보자.

상대방의 입장을 공격하지 말고 그 입장의 이면을 보라. 상대방이 자신의 입장을 내세울 경우 그것을 받아들이지도 거부하지도 말라. 그것을 그냥 하나의 가능한 옵션으로 생각하라. 그리고 그 입장의 이면에 놓인 이해관계를 찾아보고, 그 입장이 반영하고 있는 원칙들을 찾아보라. 그러고 나서 그 입장을 개선할 방법을 강구하라.

이제 당신이, 봉급 인상할 때와 감원할 경우 직원 연령을 유일한 기준으로 삼을 것을 요구하는 교사 노조를 대표하고 있다고 가정해보자. 학교 이사회는 자신들이 감원대상교사 결정권을 독점할 것과 2천 달러의 봉급 인상을 제시한다. 이 경우 당신은 학교측의 입장을 파헤쳐 그 뒤에 숨겨진 이해관계를 찾도록 하라. "봉급을 2천 달러 이상 인상하는 경우 그것이 예산에 미치는 득과 실은 무엇입니까" "왜 학교 당국은 감원대상 결정에 철저한 통제권을 원하는 겁니까?"

상대방이 취하는 모든 입장은 그 사람의 근본 관심사를 대변하고자 하는 참된 노력이라고 '가정'하라. 그리고 상대방에게 그 입장이 어떻게 당면문제를 해결해준다고 생각하는지 물어보라. 그의 입장을 하나의 옵션으로 생각하고 그것이 현재 양측의 이해관계에 부합하는지 혹은 앞으로 양측의 이해관계에 부합하도록 개선될 수 있는지 객관적으로 점검해보라. "우리 학교의 일률적인 2천 달러 임금 인상이 어떻게 이 지역의 다른 학교들과 경쟁적인 수준을 갖게 하여 실력 있는 교사들을 확보할 수 있으리라고 생각합니까?" "당신은 학교 당국의 해고 절차가 공정하리라는 것을 어떻게 교사들에게 납득시킬 수 있습니까? 우리는 당신이 개인적으로는 공정하리라고 믿습니다. 그렇지만 당신이 이 학교를 떠나고 나면 어떻게 되지요? 어떻게 우리의 생계와 가족의 복지를 그런 임의적인 결정에 맡길 수 있겠습니까?"

또한 당신은 상대방의 입장을 뒷받침하는 원칙들을 찾아내 그것을 논의해야 한다. "2천 달러 인상이 공정하다는 근거는 무엇입니까? 다른 학교의 임금 수준이나 비슷한 자격을 가진 사람이 받는 임금을 근거로 한 것입니까?" "가장 경험이 많은 교사와 경험이 적은 교사 중 누가 먼저 감원대상이 되어야 한다고 생각하십니까? 물론 급료는 경험자가 많이 받지요." 상대방의 관심을 현안에 대한 옵션을 개선하는 데로 돌리기 위해서는 그의 입장이 받아들여졌을 경우를 가정해서 논의해야 한다. 한 예로 1970년, 어느 미국인 변호사가 아랍-이스라엘 간의 갈등과 관련해 가말 압델 나세르 이집트 대통령과 인터뷰를 했다. 그가 나세르에게 물었다. "이스라엘의 골다 메이어 수상이 어떻게 하기를 원하십니까?"

나세르는 대답했다. "철군이요."

변호사는 "협상도 없이요? 당신에게서 아무 대가도 받지 않고 말입니까?" 하고 믿기지 않는다는 듯이 물었다.

나세르는 "아무것도 없이요. 그 땅은 우리 것이요. 이스라엘은 철수를 약속해야 합니다." 하고 말했다.

그러자 미국인 변호사는 "만일 내일 아침에 골다 메이어 수상이 텔레비전과 라디오에서 '나는 이스라엘 국민을 대신해서, 1967년에 차지한 영토, 즉 시나이반도, 가자 지구, 웨스트뱅크, 예루살렘, 골란고원에서 완전히 철수할 것을 약속하는 바이다. 본인은 이것에 대해 아랍 측으로부터 어떤 형태의 언질도 받은 바가 없다는 점을 밝힌다.'고 말한다면 어떻겠습니까?" 하고 물었다.

이로써 이전에 이집트가 이스라엘에 제안한 옵션이 현실성이 없음을 알게 된 것이다. 그날 이후 나세르 대통령은 지속적인 적대행위가 있어 왔던 양국 간의 정전을 수락하는 데 기여하게 되었다.

당신의 아이디어를 방어하지 말고 상대방에게 비판과 조언을 구하라.
협상에서는 많은 시간이 비판에 쓰인다. 상대방의 비판을 반박하기보다 오히려 요청하라. 또한 상대방에게 어떤 아이디어를 받아들이거나 거절하라고 요구하기보다 그에게 그 아이디어의 어떤 점이 잘못되었는지 물어보는 것이 좋다. "이 임금 제안에 당신의 어떤 관심사가 반영되지 않았습니까?" 드러나지 않은 상대방의 이해관계를 찾아내고, 그의 관점에서 당신의 아이디어를 개선하기 위해 상대방의 부정적인 판단을 검토하라. 당신은 상대방으로부터 얻은 비판으로 당신의 아이디어를 개선함으로써, 합의를 향해 나아가는 데 장애가 되었던 그 비판을 합의과정의 필수 요소로 변화시킬 수 있다. "제가 이해한 바로는 당신 말씀이 교사 750명에게 일률적으로 2천 달러 이상 인상해줄 여유가 없다는 뜻이군요. 그렇다면 우리가 정규교사를 줄이는 데서 절감된 비용을 남아 있는 교사들의 월례 상여금으로 할당한다는 조건으로 그 제안을 받아들인다면 어떻겠습니까?"

비판을 건설적인 방향으로 전환하는 또 다른 방법은 상대방과 입장을 바꾸어 그의 조언을 구하는 것이다. 즉 상대방이 당신의 위치에 있다면 어떻게 할지를 물어보는 것이다. "당신의 직업이 위기에 처한다면 어떻게 하시겠습니까? 우리 조합원들은 직장에 대해 불안감을 느끼고 있고 감봉으로 의기소침해 있습니다. 그들은 자신들을 대표할 좀더 투쟁적인 조합을 만드는 문제를 논의하고 있습니다. 만약 당신이 이 조합을 지도한다면 어떻게 하시겠습니까?" 이런 식으로 당신은 상대방에게 당신이 짊어진 문젯거리를 어느 정도 경험하게 할 수 있다. 그렇게 함으로써 상대방은 당신의 관심사를 충족시켜줄 해결책을 제시할지도 모른다. 상대방은 이렇게 말할 수도 있다. "문제의 절반은 교사들이 아무도 자신들의 말을 들어주지 않는다고 생각하는 데 있는 것 같습니다. 그들이 학교 당국과 만날 수 있도록 정기적으로 모임을 갖는 것이 도움이 되지 않을까요?"

당신을 향한 인신공격을 당면 문제를 향한 공격으로 바꾸라. 상대방이 당신에 대해 인신공격을 할 경우—그것은 흔히 있는 일이다—당신은 자신을 방어하고 상대방을 역공하고 싶은 유혹을 뿌리쳐야 한다. 대신 뒤로 물러앉아 그가 하고 싶은 말을 다 하도록 내버려두라. 상대방이 열기를 발산하도록 해주는 것이다. 그의 말을 귀 기울여 듣고 그가 한 말을 이해했음을 보여주라. 그리고 그의 말이 끝나면 당신을 향한 인신공격을 문제 자체에 대한 공격으로 바꾸라. "우리가 파업하는 것을 보니 학생 생각은 하나도 안 하는 것 같다구요? 그 말은 당신은 학생들을 걱정하고 있다는 뜻으로 들리는군요. 아이들 문제는 우리 양측이 같이 걱정하고 있다는 걸 아셨으면 합니다. 우리 아이들이고 우리 학생들이니까요. 우리도 파업을 그만두고 아이들을 가르치고 싶습니다. 어떻게 하면 빨리 합의에 도달할 수 있겠습니까?"

질문 후에는 침묵을 지키라. 협상에서 주짓수 기술을 사용하려는 사람들은 두 가지 중요한 도구를 사용해야 한다. 첫 번째는 단언하지 말고 질문하라는 것이다. 단언은 저항을 낳지만 질문은 대답을 낳는다. 질문은 상대에게 자신의 요점을 설명할 기회를 주어 당신이 그 요점을 이해하도록 해준다. 또 질문은 상대의 도전을 유도하여 현안 문제를 다루도록 만든다. 질문은 상대방에게 공격할 목표나 입장을 제시하지 않는다. 질문은 상대를 비판하지 않고 오히려 그들을 교육시킨다. "당신은 교사들이 자신들이 참여하고 있다고 느껴서 그 과정에 협력하는 것과, 그 과정이 자신들에게 강요된 것이고 자신들의 관심사를 제대로 반영하지 못한다고 해서 그것을 적극 거부하는 것 중 어느 편이 더 좋으시겠습니까?"

침묵은 가장 좋은 무기 중 하나다. 만일 상대방이 비이성적인 제안을 하거나 정당하지 못한 공격을 가해올 경우 최선의 방법은 그 자리에 앉아 아무 말도 하지 않는 것이다.

만일 당신이 솔직한 질문을 했는데 상대방의 대답이 불충분하거든 그냥 기다려라. 사람들은 침묵을 거북스럽게 여기는 경향이 있는데, 자기 주장의 장점에 관해 자신감이 없을 경우 더욱 그렇다. 예를 들어 만일 교사 대표가 "왜 교사들은 감원정책에 발언권을 가져서는 안 됩니까?" 하고 묻는다면 학교 이사장은 당황할 것이다. "감원은 전적으로 행정적인 문제입니다. 아, 물론 교사들도 감원정책에 관심이 많지요. 하지만 교사들 스스로 누가 훌륭한 교사인지를 판단하는 것은 좀 무리가 있지 않나 … 아, 말하자면 … ."

침묵은 이렇게 상대방이 새로운 제안을 하게 만들거나, 당신의 질문에 답하면서 자신이 곤경에 처해 있다는 느낌을 갖게 한다. 질문을 하고 나서는 침묵을 유지하라. 곧바로 또 다른 질문을 하거나 당신 자신의 의견을 말해서 상대방에게 빠져나갈 구멍을 주지 말라. 가장 효과적으로 협상하게 되는 때는 바로 당신이 침묵하고 있을 때다.

▎ 단일 텍스트 중재방법을 고려해보라

입장에 근거한 협상을 원칙화된 협상으로 전환하려는 당신의 노력이 실패할 때에만 제삼자를 개입시키도록 하라. 당신이 직면한 문제는 '새 집을 지으려는 부부'의 협상을 예로 들면 쉽게 설명될 수 있을 것이다.

아내는 밖으로 돌출된 창과 굴뚝이 있는 이층집을 원하고, 남편은 작업실과 널찍한 주차장이 구비된 목장 스타일의 단층집을 지으려 한다. 협상하는 동안에 부부는 "거실을 어떻게 하고 싶다는 거야?"라든가 "정말 그렇게 고집을 부릴 거야?" 하는 식의 질문을 수없이 주고받는다. 그리고 그런 질문에 응답하면서 상반된 계획이 굳어진다. 이들 부부는 건축가에게 처음엔 단순한 스케치를 요구하고 다음엔 각자 자신의 입장만을 고집하면서 세부사항까지 그려달라고 요구한다. 조금 유연성을 가지라는 아내의 요구에 남편은 차고의 넓이를 1피트 정도 줄이기로 한다. 반대로 남편의 요구에 아내는, 말로는 그녀가 항상 원해왔다지만, 그녀의 계획에는 들어 있지도 않던 뒤쪽 현관을 포기하겠다고 양보한다. 두 사람은 어떤 계획은 지지하고 또 어떤 계획은 반대하느라고 언쟁을 한다. 조금씩 감정이 상하고 대화가 힘들어지기 시작한다. 한 번 양보하면 계속 양보해야 한다고 믿기 때문에 아무도 더 이상 양보하려 하지 않는다.

이런 협상은 자기 입장을 근거로 거래하는 전형적인 예다. 만약 당신이 이 같은 협상 과정을 이점을 근거로 해결책을 찾아내는 과정으로 바꿀 수 없다면 제삼자가 그 일을 해주어야 할 것이다. 직접 관련된 두 사람보다 중재자가 더 쉽게 사람과 문제를 분리할 수 있고, 토론을 이해관계와 옵션을 모색하는 방향으로 유도할 수 있다. 중재자는 서로 다른 의견을 해결할 수 있는 공정한 근거를 제시할 수도 있다. 또 중재자는 옵션 창출 과정과 결정 과정을 분리하도록 해주며, 합의에 필요한 많은 결정사항을 줄여주고, 양측이 자신들의 결정이 어떤 결과를 가져오는지 이해하도록 도와준다. 제삼자가 이 모든 일을 할 수 있도록 고안된 방법이 바로 '단일 텍스트 중재방법'이다.

위에서 예를 든 새 집 설계에 관한 남편과 아내의 협상에서 양측은 독립적인 위치에 있는 건축가를 불러서 둘의 입장을 반영한 가장 최근의 설계도를 보여줄 수 있다. 물론 중재자가 전부 현명하게 행동하는 것은 아니다. 예를 들어 어떤 건축가는 두 사람에게 자신들의 입장을 더 명확히 하라고 요구하고 그들에게 많은 것을 양보하도록 압력을 가해서 부부가 한층 더 감정적으로 자신들의 해결책에만 매달리게 할 수도 있다. 하지만 '단일 텍스트 중재방법'을 사용할 줄 아는 건축가라면 좀 다르게 중재할 것이다. 부부의 입장이 아니라 이해관계에 대해 묻는 것이다. 즉 부인이 원하는 밖으로 돌출된 창의 크기를 묻는 것이 아니라 왜 그런 창을 원하는지를 물어보는 것이다. "아침 햇살 때문입니까 아니면 오후 햇살 때문입니까? 밖을 내다보기 위해서입니까 아니면 밖에서 안을 들여다보려는 겁니까?" 또한 남편에게는 이렇게 물을 수 있을 것이다. "왜 차고가 필요하죠? 뭔가를 넣어두려고 그러시죠? 서재에서는 무엇을 하시려구요? 독서요 아니면 텔레비전 시청이요? 친구들을 불러들이려구요? 그렇다면 언제 사용하시려고 합니까? 낮에 아니면 주말? 저녁때?"

건축가는 부부 중 어느 한쪽이 입장을 포기하라고 요구하는 것이 아니라는 것을 분명히 한다. 오히려 그는 아직까지 확실하진 않지만 그들 부부에게 추천할 만한 것이 있는지 찾고 있는 것이다. 이 단계에서 건축가는 단지 부부의 이해관계와 필요성에 관해서 알려고 노력하는 것이다.

시간이 지나고 건축가는 마침내 그들 부부의 이해관계와 필요성을 적은 목록을 갖게 된다.(아침 햇살, 앞이 트인 벽난로, 안락한 독서 공간, 목공작업실, 눈 치우는 기계와 중형자동차가 동시에 들어갈 수 있는 공간 등등) 그리고 그 부부에게 차례로 목록을 검토하고 개선할 점이 있으면 말하라고 부탁한다. 사실 양보하기는 어렵지만 비판은 쉽다.

며칠 후 건축가는 대충 윤곽을 나타낸 설계도를 가지고 온다. 그리고 "뭐 만족스럽진 않지만 더 진행하기 전에 두 분의 평을 듣고 싶군요. 이 설계에 어떤 문제들이 있을까요?" 하고 말한다. 남편은 어쩌면 이렇게 말할 수도 있다. "글쎄요, 문제라면 여기 욕실은 침실에서 너무 멀고, 책을 둘 공간도 마땅치 않군요. 그리고 손님이 오면 어디서 자게 합니까?" 물론 아내에게도 이 첫 번째 스케치에 대한 평을 부탁한다.

2, 3일 후 건축가는 두 번째 스케치를 가지고 와서 다시 평을 청한다. "그 욕실과 책 문제를 해결하려고 노력했습니다. 그리고 서재를 손님용 침실과 겸하고 수납공간을 더 넓히면 어떻겠습니까?" 이런 식으로 설계도가 점차 완성되는 동안 부부는 정말 중요한 문제들만 제기하고 사소한 문제들은 무시하게 된다. 예를 들어 아내는 아무것도 양보하지 않고 자신이 가장 중요하게 여기는 점을 건축가가 완전히 이해했는지 확인하고 싶을 것이다. 어느 누구도—심지어 건축가까지도—자존심을 다치지 않았다. 재정이 허락하는 범위 내에서 부부의 이해관계를 가장 잘 조정해줄 방법을 모색하는 것은 결정을 내리는 것과는 별도의 일이며, 너무 성급한 결정을 내리는 게 아닌가 하는 두려움도 없애준다. 남편이나 아내가 자신의 입장을 포기할 필요가 없고, 오히려 함께 나란히 앉아서 계획이 정리되어가는 것을 보고 그것을 비평하고, 건축가가 나중에 그들에게 제시할지도 모를 추천사항에 대비하도록 돕는다.

이런 식으로 계속해서 세 번째, 네 번째, 다섯 번째 도면이 그려진다. 마침내 더 이상 개선할 것이 없다고 판단한 건축가는 이렇게 말할 것이다. "이것이 제가 할 수 있는 최선입니다. 두 분의 다양한 이해관계를 최대한 조정하려고 노력했습니다. 많은 문제를 건축과 기술적인 측면에서의 해결책, 선례, 그리고 제가 갖고 있는 직업적 판단을 기준으로 해결했습니다. 그것이 바로 이것입니다. 두 분이 이걸 받아들이시기를 권합니다."

이제 부부는 Yes나 No를 결정만 하면 된다. 이런 결정 과정에서 부부는 그들이 얻게 될 것이 무엇인지 정확히 알게 된다. 그리고 한 사람이 'Yes' 하면 다른 사람도 따라서 'Yes'라고 대답하게 된다. 이 '단일 텍스트 중재방법'은 입장을 근거로 하는 거래에서 벗어나게 해줄 뿐 아니라 옵션을 생각해내고 함께 결정하는 과정을 아주 단순하게 해준다.

실제 협상에서 이 '건축가'의 역할을 누가 할 것인가? 당신은 제삼자를 이런 중재자로 초빙할 수도 있으며, 다자간 협상이라면 어떤 특정한 조건에 영향을 미치기보다는 합의를 이룩하는 데 큰 이해관계를 갖고 있는 사람이 자연스럽게 이런 중재자가 될 수 있을 것이다.

많은 경우 그 중재자가 곧 당신일 수도 있다. 예를 들어 당신이 플라스틱 제조공장의 판매원으로 플라스틱 병을 만드는 고객과 대량주문 협상을 하고 있다고 가정해보자. 수요자는 특별한 종류의 플라스틱 물품을 원하는데 당신이 판매원으로 일하는 공장은 그 물품을 만드는 데 필요한 기계를 새로 설비하는 것을 꺼릴 수도 있다. 이럴 때 당신의 임무는 타협 조건을 따지는 것보다는 고객과 당신의 공장 제조부 사람들 간에 합의를 보도록 중간에서 돕는 것이다. 당신은 또 특별지출 예산안이 1,000만 달러인지 1,100만 달러인지 따지기보다는 예산안을 통과시키는 데 더 관심이 있는 상원의원의 법률 보좌관일 수도 있다. 아니면 당신은 서로 다른 행동양식을 놓고 다투는 두 부하직원의 현안 문제를 해결해야 할 상사일 수도 있다. 이런 경우 당신은 두 사람의 의견 중 하나를 선택하는 것보다는 둘 다 수용할 수 있는 결정을 내리는 것에 더 큰 관심을 두는 것이다. 이런 모든 경우에 설사 당신이 협상에 적극 참여하는 사람일지라도 중재자처럼 처신하며 단일 텍스트 중재방법을 적용하는 것이 최선이 될 것이다.

이 단일 텍스트 중재방법의 가장 좋은 실례는 1978년 9월, 미국이 캠프데이비드 정상회담에서 중재한 이집트와 이스라엘의 분쟁이다. 미국은 양측의 말을 주의 깊게 듣고 초안을 내놓고 비평을 요청했다. 그리고 더 이상은 개선할 수 없다고 판단될 때까지 거듭해서 초안을 개선해나갔다. 13일이 경과하고 23회나 수정한 끝에 미국은 양측에 추천할 모범답안을 만들어냈고, 마침내 지미 카터 미국 대통령이 그것을 추천했을 때 이집트와 이스라엘 양측 모두 그것을 받아들였다. 결정사항의 수를 줄여나가고, 각 결정사항의 불확실성을 적게 하고, 또 양측이 점차 자신들의 입장에 얽매이게 되는 것을 막으면서 그 중재 과정은 놀라운 성과를 가져왔던 것이다.

이러한 단일 텍스트 중재방법은 중재자가 있는 양자간 협상일 경우 좋은 효과가 있다. 다자간 협상에서 이 중재는 거의 필수적이다. 사실상 190여 개국이 내놓은 190여 개의 제안을 전부 적극적으로 논의할 수는 없다. 또한 각국이 서로 양보할 때마다 그에 맞춰 다른 나라가 양보한다는 것도 불가능하다. '낙타는 위원회가 고안해낸 말(馬)이다.'(여러 사람이 모여 간단한 일을 놓고 논의하면 엉뚱한 결과를 낳을 수 있다는 뜻)라는 오래 된 경구가 의미하듯이, 여러 가지 다른 제안을 조합하면 최상의 답이 나오기 어렵다. 다자간 협상자들은 결과의 질質을 떨어뜨리지 않으면서 의사결정 과정을 간소화할 방법을 찾을 필요가 있다. 단일 텍스트 중재방법은 이런 경우 사용될 수 있다.

해양법 협상은, 싱가포르의 노련한 외교관 토미 고가 창안한 단일 텍스트 중재방법의 원형을 적용하면서 비로소 주목할 만한 진전이 이루어졌다. 협상가들은 여러 다른 문제를 다루기 위해 지명된 의장들과 그룹으로 나누어져서 초안 작성, 비평 권유, 이어서 초안 수정작업을 수행했다. 이와 유사한 진행이 인종분리정책을 철폐하고 포괄적 다수당 민주주의체제를 이룩한 남아프리카공화국 제헌 협상에서 부분적으로 사용되었다.[4]

대부분의 상황에서 당신이 이 단일 텍스트 중재방법을 사용하고자 할 때 어느 누구의 동의도 얻을 필요가 없는 것에 유의해야 한다. 단지 초안을 하나 준비해서 내놓고 비평을 청하면 된다. 다시 말해서 당신은 새로운 방법으로 협상을 시작하는 것으로 협상의 형식을 바꿀 수 있는 것이다. 상대방이 당신에게 직접 말하려 하지 않을 때에도—혹은 당신이 상대방과 직접 말하고 싶지 않은 경우에도—제삼자는 그 초안을 양측이 돌려보게 할 수 있을 것이다.

---

4   흥미롭게도 남아공에서 단일 텍스트 중재방법을 사용해서 협상 진행을 도운 사람들은 남아공 비즈니스 커뮤니티의 유능한 멤버들이었다. 비즈니스 커뮤니티가 중립적이기는 어려웠으나, 모든 이들이 최우선의 이해관계는 안정과 번영을 유지하고 내란을 피하는 것이라는 데 동감했다. 이해관계는 성공적인 절차에서 최상의 요소가 될 수 있다.

상대방이 협상에 응하도록 하는 방법: 존스 부동산 업자와 프랭크 턴불의 사례

다음에 나올 집주인과 세입자의 실례는 원칙화된 협상에 응하지 않으려는 상대방을 다루는 방법을 보여줄 것이다. 이 실례는 새로운 방법으로 협상을 시작함으로써 어떻게 협상의 형식을 바꿀 수 있는지 잘 보여준다.

사건 개요

턴불은 3월에 존스부동산을 통해 월세 1,200달러인 아파트로 이사했다. 7월에 그와 그의 룸메이트 폴이 그 집을 나가려 했을 때 그 아파트의 임대료가 법적 규제 아래 있다는 것을 알게 되었다. 그 아파트의 법정 최고 임대료는 932달러로, 그들이 낸 월세보다 268달러가 적은 가격이었다.

턴불은 과다하게 월세를 지불해왔다는 사실을 알고 존스부동산을 운영하는 존스 부인을 불러 그 문제를 제기했다. 처음에 존스 부인은 그의 말을 받아들이려 하지 않고 적대적인 태도를 보였다. 그녀는 자신이 옳다고 주장하면서 고마운지도 모르고 협박까지 한다면서 턴불을 비난했다. 여러 차례 긴 협상을 거친 후 존스 부인은 차액을 환불해주는 데 동의했고, 그녀의 말투는 점차 상냥해지고 그들에게 미안해했다.

그 과정에서 턴불은 '원칙화된 협상법'을 사용했다. 아래에 서술된 것은 협상중에 주고받은 대화내용을 발췌한 것이다. 굵은 활자의 소제목은 원칙화된 협상법의 비슷한 상황에서 언제고 사용할 수 있을 것이다. 각각의 대화내용 후에 그 대화의 이면에 놓인 논리와 그 영향을 분석해 기록했다.

"제 말 중에 틀린 점이 있으면 지적해주십시오."

턴불 존스 부인, 혹시 제가 잘못 알고 있다면 말씀해주세요. 저는 우리 아파트 임대료에 법적 규제가 있다는 것을 방금 알게 되었습니다. 법정 최고 임대료는 한 달에 932달러라고 들었는데, 제가 잘못 안 건가요?

분석 | 원칙화된 협상의 본질은 객관적 사실과 원칙에 의한 설득으로 유연한 태도를 유지하는 것이다. 객관적 사실에 대한 자신의 관점이 틀릴 수도 있다는 점을 조심스레 인정하고 그럴 경우 시정해줄 것을 존스 부인에게 요청함으로써 턴불은 논리에 의거한 대화를 하고 있는 것이다. 제시된 사실에 동의하거나, 그것이 틀린 경우 수정해줄 것을 요청함으로써 존스 부인의 참여를 유도하고 있다. 이러한 접근법은 두 사람을 사실을 확립하려고 노력하는 동료로 만들어주며, 대결을 누그러뜨린다. 만일 턴불이 자신의 관점에서 다짜고짜 그 사실을 사실로 단언해버렸다면 존스 부인은 그를 무례하고 위협적이라 느끼고 자신을 방어했을 것이다. 즉 그녀는 사실을 부인했을 것이고, 특히 그녀가 턴불의 어떤 관점이 부정확하거나 불충분하다고 생각했다면 더 강하게 부인했을 것이다. 따라서 협상은 건설적인 방향으로 시작되지 못했을 것이다.

또 한편으로 턴불이 잘못 알고 있다면 그 점을 지적해달라고 미리 말했기 때문에 그것을 받아들이기가 훨씬 쉬웠을 것이다. 존스 부인에게 "사실은 이겁니다." 하고 단언했다가 틀렸다는 것을 알았을 경우에 그는 체면을 잃게 되는 것이다. 더욱 나쁜 것은 그렇게 했을 경우 존스 부인은 그가 말하는 것은 무엇이든 믿지 않게 될 것이며, 협상은 점점 어려워진다는 점이다.

자신의 잘못된 점을 지적받았을 때 그것을 수긍하고 받아들이는 개방적인 태도는 원칙화된 협상 전략의 핵심이다. 상대방이 제시한 원칙과 객관적 기준에 당신이 열린 태도를 보여야 상대방도 그렇게 하도록 설득할 수 있다.

"그동안 잘해주신 것에 감사드립니다."

턴불　저와 폴은 부인께서 호의를 가지고 저희에게 이 아파트를 빌려주신 것을 알고 있어요. 여러 가지로 애써주시고 친절히 대해주셔서 정말 감사드립니다.

분석 | 상대방에게 개인적 지지를 표하는 것은 문제와 사람을 구분하는 데―인간관계 문제와 실질적 이점을 분리하는 데―결정적인 도움이 된다. 이렇게 존스 부인의 호의에 감사를 표함으로써 턴불은 "저희는 개인적으로 부인께 감정이 있는 건 아닙니다. 당신이 관대한 분이라는 것을 알고 있습니다." 하고 말하는 효과를 얻는 것이다. 그가 그녀 편에 섬으로써 그녀가 자신의 이미지가 위협받고 있다는 느낌을 갖지 않도록 해준 것이다. 더 나아가서 칭찬과 지지는 그 사람이 앞으로도 칭찬과 지지를 받을 자격이 있음을 암시한다. 이처럼 칭찬을 받은 존스 부인은 이제 턴불이 자기를 인정한다는 사실에 조그만 감정적 자산을 갖는 셈이 된다. 따라서 그녀는 이제 이 자산을 지켜야 되기 때

문에 좀 더 회유적으로 나오게 될 것이다.

"저는 단지 공정하길 바랄 뿐입니다."

턴불 우리는 그동안 우리가 내야 할 금액보다 더 많이 지불한 것이 아니라는 걸 알게 되었으면 합니다. 임대기간과 임대료가 균형을 이룬다면 우리가 낸 임대료가 공정하다고 믿고 이사 가겠습니다.

분석 | 턴불은 원칙에 근거한 기본 입장을 제시하고 있다. 그리고 그 입장을 고수하겠다고 천명함으로써 이 원칙에 의해야만 자신을 설득할 수 있다는 것도 분명히 해두는 것이다. 이렇게 되면 존스 부인도 자신의 이해관계를 추구하기 위해서 논리를 따져보는 수밖에 다른 선택의 여지가 없음을 알게 된다.

턴불은 자신의 협상력에 힘입은 정당성을 주장하는 것이 아니다. 그의 협상 목적과 방법은 원칙에 근거한 것이다. 즉 그가 주장하는 목표는 임대료와 임대기간이 공정하게 균형을 이루어야 한다는 것이다. 만일 자신이 낸 임대료가 임대기간과 맞아떨어지는 것이라면 그는 두말 없이 즉시 이사 갈 것이고, 과다하게 매겨진 것이라면 그 차액만큼 그 아파트에 더 살면 되는 것이다.

"우리는 이 문제를 누가 누구에게 무엇을 할 수 있는지가 아니라 독립적 기준에 근거해서 해결하고 싶습니다."

존스 부인 당신이 공정성 문제를 제기하다니 우습군요. 당신들이 정말 바라는 것은 돈이 아닌가요? 그리고 돈을 받을 때까지 이 아파트에 계속 살겠다는 얘기 아닙니까? 정말 화가 나는군요.

내 마음 같아서는 당신들을 오늘 당장 이 아파트에서 내보내고 싶군요.

턴불(간신히 화를 참으며)　제 설명이 분명하지 못했나봅니다. 돈을 받는다면야 물론 우리도 좋죠. 우리는 당신이 우리를 쫓아낼 때까지 이 집에서 살 수 있습니다. 하지만 지금 그게 중요한 것이 아닙니다, 존스 부인.

돈 몇 푼 받는 것보다 더 중요한 건 공정하게 대우받고 싶다는 겁니다. 아무도 속는 걸 좋아하지 않습니다. 이 문제에 대해 누가 권한을 갖고 있고 누가 양보를 거부하는가 하는 식으로 다룬다면 우린 법정으로 가는 수밖에 없지요. 그렇게 되면 엄청난 돈과 시간을 낭비하고 결국은 두통만 남게 되겠지요. 부인도 그럴 겁니다. 누가 그런 것을 바라겠습니까? 존스 부인, 우리는 이 문제를 누가 누구에게 무엇을 할 수 있는가 하는 문제로 생각하지 않고 독립적 기준을 근거로 공정하게 처리하길 원합니다.

분석 | 존스 부인은 원칙을 근거로 한 협상이라는 아이디어 자체를 촌극이라 부르며 이에 정면으로 도전한다. 그녀에게 이 문제는 의지의 문제고, 그녀의 의지는 오늘 턴불과 그 친구를 쫓아내는 것이다.

그녀의 태도 때문에 턴불은 분통이 터질 지경이다. 만약 그가 화를 낸다면 그는 협상을 이끌어나갈 능력을 잃게 된다. 그는 이렇게 반격하고 싶을 것이다. "우릴 쫓아내려면 쫓아내보세요. 그러면 우리는 법적으로 해결할 겁니다. 아마 당신은 임대면허도 취소당할 거구요." 그러나 그렇게 되면 협상은 깨지고 그는 많은 시간과 돈 외에도 마음의 평화를 잃게 된다. 그는 반발하는 대신 화를 참으며 협상을 다시 양측의 이점 찾기로 몰고 간다. 이것이 바로 협상에서 주짓수 기술을 사용한 좋은 예다. 그는 그녀의 잘못된 인식을 이해시키면서 그녀의 공격을 비껴간다. 그리고 그녀의 진정한 관심사가 무엇인지 그녀에게 납득시키려 한다. 그는 자신의 이해관계나 그가 갖고 있는 우세한 협상력을 감추려 하지 않고 오히려 그 두 가지를 분명히 설명해준다. 일단 그녀가 그것들을 인정하면 그는 그것을 이점과 구분해서 더 이상 쟁점이 되지 않도록 한다.

또한 턴불은 존스 부인에게 원칙화된 협상이 그의 근본 규약임을 밝힘으로써 그 협상법에 무게를 싣고자 노력한다. 그는 이것이 고결한 동기―언제나 의심받게 마련인―에서 나온 것이 아니라 단순히 자신의 이해관계에서 기인한 것이라고 말한다.

"신뢰는 별개의 문제입니다."

존스 부인   나를 못 믿는단 말입니까? 내가 당신들에게 그렇게 잘해주었는데도?

턴불   존스 부인, 저희는 부인의 친절함에 진심으로 감사하고 있습니다. 그리고 우리에게 이것은 신뢰의 문제가 아닙니다. 문제는 우리가 정말 내야 할 돈보다 더 많이 냈는가 아닌가 하는 원칙입니다. 그걸 알기 위해 우리가 고려해야 할 문제가 뭐라고 생각하십니까?

분석 | 존스 부인은 교묘하게 턴불을 궁지에 몰아넣으려 하고 있다. 즉 문제점을 내세우며 그녀를 불신하든가 아니면 그녀를 믿는 것처럼

하면서 항복하도록 하는 것이다. 그러나 턴불은 그녀에게 다시 한 번 감사를 표하고 신뢰는 이 현안 문제와 무관하다며 궁지에서 빠져나온다. 그는 자신의 원칙을 확고히 하면서 즉시 존스 부인에게 감사를 표한다. 그렇게 하면서, 그는 은연중에 '그리고'를 대신 사용하면서 '그러나'로 두 가지 생각을 연결하는 것은 피한다. '그러나'는 간혹 '훌륭한 지우개'로 불리는데, 두 가지 말 중 단 하나만 진실일 수 있다고 함축적으로 말하는 것으로, 이것 아니면 저것으로 만들어, 앞의 말을 부정하는 경향이 있다. '그리고'는 두 가지 생각 모두 진실이라고 하는 더 복잡한 현실을 강조한다. 그러므로 여기서 '그리고'는 존스 부인이 자신의 말이 경청되고 인정된다고 느끼는 것과 그녀가 턴불을 부당하게 의심하면서 모함할 수 없다는 것을 모두 확실히 하도록 한다.

더 나아가 턴불은 신뢰의 문제를 옆으로 제쳐놓기보다 현안 문제와 관련해 고려해야 할 것이 무엇인지 물음으로써 적극적으로 토론을 다시 원칙 문제로 되돌려놓는다.

턴불은 존스 부인을 비난하지 않고도 자신의 원칙을 고수한다. 그는 그녀가 정직하지 않다고는 절대로 말하지 않는다. 그녀에게 "우릴 속였지요?" 하고 묻는 것이 아니라 "우리가 내야 할 돈보다 더 많이 냈습니까?" 하고 완곡하게 묻는다. 비록 존스 부인을 믿지 않는다고 해도 그 사실을 솔직히 말하는 것은 매우 어리석은 전술이다. 그런 말을 들으면 존스 부인은 더욱 방어적이 되고 화를 낼 것이며, 자신의 입장만을 고집하거나 협상을 깨버리려 할 것이기 때문이다.

"이것은 신뢰의 문제가 아닙니다."와 같은 식으로 말하는 것은 '신뢰'에 호소하려는 존스 부인의 의도를 피하는 데 도움이 된다.

"제가 알고 있는 사실들이 정확한지 물어봐도 되겠습니까?" _____

턴불 제가 알고 있는 것이 정확한지 물어봐도 되겠습니까? 이 아파트의 임대료는 법적 규제를 받습니까? 법정 최고 임대료가 정말 932달러입니까? 폴이 제게 우리도 법을 어긴 쪽이 되는지 물었습니다. 폴이 임대계약서에 서명할 때 누군가 이 아파트가 임대법의 규제를 받고 있으며 그가 내기로 동의한 것보다 268달러 더 적은 액수가 법정 최고 임대료라는 것을 말해주었습니까?

분석 | 사실을 단언하는 것은 가르치려 들거나 위협하는 것으로 들릴 수 있다. 될 수 있는 한 단정적으로 말하는 대신 질문하는 것이 좋다.

턴불은 이렇게 선언할 수도 있었다. "법정 최고 임대료는 932달러입니다. 당신은 법을 어겼어요. 더 나쁜 것은 그 사실을 우리에게 말해주지 않았기 때문에 우리까지 법을 어긴 게 되었다는 겁니다." 이렇게 했다면 존스 부인은 아마도 이런 단언에 강렬하게 반발하여 자신을 꺾으려는 언어적 공격으로 치부할 것이 분명하다.

이러한 정보들을 질문의 형식으로 바꿈으로써 존스 부인은 협상에 참여하게 되고, 그 정보에 귀를 기울이고 그것을 평가해 보고, 그것을 수용하거나 교정해준다. 턴불은 같은 정보를 자극적이지 않은 태도로 전했고, 더 나아가 특별히 미묘한 문제를 그 자리에 없는 룸메이트가 제기한 것으로 말함으로써 상대방이 더 격화되지 않도록 했다.

사실상 턴불은 존스 부인이 사실에 동의하게 만들고 그것을 기반으로 원칙에 근거한 해결책을 수립하는 것을 돕도록 유도한 것이다.

"당신의 행위는 어떤 원칙에 따른 것입니까?"

턴불   저는 당신이 왜 한 달에 1,200달러씩 받았는지 모르겠어요. 무슨 이유로 그렇게 하신 겁니까?

분석 | 원칙화된 협상에서 협상자는 상대방의 입장을 거부하지도 받아들이지도 않는다. 대화의 초점을 이점에 맞추기 위해서 턴불은 존스 부인에게 그녀가 그런 입장을 취한 이유를 묻는다. 그는 이유가 있는지 없는지를 묻지 않는다. 그는 아마도 그녀에게 타당한 이유가 있을 것이라고 가정하는 것이다. 그녀의 기분을 맞춰주는 이런 가정은 설사 이유가 없더라도 상대방이 타당한 이유를 찾도록 유도하고 원칙을 근거로 협상을 계속해나가도록 돕는다.

"제가 제대로 이해한 건지 한번 들어보세요."

턴불   부인 말씀을 제가 옳게 이해한 건지 한번 들어보세요. 제가 제대로 알아들었다면 부인은 지난번 주 당국이 행한 임대료 평가 이후에 이 아파트를 고치고 개선한 점이 많으니까 우리가 낸 임대료가 공정한 셋이라고 생각하신다는 거죠? 그리고 부인은 우리에게 세를 준 몇 개월 동안 임대주택 감독위원회에 임대료 인상을 문의해볼 필요도 없었다고요.
사실 부인은 순전히 호의적인 마음으로 폴에게 임대해주셨어요. 그리고 부인은 지금 우리가 부당 이득을 취해 이사비용을 뜯어내려 한다고 생각하고 계신 거죠? 제가 빠뜨리거나 잘못 이해한 점이 있습니까?

분석 | 원칙화된 협상은 의사전달을 잘해야 한다. 턴불은 존스 부인

에게 답하기 전에 자기가 그녀를 올바로 이해했는지 확인하기 위해서 자신이 들은 내용을 긍정적인 말투로 그녀에게 다시 말해준다.

일단 그가 그녀의 말을 이해했다고 생각하면 그녀는 안도감을 느끼고 문제를 건설적인 방향으로 논의할 것이다. 최소한 그녀는 턴불이 자기 의견을 고려하지 않는다는 이유로 그를 반박할 수는 없게 된 것이다.

이제 그녀는 말을 듣는 태도가 더 적극적이고 수용적이다. 그녀의 견해를 요약하면서 턴불은 자신이 사실을 명확히 알고 있다는 것을 양측 모두에게 확인시키는 셈이 되어 협조적인 협상 게임을 이끌어내는 것이다.

"다음에 다시 이야기할 수 있었으면 합니다."

턴불 이제 당신의 관점을 잘 알 것 같습니다. 제 룸메이트에게 설명을 해줘야겠습니다. 내일쯤 다시 이야기할 수 있을까요?

분석 | 훌륭한 협상자는 즉석에서 중요한 문제를 결정하지 않는다. 상대방에게 잘 대하고 싶고 항복하고 싶은 심리적 압박감이 너무 크기 때문이다. 약간 시간을 갖고 좀 떨어져서 여유를 갖는 것이 사람과 문제를 구분하는 데 도움이 된다.

훌륭한 협상자는 자신이 원할 때는 자리를 뜰 수 있도록 믿을 만한 이유를 준비해가지고 협상테이블로 나온다. 이러한 이유는 결정을 내리는 데 수동적이라거나 무능하다는 것을 나타내는 것이어서는 안 된다. 이 대화에서 턴불은 자신이 어떻게 행동해야 하는지를 정확히 알고 있는 듯이 보인다. 그래서 그는 다음 협상 시점을 제안한다. 그는 자신의 단호함을 보여줄 뿐만 아니라 협상 과정을 조정할 줄도 아는 것이다.

일단 협상테이블을 떠나면 그는 정보를 재검토하고 자신의 위임자인 폴에게 자문을 구한다. 그는 결정에 관해 숙고할 수 있고 협상의 총괄적인 전망을 놓치지 않도록 만전을 기한다.

협상테이블에서 너무 많은 시간을 보내면 원칙화된 협상에 대한 자신의 결심이 점점 약화될 위험이 있다. 휴식을 가진 후 새로운 결심으로 협상테이블에 돌아오면 문제에는 단호하면서도 사람에게는 부드럽게 대화를 이끌어갈 수 있게 된다.

"당신의 논리 중에 이해할 수 없는 부분이 있습니다."

턴불 매달 추가로 받은 268달러에 대한 이유 설명 중에 이해가 가지 않는 부분이 있습니다. 부인은 아파트 수리비와 개선비 때문이라고 말씀하셨는데, 임대 감독관의 설명은 적어도 3만 달러의 수리비가 들었어야 매달 268달러의 추가 임대료를 받을 수 있다는 것입니다. 집을 고치는 네 비용이 얼마나 들었습니까?

우리 생각으론 수리비가 3만 달러나 든 것 같지는 않군요. 부인이 고쳐주겠다고 하신 리놀륨의 구멍은 아직도 그대로입니다. 거실 바닥에 난 구멍도 마찬가지구요. 변기는 자꾸만 고장이 나고요. 이런 것들은 우리가 사는 동안 겪은 여러 가지 고장이나 문제 중 일부에 지나지 않습니다.

분석 | 원칙화된 협상에서는 어떤 제안을 제시하기 전에 우선 그 이유를 전부 설명해야 한다. 그렇지 않으면 원칙은 당신의 임의적 입장

을 정당화하기 위한 변명으로 들리고, 어떤 제안이라도 반드시 충족시켜야 할 객관적 기준으로 보이지 않는다.

턴불이 위에서처럼 자신의 이유를 먼저 밝히는 것은 상대방을 설득하는 데 개방적인 태도를 갖고 있음을 보여주며, 존스 부인을 확신시킬 필요가 있음을 알고 있다는 사실을 보여주는 것이다. 만일 그가 제안을 먼저 해버리면 존스 부인은 그 뒤에 따라오는 이유를 들으려고도 하지 않을 것이다. 그녀의 마음은 그의 주장을 어떻게 반박하고 그에 대응해서 어떤 제안을 해야 할지 생각하느라 다른 곳에 가 있을 것이다.

턴불은 또한 그가 염려하는 사항을 옹호해주는 객관적 기준을 찾아냈다. 주택 개선비와 매달 268달러의 추가 임대료 간의 상관관계를 정확히 명시하기 위해 임대료 규제 위원회에 전화해서 알아보았다. 협상을 준비하면서 어떤 기준이 유용하고, 누가 그것을 제시할 수 있으며, 가장 적절한 정보를 알아내기 위해 당신이 어떤 식으로 질문할 것인지를 생각해 두는 것이 도움이 된다.

"한 가지 공정한 해결책은 아마도 ⋯."

턴불   지금까지 이야기한 것들을 모두 고려해볼 때, 폴과 제가 낸 법정 최고 임대료의 추가금을 환불받는 것이 한 가지 공정한 해결책이 될 것 같습니다. 부인 생각에도 공정한 것 같습니까?

분석 | 턴불은 자신의 관점에서 나온 해결책을 제시한 게 아니라 양측의 의견이 같이 고려된 공정한 옵션으로 그 해결책을 제시한 것이다. 그는 자신의 제안만이 유일한 해결책이라고 주장하지 않고 그것을 하나의 공정한 해결책이라고 말한다. 그는 자신의 입장을 고집해서 상

대방이 거부감을 갖게 하는 짓을 하지 않는다.

"만약 우리가 합의한다면 … 만약 우리가 합의하지 못한다면 …."___

턴불 만약 지금 합의하신다면 저희는 즉시 이사 갈 겁니다. 만약 합의가 되지 않는다면, 임대 규제 위원회의 고객 불만 창구에서는 돈을 내지 않고 아파트에 계속 머무는 방법과 소송을 제기해서 환불을 받고 법정 비용까지 물게 하는 방법이 있는데, 이 두 가지를 동시에 하든지 아니면 둘 중 하나를 택하라고 말해주었습니다. 폴과 저는 그와 같은 방법 중 어느 것도 정말 내키지 않습니다. 우리 모두 만족할 수 있는 방법으로 공정하게 이 문제를 해결할 수 있으리라 확신합니다.

분석 | 턴불은 존스 부인이 그의 제안에 쉽게 'Yes'라고 대답할 수 있게 하려고 노력한다. 그래서 그는 존스 부인이 합의만 하면 문제는 간단히 해결된다는 사실을 명확히 하는 것으로 대화를 시작한다.

전달하려는 메시지의 가장 곤혹스런 부분이 바로 합의되지 못했을 경우에 대비한 대안이다. 턴불은 존스 부인에게 어떻게 이것을—그녀가 결정을 내릴 때 고려해주길 바라는 것을—협상을 뒤엎지 않고 전달할 수 있는가? 턴불은 이 대안을 법적 권위자, 즉 위에 말한 임대 규제 위원회의 고객 불만 담당자의 것으로 돌림으로써 이 대안을 객관적 원칙에 근거한 것으로 만들고자 한다. 턴불은 그 담당자의 제안과 어느 정도 거리를 두고 싶어 한다. 또한 자신이 그 중 어떤 행동을 취하겠다고 분명히 말하지도 않는다. 오히려 그것이 하나의 가능성이며 자신은 어떤 불행한 극적인 조처도 취할 마음이 없음을 강조한다. 마지막으로 그는 상호 만족스런 합의에 도달할 확신이 있음을 단언하며 말을 끝맺는다.

아마도 그의 배트나는 아파트에 계속 사는 것도 문제를 법정으로 끌고 가는 것도 아닐 것이다. 그와 폴은 이미 다른 아파트를 빌렸고 당장 그리로 이사 가는 것을 훨씬 선호할 것이다. 그들의 바쁜 일과를 참작하면, 소송은 힘들고 시간을 빼앗기는 일이고 이겨봤자 그 돈을 환불받을 가능성은 전혀 없다고 생각한다. 턴불의 배트나는 아마도 이사를 하고, 이미 낸 1,340달러에 신경 쓰지 않는 것일 수도 있다. 그의 배트나가 존스 부인이 생각하는 것보다 못하기 때문에 그는 배트나를 털어놓지 않는다.

"부인께서 가장 편리할 때 이사 갈 수 있다면 기쁘겠습니다."_____

존스 부인　언제 이사 갈 작정이지요?

턴불　아파트의 임대기간에 상응하는 적절한 임대료에 합의가 된다면, 저희들은 부인께서 편리한 때에 이사 갈 수 있습니다. 언제가 가장 좋으시겠습니까?

분석 | 공통된 이익을 끌어낼 가능성이 있음을 알고서 턴불은 존스 부인의 이익에 부합하는 방법들을 기꺼이 의논할 준비가 되어 있음을 보여준다. 실제로 턴불이 가능한 한 빨리 이사 가는 것이 그와 존스 부인의 공통된 이익이다.

그녀의 이해관계를 합의안에 반영하는 것은 그녀에게 협상에 걸려 있던 몫을 좀 더 떼어주는 것일 뿐만 아니라 그녀의 체면을 살려주는 것이다. 한편으로 그녀는 비록 자신의 돈이 좀 들더라도 공정한 해결책에 합의했다는 것으로 기꺼운 마음을 가질 수 있다. 다른 한편으로 그녀는 세입자를 빨리 내보냈다고 말할 수 있을 것이다.

"당신과 이야기를 나누어서 정말 즐거웠습니다."

턴불   그동안 잘해주신 것에 대해 폴과 저는 정말 감사드립니다, 존스 부인. 그리고 이번 문제가 공정하고 원만하게 해결되어 정말 기쁩니다.

존스 부인   고마워요, 턴불. 좋은 여름 보내요.

분석 | 턴불은 협상을 존스 부인에 대한 우호적인 말로 끝맺고 있다. 그들이 협상을 인간관계와 따로 떼어 해결했기 때문에 양측 누구도 화내거나 속았다고 생각하지 않는다. 또 합의를 사보타주하거나 이행하지 않는 일은 없을 것이다. 이러한 우호적 업무관계는 앞으로도 계속될 것이다.

당신이 턴불이 한 것처럼 원칙화된 협상과 주짓수 기술을 사용하든 혹은 제삼자를 두어 단일 텍스트 중재방법을 사용하든 간에 결론은 같을 것이다. 즉 설사 상대방이 처음에는 내키지 않아 하는 것처럼 보여도 대부분의 경우 당신은 그 사람이 원칙화된 협상 게임에 응하도록 할 수 있다는 것이다.

8장

상대방이 술수를 쓴다면 어떻게 할 것인가

다루기 힘든 상대 길들이기

원칙화된 협상은 매우 좋은 협상법이다. 그러나 상대방이 당신을 속이거나 당황하게 한다면 어떻게 할 것인가? 또는 당신이 막 합의하려는 순간에 상대방이 요구 수준을 더 높인다면 어떻게 할 것인가?

상대방은 당신을 이용하기 위해서 여러 가지 전략이나 술수를 사용할 수도 있다. 그런 술수나 전략은 누구나 조금씩은 알고 있다. 그것은 거짓말이나 심리적인 학대, 상대방에 압력을 가하는 다양한 전략까지 광범위하다. 그런 것들은 불법적일 수도 비윤리적일 수도 있으며 단지 불쾌한 것일 수도 있다. 사람들은 원칙에 근거하지 않은 의지의 대결을 벌일 때 약간의 실질적 이익을 얻기 위해 그런 것들을 사용한다. 이들 수법은 '속임수 전략'이라고 부를 수 있을 것이다.

만일 그런 '속임수 전략'이 사용되고 있다는 것을 알면 대부분의 사람들은 다음 두 가지 방법 중 하나로 대응한다. 첫째, 일반적인 반응은 묵묵히 참는 것이다. 협상을 깨고 싶지 않기 때문이다. 미심쩍지만 그냥 양해해주거나 반대로 화를 낼 수도 있다. 그리고 다시는 그를 상대하지 않겠다고 다짐한다. 그러나 당장은 일이 잘 풀리기를 바라면서 침묵을 지킨다. 대부분의 사람들이 이런 식으로 반응하면서 이번에 자기 편에서 양보하면 상대방이 마음을 가라앉히고 더 이상 요구하지 않으리라고 생각한다. 가끔은 이 방법이 먹히기도 하지만 대개의 경우 실패한다. 이것은 전 영국 수상 네빌 체임벌린이 1938년 히틀러의 협상 전략에 대응해서 사용한 방법인데, 체임벌린이 합의가 되었다고 생각한 순간 히틀러는 갑자기 더 많은 것을 요구해왔다. 뮤니히에서 체임벌린은 전쟁을 피하기 위해 히틀러의 요구에 응했지만 결국 1년 후 제2차 세계대전이 터지고 말았다.

두 번째로 흔한 대응방법은 상대와 똑같은 식으로 대하는 것이다. 만일 상대방이 터무니없이 높은 요구로 시작하면 당신은 터무니없이 낮은 요구로 맞대응하는 것이다. 상대방이 속이려들면 당신도 속인다. 상대방이 당신을 위협하면 당신도 위협하고, 상대방이 자신의 입장만을 고집하면 당신은 한층 더 완고하게 당신의 입장을 고수하는 것이다. 결국은 어느 한쪽이 양보하거나 아니면—사실 이런 경우가 훨씬 많지만—협상은 결렬되는 것이다.

이런 속임수 전략은 정당하지 못하다. 왜냐하면 이 전략은 '상호성'을 지니지 못해서 어느 한쪽에 의해서만 사용될 수 있기 때문이다. 다른 한쪽은 이 전략을 알지 못하거나 알아도 그냥 참도록 되어 있다. 앞서 우리는 한쪽의 일방적인 제안에 대응할 수 있는 효과적인 방법은 그 제안이 반영하고 있는 원칙의 타당성을 점검해보는 것이라고 했다.

속임수 전략은 사실상 협상 절차나 양측이 진행하려는 협상의 형식에 관한 일방적인 제안이다. 그것에 반박하기 위해서 당신은 협상 과정에서 '원칙화된 협상' 방법을 사용하고 싶을 것이다.

❙ 어떤 방법으로 협상의 규칙을 협상해야 하는가

상대방이 속임수 전략을 쓰고 있다고 생각되는 경우, 협상의 규칙 자체를 협상하는 세 가지 단계가 있다. 첫째는 속임수 전략을 파악하고, 둘째는 협상의 문제점을 뚜렷이 부각시키고, 셋째는 과연 그 속임수 전략이 합법적이며 바람직한 방법인지 상대방에게 묻는 것이다. 즉 그 전략 자체에 관해 상대방과 협상해야 한다.

먼저 상대방이 의도하는 것이 무엇인지 알아야 거기에 조치를 취할수 있다. 즉 속임수같이 보이는 전략, 당신을 꺼림칙하게 만드는 전략, 그리고 상대방을 고집스런 입장으로 몰아붙이는 전략 등을 파악해야한다. 흔히 그런 전략을 알아내는 것만으로도 그것을 무력화할 수 있다. 예를 들어 상대방이 당신의 판단을 흐리게 하려고 인신공격을 하고 있다는 것을 알아차리기만 해도 상대방의 그런 노력을 허사로 만들수 있다.

그런 전략을 알아낸 후에는 상대방과 그것에 관해 이야기할 것을 고려하라. "이봐요, 존. 내가 완전히 잘못 알고 있는지 몰라도 내가 보기에 당신과 테드는 악한 역할과 착한 역할을 나누어 맡아 연극을 하고 있는 것 같군요. 당신들 두 사람이 견해차를 정리하기 위해 휴식시간이 필요하다면 언제든 말만 하세요." 이런 식으로 전략에 대해 이야기하는 것은 그 전략의 효과를 감소시킬 뿐 아니라 상대방이 당신과 관계가 소원해질 것을 걱정하게 만드는 효과도 있다. 전략에 관해 묻는 것만으로도 충분히 상대방이 그 전략을 중단하도록 할 수 있다.

그러나 그런 전략들을 드러내 언급하는 가장 중요한 목적은 당신이 협상의 원칙 자체를 협상할 기회를 갖기 위한 것이다. 이것이 세 번째 단계다. 이 협상은 실질적 문제보다는 절차에 초점을 맞추는 것이다. 그러나 여전히 목표는 능률적이고 우호적으로 현명한 합의—절차에 관한—에 도달하는 것이다. 물론 그 합의에 이르는 방법은 이 절차에 관한 협상에서도 마찬가지다.

사람과 문제를 분리하라. 상대가 부당한 전략을 사용한다고 해서 그에게 인신공격을 가해서는 안 된다. 만일 상대방이 방어하게 되면 그런 전략을 포기하기가 더 어렵게 될 것이며, 화가 나서 감정의 찌꺼기를 지닌 채 협상 장소를 나가버리게 되면, 마음의 상처를 받고 다른 문제들의 협상도 방해할 수 있다. 그러니 상대방의 인격적 성실성을 의심하지 말고 그 전략에 대해서만 묻도록 하라. "당신이 나를 일부러 여기까지 데려와 태양을 마주 보도록 만드는군요."라고 말하기보다 "내 눈에 햇빛이 들어와 불편하군요."라고 말하라. "우리가 문제를 해결할 수 없다면 일찍 들어가서 쉬어야 할 것 같습니다. 일정을 좀 바꿀 수 없을까요?" 하며 문제를 공격하라. 당신이 협상하고 있는 사람을 변화시키기보다 협상 과정을 바꾸는 편이 더 쉬울 것이다. 상대방을 교육시켜야겠다는 생각으로 협상을 깨는 잘못을 범하지 말아야 한다.

입장이 아니라 이해관계에 초점을 맞추라. "이 신문에 극단적 입장을 언명한 이유는 무엇입니까? 비난을 피하려는 겁니까 아니면 입장을 바꾸지 않으려는 겁니까? 우리 둘 다 이 전략을 사용하는 것이 상호 이익이 됩니까?" 하고 물으라.

상호 이익을 얻기 위한 옵션을 창안하라. 대안이 될 만한 것을 제시하라. "우리가 합의를 보거나 협상이 결렬될 때까지는 언론에 아무 얘기도 안 하는 게 어떻겠습니까?"

객관적 기준의 사용을 주장하라. 무엇보다도 원칙에 대해 강경한 태도를 취하라. "나를 이렇게 낮은 의자에 열린 문을 등지고 앉게 하는데에 어떤 이유가 있습니까?" 이런 경우 상호성의 원칙을 상대방에게 적용해보라. "그렇다면 내일 아침엔 당신이 이 자리에 앉으시겠지요?" 하는 식으로 말하며, 각 전략의 이면에 깔린 원칙을 상대방이 협상을 위해 제안한 '규칙'으로 만들라. "우리가 이렇게 날마다 번갈아가며 상대방에게 커피를 끼얹어야 되겠습니까?"

최후 수단으로 당신은 배트나를 가지고 협상 장소를 떠나라. "제가보기에 당신은 결과를 얻을 수 있는 방법으로 협상하는 데 별 관심이 없으신 것 같군요. 여기 제 전화번호가 있습니다. 만약 제가 잘못 생각한 거라면 언제든 준비가 되는 대로 연락 주십시오. 그때까지는 법정에 소송하는 방법을 생각해보겠습니다." 만일 상대방이 엄연한 사실이나 그 자신의 권위에 대해 고의적으로 속인 경우처럼 합리적인 이유가 있어서 당신이 협상테이블을 떠나는 거라면 그리고 상대방이 진정으로 합의를 원한다면 그는 당신을 다시 테이블로 부를 확률이 높다.

흔히 쓰이는 몇 가지 속임수 전략

속임수 전략은 크게 세 가지로 분류된다. 고의적인 사기, 심리전, 그리고 입장에 근거한 압력 전략 등이다. 이 세 가지 모두 다룰 준비가 되어 있어야 한다. 아래에 이 세 가지 전략의 흔한 예를 들었다. 각각의 사례는 원칙화된 협상이 이 전략을 반격하는 데 어떻게 적용되는지 차례로 보여주고 있다.

고의적인 사기

비열한 술수 가운데 가장 많이 쓰이는 것은 사실, 권한, 의도 등에 대해 거짓 진술을 하는 것이다.

허위 사실 가장 오래된 속임수 전략은 고의로 거짓말을 하는 것이다. "이 차는 시속 35마일 이내로만 차를 모는 파사데나의 한 노부인 것이었고, 주행 거리가 5천 마일밖에 안 되는 새 차입니다." 이런 거짓말에 속아넘어갈 위험은 대단히 큰데, 이런 경우 당신은 어떻게 할 것인가?

문제와 사람을 구분해야 한다. 믿을 만한 충분한 근거가 있기 전에는 아무도 믿지 말라. 이것은 그를 거짓말쟁이로 생각하라는 뜻이 아니라 그보다 오히려 협상 진행을 '신뢰'의 문제와 분리해서 생각하라는 뜻이다. 당신이 미심쩍어하는 말을 상대방이 인신공격으로 받아들이지 않도록 하라. 물건을 살 때 '은행에 돈이 있다'는 당신 말만 듣고 판매자가 당신에게 기계나 자동차를 주지는 않을 것이다. 판매자가 으레 당신의 신용상태를 조사해보는 것과 마찬가지로—왜냐하면 주변에 믿을 수 없는 사람들이 많으므로—당신도 상대방의 진술에 대해 이와 같은 태도를 취할 수 있다. 사실에 대한 주장을 실제로 확인한다면 상대방은 속이려는 마음을 갖지 못하게 되고 당신은 사기를 당할 위험이 줄어든다.

모호한 권한 상대방이 협상에 대해 전권을 갖고 있지 않은 경우에도 당신처럼 자신도 전권을 가진 것처럼 당신에게 믿게 하려고 할 수 있다. 상대방이 당신에게서 얻어낼 수 있는 만큼 얻어내고, 당신이 이제 완전한 합의에 이르렀다고 생각하는 그 순간 상대방은 자기측 다른 사람에게 승인을 구해야 한다고 말하는 것이다. 이런 술수로 상대방은 '사과를 한 입 더' 먹으려는 것이다.

이것은 빠지면 안 되는 고약한 함정이다. 이런 경우 '당신'만이 양보할 권한이 있기 때문에 당신만 양보를 하게 될 것이다.

단지 당신과 협상하고 있다는 사실만으로 협상의 전권을 가지고 있다고 생각하지 말라. 보험 사정인이나 변호사, 세일즈맨들은 당신이 융통성을 보인 만큼 자기네도 융통성을 보일 거라고 믿도록 만들 것이다. 그러나 결국 뒤늦게 당신이 합의라고 생각했던 것이 상대방에게는 단지 차후 협상을 추진하기 위한 하나의 발판이었음을 알게 될지도 모른다.

상대방과 거래하기 전에 상대방의 권한에 대해 명확히 알아야 한다. "당신은 이 특정한 협상에 있어서 어느 정도 권한을 가지고 있습니까?" 하고 묻는 것은 전적으로 정당한 일이다. 만일 이에 대한 대답이 모호하다면 당신은 실질적인 권한을 가진 사람과 이야기하고 싶다고 말하거나 아니면 당신측에서도 합의된 어떠한 문제도 다시 재고할 자유를 가지겠다고 분명히 천명하도록 하라.

만약 당신이 합의된 안이라고 생각했던 것을 뜻밖에도 상대방이 협상을 추진하기 위한 하나의 토대로 취급한다면 당신도 그렇게 주장하라. "좋습니다. 우리 이것을 어느 쪽도 구애받지 않는 공동의 초안으로 칩시다. 당신은 당신의 상사에게 가서 확인하십시오. 저는 하룻밤 생각해보고 변경할 것이 있으면 내일 제안을 하겠습니다." 아니면 이렇게 말할 수도 있다. "당신 상사가 내일 이 초안에 동의하면 나도 그것을 받아들이지요. 그렇지 않으면 우리 둘 다 자유롭게 이 초안에 변경사항을 제안할 수 있는 겁니다."

이런 일을 피하기 위한 한 가지 방법은 '모든 것이 합의되기 전까지는 아무것도 합의된 것이 아니다'라는 점을 협상 초반에 분명히 하는 것이다. 한 가지 문제를 다시 거론하려고 들면 자동적으로 모든 문제를 거론하게 되는 것이다.

수상쩍은 의도 상대방의 합의 실행 의사에 의혹이 가는 경우에는 합의안 자체에 실행 조항들을 써넣는 것이 가능할 수도 있다.

당신이 이혼 협상중인 어떤 부인을 대리하는 변호사라고 가정해보자. 그 부인은 남편이 자녀 양육비를 내겠다고 동의하더라도 그것을 지불하리라고 믿지 않는다. 양육비를 받기 위해 매월 법정에서 시간을 보내며 애쓰다 보면 그녀는 노력을 포기하려 들지도 모른다. 이런 경우 당신은 어떻게 하겠는가? 문제를 명확히 하고 남편측의 주장을 이용해서 보장을 받으라. 당신은 남편측 변호사에게 이렇게 말할 수 있을 것이다. "그런데 제 의뢰인은 양육비를 받지 못할까 봐 걱정하고 있습니다. 다달이 돈을 주는 것보다 차라리 주택의 소유권을 주는 게 어떻겠습니까?" 그러면 상대 변호사는 이렇게 말한다. "제 의뢰인은 완전히 믿을 만한 사람입니다. 우리는 다달이 양육비를 주겠다고 계약서에 써넣겠습니다." 이런 경우에 당신은 이렇게 응수할 수 있다. "이건 신뢰의 문제가 아닙니다. 당신은 그가 돈을 줄 것이라고 확신합니까?"

"물론입니다."

"백퍼센트 확신합니까?"

"그래요. 백퍼센트 확신합니다."

"그렇다면 당신은 우발적인 사고 조항을 넣는 데 반대하지 않겠군요. 당신의 의뢰인은 자녀 양육비 지불에 동의할 테니까요. 만일 어떤 알 수 없는 이유로 당신이 절대 일어날 리 없다고 생각하는 사태가 일어나서 그가 두 달 동안 계속 돈을 지불하지 않을 경우에는 제 의뢰인이 주택의 소유권을 갖는 것으로 하고 (물론 당신 의뢰인이 이미 지불한 양육비 액수만큼은 제외하고) 당신의 의뢰인은 더 이상 자녀 양육비를 지불할 책임이 없어지는 것입니다." 이렇게 말한다면 상대방 변호사는 반대하기 어려울 것이다.

전부 다 털어놓지 않는다는 것은 속이는 것과는 다르다. 의도나 사실을 고의로 속이는 것과 생각을 전부 말하지 않는 것은 전혀 다른 것이다. 믿음을 바탕으로 한 협상에서도 모든 생각을 다 털어놓아야 하는 것은 아니다. "만일 당신이 지불해야 한다면 당신이 지불할 수 있는 최고액은 얼마입니까?" 하는 질문을 받는다면 아마도 가장 좋은 대답은 다음과 같을 것이다. "서로 오도하려는 유혹에 빠지지 맙시다. 만일 당신이 합의가 절대 이루어질 수 없으며 우리가 시간만 낭비하고 있다고 생각한다면, 우리는 믿을 만한 제삼자에게 우리 생각을 털어놓고 합의할 만한 여지가 있는지 알아보는 편이 더 좋을 것입니다." 이런 식으로 우리는 정보를 전부 털어놓지 않고서도 아주 솔직하게 행동할 수 있다.

심리전

이 전략의 목적은 당신이 불편을 느끼도록 만들어서 될수록 빨리 협상을 끝내버리려는 잠재의식을 갖게 만드는 것이다.

스트레스를 많이 받는 상황 많은 책들이 협상이 행해지는 물리적 환경에 대해 쓰고 있다. 당신은 협상 장소가 우리쪽 지역인지 상대방 지역인지 혹은 제삼의 장소인지 하는 사소한 문제들에 대해서도 민감하게 반응해야 한다고 주장할 수 있다. 그러나 우리가 일반적으로 알고 있는 것과 다르게 때로는 상대방 지역에서 협상을 하는 것이 더 유리할 때도 있다. 그것은 상대편이 더 편안하게 느껴서 당신의 제안을 더 잘 받아들이게 해줄 수 있기 때문이다. 그러나 상대방에게 물리적 환경의 선택권을 줄 경우 그 선택이 어떠한 것이며 어떤 영향을 미칠지를 잘 알고 있어야 한다.

자신이 스트레스를 받고 있는지 점검해보고 만일 그렇다면 이유를 알아야 한다. 방 주변이 너무 소란스럽거나 방안의 온도가 너무 높거나 낮은 경우, 또 당신 동료와 조용히 상의할 방이 준비되어 있지 않은 경우에 그것은 당신으로 하여금 협상을 빨리 결말짓게 하려고, 그리고 빠른 결말을 위해서 당신이 양보하도록 의도적으로 계획된 환경일 수도 있음을 알아야 한다.

만일 당신이 물리적 환경이 편파적이라는 점을 간파했다면 망설이지 말고 그것을 상대방에게 지적하라. 당신은 의자를 바꾸거나 휴식을 갖자거나 시간이나 장소를 옮기는 것 등을 제안할 수 있다. 이런 경우 당신이 해야 할 일은 문제를 확인하고 그것을 상대방에게 부각시키고, 그러고 나서 객관적이고 원칙에 근거한 방식으로 더 유리한 물리적 환경에 관해 협상하는 것이다.

인신공격 물리적 환경을 조작하는 것 외에 당신이 불편을 느끼게 하려고 언어나 다른 의사전달 방법을 사용하는 전략들이 있다. 상대방은 당신의 옷이나 외모에 대해 이렇게 말할 수 있다. "간밤에 잠을 못 잔 것 같군요. 사무실 일이 잘 안 되어 갑니까?" 상대방은 또한 당신을 오래 기다리게 하거나 다른 사람들을 상대하느라고 협상을 중단함으로써 당신의 지위를 깎아내릴 수도 있다. 그는 당신이 무식하다는 투로 슬쩍 말할 수도 있고, 당신이 말하는 것을 듣지 않고 당신이 같은 말을 되풀이하게 할 수도 있다. 또 고의적으로 당신과 눈이 마주치는 것을 피하기도 한다.(학생을 상대로 한 간단한 실험에서 이런 전략이 사용될 경우 대부분의 사람들은 불쾌감을 느낀다는 것이 드러났으나 그 원인은 제대로 밝히지 못했다.)

이런 전략이 사용되고 있다고 알아차리면 그로 인한 영향을 없앨 수 있을 것이다. 이러한 전략을 명백하게 부각시키는 것은 이의 재발을 방지하는 데에도 도움이 된다.

악한 역할/선한 역할의 연극 수법 속임수를 쓰면서 심리적 압박을 가하는 악한 역할/선한 역할의 연극 수법이 있다. 이런 술수는 오래된 경찰 영화에서 제일 많이 쓰이던 것이다. 첫 번째 악역을 맡은 경찰은 여러 범죄의 형량을 들먹이며 혐의자를 위협하고, 밝은 전등 아래 그를 세워 두고 거칠게 다루다가 잠시 멈춘 후 밖으로 나가버린다. 그러고 나면 이제 선한 역할을 맡은 또 다른 경찰이 들어와 전등을 꺼주고 담배를 권하며 과격한 동료에 대해 미안하다고 사과한다. 그는 자기도 동료의 거친 행동을 막고 싶지만 혐의자의 도움이 없으면 그럴 수 없다고 말한다. 결국 혐의자는 자기가 아는 것을 모두 털어놓는다.

협상에서도 이와 비슷한 경우가 있다. 같은 편인 두 사람이 언쟁을 하는 연극을 한다. 한 사람의 태도는 매우 딱딱하다. "이 사업은 8만 달러 가치가 있고 나는 한 푼도 깎아줄 수 없습니다." 그의 동료는 약간 당황한 듯 괴로운 표정을 보이다가 결국 끼어들어 이렇게 말한다. "프랭크, 그건 좀 무리야. 우리가 받을 돈이 많긴 하지만 현금흐름이 좋지는 않잖아." 그러고는 당신을 향해 말한다. "7만 6천 달러면 어떻겠습니까?" 이 경우 깎아준 금액은 얼마 되지 않지만 호의를 베푸는 것처럼 보인다.

악한 역할/선한 역할의 연극 수법은 심리조작의 한 형태다. 당신이 그걸 알아차린다면 당신은 거기에 넘어가지 않을 것이다. 선한 역할을 맡은 상대가 호의적 제안을 하면 당신은 악역에게 했던 것과 같은 질문을 하라. "당신이 내게 공정하게 대해주려고 하는 점은 감사하게 생각합니다. 하지만 저는 아직도 당신이 왜 그것을 공정한 가격으로 생각하는지 모르겠군요. 당신의 기준은 무엇입니까? 저는 당신들이 그것이 가장 공정한 가격이라고 저를 납득시킨다면 8만 달러라도 기꺼이 내겠습니다."

위협 위협은 협상에서 가장 많이 남용되는 전략의 하나다. 위협은 제안보다 훨씬 하기 쉬워 보인다. 위협하는 데는 그저 몇 마디 말이면 족하다. 그러나 만약 그것이 먹혀들어간다 해도 당신은 절대 상대방을 위협해서는 안 된다. 위협은 나선형처럼 더 큰 반대 위협을 낳고, 협상을 흐트러뜨리며, 인간관계를 파괴할 수 있는 것이다.

위협은 일종의 압력이다. 압력은 흔히 의도했던 것과 정반대의 결과를 가져온다. 압력은 또 다른 압력을 낳고, 상대방이 결정하기 쉽게 해주는 것이 아니라 더욱 어렵게 만든다. 외압에 대응해서 조합, 위원회, 회사, 정부는 더욱 굳게 결속한다. 매파와 비둘기파는 자신들에게 가해지는 부당한 압력을 간파하면 단결하여 함께 그 압력에 맞선다. "우리가 이런 결정을 해야 하는가?" 하는 것이 문제가 되다가 "우리가 외압에 굴복할 것인가?" 하는 쪽으로 문제가 바뀌는 것이다.

훌륭한 협상자는 절대로 위협에 의존하지 않는다. 그럴 필요가 없는 것이다. 다른 방법으로도 같은 뜻을 충분히 전달할 수 있기 때문이다. 상대방의 행동이 가져올 결과를 요약해서 말해주는 게 좋겠다고 생각되면, 당신이 임의로 선택한 결과보다 당신의 의지와는 상관없이 발생할 결과에 대해 말하라. 위협보다는 경고가 훨씬 합리적이고 상대방의 반대 위협을 초래할 위험도 적다. "우리가 합의하지 못한다면 뉴스 매체들이 지저분한 이야기를 기사화할 것이 거의 틀림없습니다. 이처럼 공익에 관계된 문제에서 어떻게 합법적으로, 현실적으로 정보유출을 막을 수 있을지 모르겠군요. 그렇지 않습니까?"

합의가 되지 않는 경우 상대방에게 당신이 취할 행동을 경고할 수도 있다. 그런 행동이 상대를 강요하거나 응징하려는 것이 아니라 당신의 이해관계를 보호하기 위한 것이라는 점을 보여주는 한 말이다. "놀라실 일은 아니지만, 이건 우리 계약이 갱신되지 않을 경우 우리가 언론에 보내려는 기사 초안입니다." 상대방은 이런 상황에 기분이 상하면 이렇게 나올지 모른다. "지금 협박하는 거요?" 당신의 계획이 진짜 경고라면, 당신은 자신 있게 이에 대답할 수 있다. "절대 아닙니다. 우리 입장에서 우리 이해관계를 보호할 수 있는 더 좋은 방법을 제시할 수 있습니까?"

위협이 효과적이려면 상대방이 믿게끔 전달되어야 한다. 따라서 당신은 전달과정을 방해함으로써 대처할 수도 있다. 또는 그것이 권위도 없고 급조된 것이며 엉터리라고 생각해서 위협을 무시해버릴 수도 있다. 또한 위협을 가하는 것이 위험한 짓이라고 생각하도록 만들 수도 있다. 최근에 이 책의 저자 중 한 사람이 중재한 어떤 석탄광산에서 막대한 손실을 입힐 폭발사고가 있을 것이라는 거짓 위협이 수없이 전해졌다. 이 위협은 회사의 교환원들이 전화에 대고 "당신의 목소리는 지금 녹음되고 있습니다. 몇 번에 거셨습니까?"라고 말하기 시작하자 급격히 줄어들었다.

어떤 경우에는 상대방의 위협이 오히려 당신의 정치적 입지를 유리하게 만드는 데 도움이 된다. 노동조합은 이렇게 발표할 수도 있다. "경영진은 입지가 약하기 때문에 위협하는 것밖에는 다른 도리가 없을 것입니다." 하고 말이다. 하지만 역시 위협에 대한 가장 좋은 대응책은 원칙을 고수하는 것이다. "우리는 경영진의 상습적인 위협행위에 대해 일련의 대응책을 준비하고 있습니다. 다만 우리는 위협이 지금 우리가 취할 수 있는 가장 건설적인 행동이 아니라는 데 의견이 일치될 때까지 조처를 미루고 있는 겁니다." 혹은 이렇게 말할 수도 있다. "저는 단지 이점에 대해서만 협상할 것입니다. 제 명성은 그런 위협에 응하지 않은 데서 얻은 것입니다."

입장에 근거한 압력 전략

이런 종류의 전략은 어느 한쪽만이 효과적으로 양보할 수 있도록 상황을 조성하는 데 쓰인다.

협상 거부 1979년 11월, 미국 외교관과 대사관 직원들이 테헤란에 인질로 잡혔을 때 이란 정부는 자신들의 요구사항을 선언하고 협상을 거부했다. 변호사들도 자주 상대편 고문에게 "법정에서 봅시다."라고 말하며 협상을 거부한다. 상대방이 협상을 완강히 거부한다면 당신은 어떻게 할 것인가?

첫째, 그 전략을 하나의 가능한 협상 책략으로 인정하라. 그들은 실질적인 면에서 어떤 양보를 받아내기 위해 자신의 협상 참여를 협상카드로 사용하려는 것이다. 이런 책략의 변형된 한 가지 형태가 협상에 전제 조건을 다는 것이다.

둘째, 상대방의 협상 거부에 대해 논하라. 직접 또는 제삼자를 통해 상대방과 의사를 교환하라. 또한 상대방의 협상 거부를 비난하기보다 그 거부의 이면에 있는 상대방의 이해관계를 찾아내도록 하라. 상대방이 당신과 이야기함으로써 당신에게 입지를 제공하는 것은 아닌지 염려하는 것인가, 당신과 대화하는 것 때문에 너무 '안이하다'는 비판을 받지는 않을까, 협상이 자신들의 위태로운 내부 단결을 깨뜨린다고 생각하는 것은 아닌가?

과도한 요구 상대방은 흔히 극단적인 제안을 해온다. 예를 들어 30만 달러 되는 당신 집을 17만 5천 달러에 사겠다고 제안할 수도 있다. 그런 제안을 하는 목적은 당신의 기대치를 낮추기 위해서다. 원래 협상이라는 것이 서로 다른 입장의 차이를 둘로 나누는 것이라는 생각에서 처음에 극단적인 입장을 취하면 좀 더 좋은 결과를 얻을 수 있다고 믿는 것이다. 그러나 이런 접근방식은 이것을 사용하는 영악한 사람에게도 불리할 수가 있다. 즉 양측 모두 포기하게 될 극단적 입장을 취하는 것은 그들의 신뢰도를 떨어뜨리게 된다. 이런 식으로 협상을 시작할 경우 거래 자체가 와해될 수도 있다. 만약 상대방이 너무 적게 제안한다면 당신은 그를 상대할 필요도 없다고 생각할 수 있다.

이런 경우 그 전략에 상대방의 주의를 돌리는 것이 효과가 있다. 따라서 상대방에게 그 입장을 정당화할 수 있는 원칙이 무엇인지 상대방 자신도 그것이 터무니없다고 생각될 때까지 집요하게 물으라.

요구 수준을 자꾸 높이는 것 협상자는 자신이 양보한 데 대한 대가로 요구사항을 하나씩 추가하기도 한다. 또는 이미 해결지었다고 생각한 문제들을 다시 논의하자고 할 수도 있다. 이런 전략의 이점은 전체적으로 양보를 줄이고, 당신으로 하여금 상대방이 더 많은 것을 요구하기 전에 빨리 합의해야겠다는 생각이 들도록 하는 심리적 효과가 있다는 데 있다.

이 전략은 1971년 해군 및 공군 기지의 사용권을 놓고 영국과 협상할 당시 몰타의 수상이 사용했던 것이다. 영국측에서 합의했다고 생각할 때마다 몰타 쪽에서는 "좋습니다. 그런데 작은 문제가 하나 있습니다."라고 말하곤 했다. 그 작은 문제란 백만 파운드를 현금으로 선불하라든지, 계약기간 동안 부두와 기지 노동자들에게 일자리를 보장하라든지 하는 것이었다.

당신이 이런 전략을 알아차리면 이 점에 대해 상대방의 주의를 환기시키고, 협상을 계속할 것인지 아닌지, 계속한다면 무엇을 근거로 계속할 것인지를 결정하기 위해 휴식시간을 갖도록 하라. 이렇게 하면 상대방은 자기 행동의 중대성을 알게 되고, 당신은 충동적으로 대응하는 것을 피할 수 있게 된다. 다시 강조하지만 원칙을 고수하라. 다시 협상테이블에 앉았을 때 상대방이 합의에 관심이 있다면 더욱 진지하게 나올 것이다.

족쇄 전략 이 전략은 잘 알려진 토마스 쉘링의 예에서도 볼 수 있다. 단일 차선 도로에서 폭발물을 실은 두 트럭이 전속력으로 마주 달리고 있다. 문제는 충돌을 피하기 위해 어느 트럭이 길 바깥쪽으로 먼저 비키느냐는 것이다. 두 트럭이 점차 가까워지자 한쪽 운전자가 상대방이 잘 볼 수 있도록 자신의 핸들을 뽑아서 창밖으로 던져버린다. 그것을 본 맞은편 운전자는 충돌해서 함께 폭발하든가 아니면 트럭을 옆 도랑으로 몰아 피하든가 둘 중의 하나를 선택해야 한다. 이것은 자신의 양보를 불가능하게 만들어서 상대방에게 항복을 강요하는 극단의 강요 전략이다. 모순되게 들리겠지만 당신은 상황에 대한 당신의 통제권을 약화시킴으로써 오히려 당신의 입장을 강화하는 것이다.

노사 간 협상이나 국제적 협상에서 이러한 전략이 흔히 사용된다. 노조 대표는 조합원들에게 15% 인상이 아니면 받아들이지 않겠다고 선동적으로 장담한다. 만일 그가 그 이하의 인상을 받아들이게 되면 그는 체면과 신뢰를 잃는 것이므로 그는 필사적으로 경영진에게 15% 인상을 받아들이도록 설득한다.

그러나 이런 족쇄 전략은 도박이다. 왜냐하면 당신은 오히려 상대방의 허세를 불러일으켜 강제로 양보를 받아낼 수도 있기 때문이다. 이런 경우 상대방은 나중에 자신의 위임자들에게 양보 이유를 설명해야 된다.

위협과 마찬가지로 족쇄 전략 역시 전달방법에 달려 있다. 만일 상대방 운전자가 핸들을 뽑아 창밖으로 던지는 것을 보지 못하거나 보더라도 트럭에 보조 운전장치가 있겠지 하고 안이하게 생각한다면 그 위험천만한 행위는 노렸던 효과를 기대할 수 없게 된다. 결국 충돌을 피해야 한다는 압박감은 두 운전자가 똑같겠지만 말이다.

따라서 이런 강요 전략에 대응하는 방법은 의사전달을 방해하는 것이다. 또한 당신은 상대방의 의도를 약화시키기 위해서 그 의도를 임의적으로 다르게 해석해버릴 수도 있다. "아, 알겠습니다. 당신은 벌써 40만 달러에 해결 짓는 것이 목표라고 신문에 발표했더군요. 하지만 우리 모두 각자의 야망이 있는 거겠죠. 제 야망이 뭔지 알고 싶습니까?" 하고 말이다. 그리고 당신은 상대방의 전략을 농담쯤으로 대수롭지 않게 받아들일 수도 있다.

또한 당신은 원칙에 의거해서 족쇄 전략을 물리칠 수도 있다. "좋아요. 당신이 이미 공적으로 선언했다는 것은 압니다. 하지만 저는 압력에 굴하지 않는 것을 좌우명으로 삼고 있어요. 단지 논리에 승복할 뿐입니다. 이제 그 문제의 이점에 관해 말해 봐요." 어떤 식으로 대응하든지 당신은 상대방의 공언 사실을 크게 문제 삼아서는 안 된다. 상대방이 더 모양새 좋게 항복할 수 있도록 그의 공언을 가볍게 다루어야한다.

강경파 동료 상대방이 당신의 요구에 응하지 않는 이유를 정당화하기 위해 가장 흔히 쓰는 협상 전략은 자신은 찬성하지만 자신의 강경파 동료가 찬성하지 않는다고 말하는 것이다. "저는 이것이 정말 합당한 요구라고 생각해요. 저는 동의합니다. 그러나 제 상사는 들으려고도 하지 않을 겁니다." 하는 식으로 말한다.

이 '강경파 동료' 전략을 파악하라. 그러고 나서 이 전략을 상대방과 논의중인 원칙으로 그의 합의를 얻도록 하라, 가능하면 문서로. 그런 다음 할 수 있다면 상대방의 '강경파 동료'와 직접 이야기를 나누라.

의도적 지연 상대방은 자신에게 유리하다고 생각되는 시기까지 결정을 보류하기도 한다. 노조 대표는 경영진이 심리적 부담을 느껴서 양보하기 쉽도록 하려고 파업을 불과 몇 시간 앞두고도 일부러 협상을 미루기도 한다. 하지만 불행히도 계산은 빗나가고 파업 예정일을 넘겨 버리는 경우가 많다. 일단 파업이 시작되면 이제는 반대로 경영진 쪽에서 파업 기금이 바닥나는 것과 같은 적절한 시기를 기다리기로 결정한다. 적절한 시기를 기다리는 것은 비용이 많이 드는 전략이다.

이런 경우에는 상대방이 지연 전략을 쓴다는 것을 분명히 밝히고, 그것에 대해 협상하는 것 외에도 상대방에게 그 지연 전략을 슬그머니 취소할 수 있는 기회를 만들어줄 것을 고려하라. 당신이 회사 대표로 어떤 회사와 합병 문제를 협상하고 있다면, 먼저 제삼의 회사와 합병이 가능한지 타진해보라. 그리고 확실한 데드라인을 수립하는 데 사용될 객관적 상황을 찾아보라. 이를테면 납세 기일, 정기 이사회, 계약 만기일 혹은 법정 기한 만료일 등이 언제인지 알아보라.

"택하든지 그만두든지" 하시오. 상대방에게 확고한 선택을 하라고 하는 것은 잘못된 일이 아니다. 사실 대부분의 미국식 사업은 이런 방법으로 행해진다. 당신은 슈퍼마켓에 가격이 1달러 50센트로 매겨진 콩 통조림을 들고 가서 슈퍼마켓 주인과 흥정을 하지는 않을 것이다. 이처럼 미리 표시를 붙여놓는 행위―최종안을 미리 정하는 행위―는 매우 효율적인 사업수단이다. 하지만 그것은 협상이 아니다. 그것은 상호 작용에 의한 의사 결정이 아닌 것이다. 오랜 협상 끝에 당신이 결말을 짓기 위해서 이것을 "택하든지 그만두든지 하시오."라고 말하는 것은 잘못된 일이 아니다. 단지 그것을 좀 더 정중하게 표현하기만 한다면 말이다.

이것을 "택하든지 그만두든지 하시오."라고 말하는 전략을 분명하게 알아차리면 그것에 관해 협상하는 대신 처음엔 무시해버릴 것을 고려하라. 마치 당신이 듣지 못하기라도 한 것처럼 다른 이야기를 계속하거나 다른 해결책을 소개함으로써 화제를 바꾸는 것이다. 반대로 이왕 그 전략에 대해 상세히 이야기하려면, 합의가 안 될 경우 상대방이 무엇을 잃게 되는지 알려주라. 그리고 환경을 바꾼다든지 해서 그가 체면을 지키면서 그 상황을 빠져나갈 수 있는 방법을 찾으라.

경영진이 최종안을 발표한 후에 조합측에서는 "공장의 생산성을 높이기 위해서 서로 협력할 것을 의논하기 전에는 시간당 3달러 69센트 인상이 당신의 최종안이었죠." 하고 경영진에게 말할 수 있을 것이다.

| 비열한 속임수의 희생자가 되지 말라

협상에 있어서는 '선의'라는 것이 무엇을 뜻하는지 결정하기가 쉽지 않다. 사람들마다 의견이 다르다. 다음과 같은 질문을 스스로에게 던져보면 도움이 될 것이다. "이것이 내가 친구나 가족을 대할 때 사용하는 접근방법인가, 만약 내가 한 말과 행동이 언론 매체에 상세히 보도된다면 나는 당황할 것인가, 문학작품에서는 영웅들이 그런 행동을 하는가 아니면 악한들이 하는가?" 그러나 이런 질문은 외부의 의견을 참작하려는 것보다는 자신의 내적 가치관을 조명하기 위한 것이다. 당신 자신이 부적당하다고 생각하거나 또 당신에게 사용되었을 때 악의에서 나온 것이라고 여겨질 그런 전략을 쓰려면 가부를 스스로 결정해야 한다.

협상 초기에 상대방에게 이렇게 말하는 것이 도움이 될 수 있다. "어떻게 들릴지 모르지만, 저는 우리가 지금 하려는 게임의 규칙을 알아보고 싶군요. 우리는 둘 다 가능한 한 적은 노력으로 신속히 현명한 합의에 이르기 위해 노력하려는 것입니까? 아니면 좀 더 고집 센 사람이 이기는 강성의 거래를 하려는 것일까요?" 당신이 무엇을 하든 교활한 거래 전략을 쓰는 상대방만큼, 아니 그 이상 확고해야 한다. 그리고 비열한 전략보다는 원칙을 고수하는 것이 더 쉽다. 비열한 속임수의 희생자가 되지 말라.

제4부

결 론

제4부 결 론 | 세 가지 요점

세 가지
요점

▌당신은 이미 오래 전부터 알고 있다

이 책에는 당신이 경험을 통해 이미 알고 있는 내용들이 담겨 있다. 우리는 사고와 행동의 유용한 틀을 제공하는 방법으로 상식과 평범한 경험을 체계적으로 정리하려고 노력했다. 이 아이디어들이 당신의 지식 및 직관과 일치한다면 더 훌륭한 아이디어가 될 것이다. 다년간 경험이 있는 노련한 변호사와 사업가들에게 이 방법을 가르칠 때 그들은 이렇게 말했다. "이제 나는 내가 무엇을 해왔는지, 왜 그것이 때때로 먹혀들었는지 알 것 같습니다. 나는 당신이 말하는 것이 옳다는 것을 압니다. 왜냐하면 내가 이미 알고 있던 것들이기 때문입니다."

행동에서 배운다

한 권의 책이 당신에게 전도유망한 방향을 가르쳐줄 수 있다. 책은 아이디어를 알려주고 당신이 무엇을 하고 있는지 알게 함으로써 당신의 배움에 도움을 줄 수 있다.

그러나 당신 자신을 제외한 누구도 당신을 능숙하게 만들어줄 수는 없다. '캐나다 공군 신체단련프로그램'에 관한 소책자를 읽는다고 해서 당신이 육체적으로 건강해지는 것은 아니다. 테니스나 수영, 자전거타기, 승마에 관한 책을 읽는다고 해서 당신이 그 분야의 선수가 되는 것은 아니다. 협상도 이와 마찬가지다.

"누가 이기고 있는가"

1964년 어느 날, 런던 하이드파크에서 미국인 아버지와 12세 된 아들이 '프리스비'(플라스틱으로 만든 원반)를 던지고 받으면서 즐거운 시간을 보내고 있었다. 그 당시 영국에서 프리스비는 흔한 것이 아니었으므로 몇몇 영국인이 이것을 구경하려고 몰려들었다. 잠시 후 그들 가운데 멋진 양복을 입은 신사가 다가와서 물었다. "방해해서 대단히 죄송합니다만 도대체 누가 '이기고' 있는 겁니까? 15분 동안 지켜보았지만 알 수가 없군요."

대부분의 협상에서도 '누가 이겼느냐'고 묻는 것은 마치 결혼에서 누가 이겼느냐고 묻는 것같이 부적절한 질문이다. 당신이 "내 결혼생

활에서 누가 이긴 걸까?"라는 질문을 한다면, 당신은 더 중요한 협상
—어떤 방법으로 협상할 것인지에 관한 협상, 서로가 상대방을 어떻게
대할 것인지에 관한 협상, 그리고 당신과 배우자가 갖고 있는 상이하
면서도 공통된 이해관계에 관한 협상—에서 이미 진 것이다.

이 책은 어떻게 하면 당신이 이 중요한 협상에서 이길 수 있는가 하
는 문제, 즉 어떻게 하면 서로의 차이점을 다루는 더 나은 과정을 이룩
해낼 수 있는가에 관한 것이다. 좀 더 바란다면 물론 그 과정은 좋은
실질적 결과들을 가져와야 한다.

이득을 얻는 데 승리하는 것이 유일한 목표는 아닐 것이다. 그러나
분명 지는 것도 답은 아니다. 이론과 경험을 통해 볼 때, 원칙화된 협
상은 오래 지속되는 실질적 결과를 가져다준다. 이 실질적 결과는 다
른 협상 전략으로 얻은 결과만큼 좋거나 그 이상이다. 게다가 이 원칙
화된 협상법은 인간관계에서도 더 효과적이고 비용도 덜 든다는 것이
입증되었다. 우리는 이 방법이 적용하기 편리하다고 생각하며 당신에
게도 그러하기를 바란다.

이것은 습관을 바꾸는 것이나, 한데 얽혀 있는 이점과 감정을 푸는
것 혹은 공동의 문제를 위한 현명한 해결책을 만들어낼 때 다른 사람
을 끼워 넣는다는 것 등이 쉽다는 뜻은 아니다. 가끔 당신은 당신이 진
정으로 원하는 것이 협상을 더 잘할 수 있는 방법이라는 사실을 스스
로에게 상기시키라. 즉 당신이 얻을 것을 얻어내는 만족감과 상대방
에게 예의바르게 행동하는 것 중에서 하나를 택하지 않아도 되는 협상
방법을 찾는 것이다. 당신은 이 두 가지를 다 가질 수 있기 때문이다.

제5부

『Yes를 이끌어내는 협상법』을
읽은 독자들의 열 가지 질문

공정성과 '원칙화된 협상'에 관한 질문

질문1 입장을 근거로 거래하는 것이 가능한가?

입장을 근거로 하는 거래는 쉽다. 따라서 사람들이 흔히 그렇게 한다고 해서 놀랄 일은 아니다. 그것은 준비도 필요 없으며 보편적으로 잘 알려져 있다.(양측의 사용 언어가 다를 경우에는 손가락만 가지고도 할 수 있는 방법이다.) 그리고 어떤 상황에서는 그것이 확립되고 또 기대되기도 한다. 반대로 입장 뒤에 숨겨진 이해관계를 찾거나 상호 이익이 되는 옵션을 창안하거나 객관적인 기준을 찾아 이용하는 것은 어려운 일이다. 또 상대방이 고집이 세다고 여겨질 때에는 자신의 감정을 억제하는 능력과 성숙함도 가지고 있어야 한다.

거의 모든 경우에 원칙화된 협상을 하는 것이 양측 모두 더 나은 결과를 얻는 길이다. 문제는 그 결과가 원칙화된 협상에 따르는 추가적 노력에 맞먹는 가치가 있느냐는 점이다. 여기에 고려해볼 만한 질문이

몇 가지 있다.

임의적인 결과를 피하는 것은 얼마나 중요한 것인가? 만일 당신이 5장에 나오는 사람처럼 당신의 집을 새로 짓는데 그 집의 기초를 어느 정도 깊이로 할 것인가에 관해 협상하고 있다면, 합의에 도달하는 것이 아무리 쉽다 하더라도 당신은 임의적 입장을 놓고 입씨름하고 싶지는 않을 것이다. 심지어 보기 드문 골동품 항아리를 사기 위해 협상중일지라도 이런 경우엔 객관적 기준을 찾기가 어렵겠지만, 판매자의 이해관계를 알아내고 창의적 옵션을 찾는 것이 좋다. 하지만 협상 방식을 선택하면서 고려해야 할 점은 이점에 근거한 유익한 문제해결방법을 찾는 데 당신이 얼마나 관심이 있느냐는 점이다. 헛간보다는 사무실 건물의 기초공사에 관해 협상하는 것에 걸려 있는 이해관계가 더 클 것이다. 또한 이번 거래가 다음번 거래의 선례가 된다면 이해관계가 더욱 커질 것이다.

문제가 어느 정도 복잡한가? 다른 주제가 복잡할수록 입장을 근거로 거래하는 것은 더욱 현명하지 못한 일이다. 복잡함을 풀기 위해서는 공통되거나 창의적으로 꼭 들어맞는 이해관계들을 주의깊게 분석하고, 그 다음에 브레인스토밍을 하는 것이 필요하다. 이 두 가지 작업은 당사자들이 서로를 문제해결의 동반자로 여긴다면 그만큼 쉽게 할 수 있을 것이다.

좋은 업무관계를 유지하는 것은 얼마나 중요한가? 만일 상대방이 매우 중요한 고객이나 의뢰인이라면, 당신에게는 현재의 관계를 유지하는 것이 하나의 거래 결과보다 더 중요할 것이다. 이 말은 당신이 자신의 이해관계를 추구하는 데 덜 집착해야 한다는 말이 아니라, 상대방과의 관계에 해를 끼칠 위험이 큰 협박이나 최후통첩 같은 전략은 피해야 한다는 뜻이다. 이점에 근거한 협상은 상대방에게 항복하거나 상대방을 화나게 하는 두 가지 중 하나를 선택할 필요가 없다.

상대방의 이해관계를 알아내기가 어렵고, 양측 모두 경쟁의 기회를 가지고 있는 낯선 사람 간의 단일 문제 협상이라면 단순히 입장을 놓고 입씨름하는 것만으로 잘 해결될 수도 있다. 그러나 토론이 지지부진해지면 기어를 바꿔 넣을 준비를 해야 한다. 기본적인 이해관계를 파악하는 것부터 시작하라. 당신은 또한 협상이 다른 사람들과의 관계에 미칠 영향에 대해 고려해야 한다. 이 협상이 협상가로서 당신 명성에 영향을 줄 것인지, 그래서 결과적으로 다른 사람들이 당신과 협상할 때 어떤 접근방법을 사용하게 될 것인지, 그렇다면 당신은 이 협상이 어떤 효과를 가져오기를 바라는지 등이 그것이다.

상대방의 기대는 무엇인가? 그리고 그 기대를 바꾸기는 어려운가? 노사협상을 비롯해서 많은 협상에서 당사자들은 오랜 기간 힘들게 싸운다. 그것은 여전히 예전의 협상과 마찬가지로 입장에 근거한 협상이기 때문이다. 양측은 상대방을 '적'으로 보고, 협상중인 그 상황을 제로-섬게임으로 보기 때문에 파업, 직장 폐쇄, 적대감 등에서 오는 양측의 막대한 희생을 무시한다.

이런 상황에서 함께 문제를 해결하는 것은 쉬운 일이 아니다. 그러나 그것은 그만큼 더 중요한 일이다. 변화를 갖고 싶어 하는 당사자들조차도 실제로 낡은 습관을 버리는 일이 쉽지 않다. 공격하는 대신 상대방의 말을 경청하고, 싸우는 대신 브레인스토밍을 하고, 결정하기 전에 이해관계를 찾아내려는 일이 쉽지 않다는 말이다. 관습처럼 서로를 적대적 관계로 인식하는 사람들은 서로 전멸할 지경이 되어서야 대안이 될 접근방식을 고려한다. 그러나 어떤 사람들은 전멸할 때까지도 그것을 고려할 줄 모른다. 그러한 상황에서 당신은 시간이 걸릴 수 있는 몇몇 협상을 바꾸기 위해 현실적인 일정표를 준비하고 싶을 것이다. 제너럴 모터스와 미국 자동차 노조는 그들 협상의 근본 구조를 바꾸기 위해 네 개의 계약을 맺어야 했다. 그러나 아직도 양측에는 이 새로운 제도에 만족하지 않는 구성원들이 있다.

협상의 어느 지점에 와 있는가? 입장을 근거로 하는 거래는 공동의 이익을 찾는 과정을 방해하는 경향이 있다. 많은 협상에서 당사자들은 '진짜 알맹이는 탁자 위에 남겨둔 채' 끝을 맺는다. 당신이 각자의 이해관계를 확인하고, 상호 이익이 되는 옵션을 창안해내고, 공정성의 기준을 논의한 후라면 입장을 근거로 거래하는 것은 별로 해가 되지 않는다.

질문 2 상대방이 믿고 있는 공정성의 기준이 다를 때는 어떻게 할 것인가?

대부분의 협상에서 절대적으로 옳거나 공정한 답을 가지고 있는 사람은 없다. 사람들은 무엇이 공정한지 판단할 때 서로 다른 기준을 제안할 것이다. 이렇게 제안한 기준을 사용하는 것은 세 가지 방법으로 언쟁을 완화한다. 첫째, 공정성과 지역사회 관습에 상반되는 기준에 근거한 결과가 때로 임의의 결과보다 더 현명할 수 있다. 둘째, 기준을 사용하면 '포기'하는 대가를 치르지 않게 해준다. 즉 원칙이나 독립적인 기준을 따르기로 합의하는 것이 상대방의 입장에 근거한 요구에 굴복하는 것보다 더 쉽다. 끝으로 임의의 입장과 다른 몇몇 기준은 더욱 큰 설득력을 가질 수 있다.

예를 들어 한 젊은 변호사와 월스트리트 법률사무소 간의 봉급 협상에서 회사측이 "나는 당신이 나보다 똑똑하다고 생각하지 않소. 그러니 40년 전 내가 받았던 첫 월급인 2만 4천 달러를 주겠소."라고 말하는 것은 어리석은 일이다. 젊은 변호사는 그 기간의 인플레이션의 영향을 지적하고, 현재의 봉급 수준을 적용하려고 한다. 법률회사측에서 데이튼이나 드모인즈 같은 지역의 젊은 변호사가 받는 봉급 수준을 적용하려고 한다. 그러면 젊은 변호사는 맨해튼에 있는, 비슷하게 명망 있는 회사에 근무하는 젊은 변호사들의 평균 봉급이 더 적절한 기준이라고 지적할 것이다.

상충하는 기준이 어떻게 개발되었는지 알아보라. 일반적으로, 논의되고 있는 문제와 직접 관련이 있는 기준보다 시간, 장소, 환경 등의 조건에서 더 광범위하게 받아들여지고 더 즉각적인 기준이 더욱 설득력이 있을 것이다. 그것이 명확하지 않을 때, 왜 어떻게 개발되었는지 묻는 것은 도움이 된다. 예를 들면, 다른 기대와 기준을 지닌 새로운 구조로 진화하는 변화의 와중에 있는가? 또는 두 가지 전통이 통합되고 있는가? 기준이 어떻게 발전했는지 그 논리와 역사를 이해함으로써, 당신의 상황에 어느 것이 더 적절한지 논의할 수 있다. 예를 들자면, 많은 산업분야에서 인터넷의 출현은 유통업자들의 역할을 약화시켰는데, 그 이유는 많은 구매자들이 온라인으로 구매하거나 생산자와 직거래를 원하기 때문이다. 합리적 유통업자의 이익률에 대한 전통적 기준은 경쟁적 시장가격과 심각하게 충돌하면서, 서비스와 지역 접근성의 가치에 대한 새로운 대화로 이끌고 있다. 오랜 기간 유통업자들은 새로운 사업 모델을 발전시키거나 그렇지 않은 경우 파산했다.

'최고'의 기준에 동의할 필요는 없다. 가치, 문화, 경험, 인식 등에서 차이가 있을 때 협상 당사자들이 서로 다른 기준의 상대적 이점에 대해 의견을 달리하는 것은 당연하다. 어느 것이 '최고의 기준인가'에 대한 합의가 필수적이라면, 협상을 하는 것 자체가 불가능할 것이다. 그러나 기준에 대한 합의는 필수적인 것은 아니다. 기준이란 서로에게 합의하지 않는 것보다 더 나은 합의를 찾도록 도와주는 도구일 뿐이다.

외부 기준을 사용하면 종종 불일치의 범위를 좁힐 수 있고, 합의 가능한 범위를 확대할 수도 있다. 적절한 기준을 선택하는 것이 문제가 될 때에 협상 당사자들은 어떤 특정 기준의 손익계산을 하거나 나머지 이견을 조정하기 위한 공정한 절차를 취하는 것이 좋다. 그런 경우, 동전을 던져서 결정할 수도 있고, 중재자를 세울 수도 있으며, 차이점을 나누어 반씩 감당할 수도 있다.

질문 3 반드시 그럴 필요가 없을 때에도 공정해야
하는가?

『Yes를 이끌어내는 협상법』은 옳고 그름을 따지는 도덕성에 근거한 설교가 아니다. 협상을 잘하는 방법에 관한 책이다. 우리는 당신이 착해지기 위해서 상대방을 착하게 대해야 한다고 주장하는 것은 아니다.(물론 반대하는 것도 아니지만)[5]

공정성 면에서 논란의 여지가 있는 상대방의 첫 번째 제안에 응하라고 주장하는 것도 아니다. 또한 상대방의 배심원이 공정하다고 생각할 만한 것 이상의 것을 요구해서는 안 된다고 주장하는 것도 아니다. 우리는 단지 제안의 공정성을 논하는 데 있어 독립적 기준을 적용하는 것이 당신이 얻을 자격이 있는 것을 얻고, 그것을 상대방에게 빼앗기지 않도록 자신을 보호할 수 있는 아이디어라고 주장하는 것이다.

당신이 공정하다고 정당화할 수 있는 것 이상의 것을 원하고, 또 그것을 당신에게 주도록 늘 다른 사람을 설득할 수 있다면, 이 책에 들어 있는 몇 가지 제안은 별로 유용하지 않을지도 모른다. 그러나 우리

---

5 우리는 협상에서 원하는 것을 얻어내는 데 두루 적용할 수 있는 좋은 방법을 제시하는 것 외에도 원칙화된 협상은 이 세상을 좀 더 살기 좋은 곳으로 만드는 데 도움이 되리라고 생각한다. 이 협상법은 성인과 어린아이, 근로자와 경영자, 아랍과 이스라엘 등을 막론하고 사람들 간에 이해의 폭을 넓혀줄 것이다. 이해관계와 창의적 옵션에 초점을 맞추면 더욱 만족할 수 있고 낭비를 최소화할 수 있다. 공정한 기준에 의거하여 양측의 이해관계를 동시에 충족시킬 방법을 찾으면, 지속될 합의를 끌어내고, 좋은 선례를 세우고, 오래도록 지속되는 인간관계를 만들어줄 것이다. 협상에서 문제해결식 접근방법이 개인이나 국가 간의 차이점을 다루는 데 하나의 규범이 된다면 갈등의 대가는 그만큼 적어질 것이다. 그리고 이러한 사회적 혜택 외에도 당신은 이 접근방법을 사용하면 개인적으로 만족스런 방법으로 사랑과 정의를 실현할 수 있음을 알게 될 것이다.

가 만나는 많은 협상자들은 자신이 협상에서 당연히 얻어야 할 것보다 적게 얻을까 봐, 혹은 응당 받아야 할 것을 당당히 주장함으로써 상대방과의 관계를 해칠까 봐 두려워한다. 이 책의 아이디어들은 상대방과 관계를 잘 유지하면서도 당신이 응당 받아야 할 것을 얻어내는 방법을 제시하기 위한 것이다.

때로는 당신이 공정하다고 판단하는 것 이상을 얻을 기회를 잡을 수도 있다. 그런 경우 그것을 받아야 하는가? 우리 생각으로는 신중하게 생각한 후에 받아야 된다고 본다. 그것은 당신 개인의 도덕적 정의에 따른 선택 이상의 중요한 문제다.(개인이 마음대로 도덕적 정의를 내릴 수 있는가 하는 문제도 신중히 생각해볼 문제지만, 그 분야에 관한 조언을 여기서 다룰 의향은 없다.) 만약 당신이 정당하다고 생각하는 것 이상을 얻을 기회가 주어진다면, 그 뜻밖의 횡재를 받아들일 때 얻을 수 있는 이익과 그에 반대되는 대가를 비교해보아야 한다.

그 차이가 당신에게 얼마만한 가치가 있을 것인가? 당신이 스스로 공정하다고 주장할 수 있는 최대치는 어느 정도인가, 그 기준치를 초과한 것이 당신에게 얼마나 중요한가? 거기에서 얻는 이익과 아래에 나열한 대가를 치르게 될 위험을 저울질해보고 나서 그것보다 나은 옵션이 있는지 생각해보라. 예를 들어 상대방이 제안한 거래 내용을 당신에게 바가지 씌우는 것이라고 생각하기보다 당신에게 호의를 베푸는 것이라고 생각할 수 있게 바꿀 수는 없는가?

이러한 잠재적 이득이 실제로 얼마나 확실한 것인지 확인해보는 것도 현명한 일이다. 뭔가를 간과하고 있지는 않은가, 상대방은 정말 눈

뜬장님인가? 많은 협상가들은 지나칠 정도로 자신만만하게 자신이 상대방보다 똑똑하다고 믿고 있다.

부당한 결과가 오래 갈 수 있는가? 상대방이 나중에 합의가 불공정하다고 생각한다면 그 시행을 내키지 않아 할 것이다. 합의를 강행하거나 대체하려면 얼마만한 대가를 치르게 될 것인가? 법정도 '불공정하다고' 여겨지는 합의를 강요하지는 않을 것이다.

당신은 협상에서 당신의 위치도 생각해보아야 한다. 만약 상대방이 지나치게 당신 쪽에만 유리한 합의라는 걸 알아채고 협상이 끝나기 전에 그것을 거부한다면 아무 소용이 없다. 그리고 상대방이 그것으로 인해 당신이란 사람이 상대방을 이용하는 믿을 수 없는 사람이라고 결론을 내린다면 그 손실이란 이번 합의에만 국한되지 않을 것이다.

부당한 결과가 상대방 및 다른 사람들과의 관계에 어떤 손실을 초래할 것인가? 당신이 같은 상대방과 다시 협상을 하게 될 수도 있는가, 만약 하게 된다면 그가 '앙갚음'하려 할 경우 어떤 위험을 겪을 것인가, 사람들 사이에서 당신의 명성, 특히나 공정한 거래에 대한 당신의 명성은 어찌될 것인가, 지금 당신이 얻은 이익이 사라지는 것 이상의 나쁜 영향을 받지는 않을 것인가?

공정한 거래에서 정평이 난 명성이란 매우 값진 자산이다. 그런 명성은 상대방이 당신을 전적으로 믿지 않는다면 불가능할 창의적 합의의 영역을 넓혀준다. 그런 명성은 쌓기보다 허물어지기가 더 쉽기 마련이다.

당신의 양심에 거리끼지는 않는가? 나중에 당신이 누군가를 부당하게 이용했다고 이 합의를 후회할 것 같지는 않은가? 한 가족이 일 년이 걸려 만든 아름다운 캐시미어 양탄자를 산 여행자를 생각해보자. 그는 영리하게도 독일 돈으로 값을 지불하겠다고 제안했다. 그가 지불한 것은 제2차 세계대전 이전 바이마르 시대의 인플레로 인해 아무 가치가 없는 지폐였다. 그는 집에 돌아와 그 이야기를 했을 때 친구들이 충격을 받는 것을 보고서야 비로소 자신이 그 가족에게 무슨 짓을 했는지 깨닫고 반성하기 시작했다. 그러자 그 아름다운 양탄자를 보기만 해도 토할 것만 같은 기분이 들었다. 이 여행자처럼 많은 사람들은 삶에서 돈이나 다른 사람들을 '속이는 것' 이상의 것에 더 관심을 쏟는다는 것을 잊어서는 안 된다.

사람을 다루는 문제에 관한 질문

질문 4 협상 상대 자체가 문제인 경우에는 어떻게 할 것인가?

'사람과 문제를 분리하라'는 권고를 사람 문제는 덮어버리라는 뜻으로 받아들이는 사람들도 있다. 이것은 단연코 우리가 뜻하는 바가 아니다. 사람 문제는 흔히 실질적 문제보다 더 많은 주의를 요한다. 인간에게 내재된 방어 또는 대응하고자 하는 성향은 합의안이 괜찮은데도 많은 협상에서 실패하는 원인 중의 하나다. 협상에서 사람의 문제—상대방을 어떻게 다룰 것인가—를 무시하는 것은 위험 부담이 큰 처사다. 사람 문제가 협상에서 하나의 우려사항이든 중요한 초점이든 간에 우리의 기본적 충고는 다음과 같다.

합의 여부에 관계없이 좋은 업무관계를 수립하라. 상대방과의 견해차가 심할수록 그 견해차를 잘 다루는 일이 중요하다. 우호적 업무관계는 서로의 견해차를 극복하는 데 도움이 된다. 우호적인 관계는 실질적 양보를 하거나 차이점이 없는 척 가장한다고 얻어지는 게 아니다. 경험을 통해 볼 때 상대방의 비위를 맞추는 것으로도 얻어지지 않는다. 지금 당장 공정하지 않은 양보를 한다고 해도 장래의 차이점을 극복하는 데는 별 도움이 되지 않는다. 당신은 다음번에는 상대방이 양보할 차례라고 생각하겠지만 상대방은 오히려 계속 고집을 부리는 것이 당신의 양보를 얻어낼 수 있는 적절한 방법이라고 생각하기 쉽다.(네빌 체임벌린이 독일의 슈데텐 정복에 동의하고 연이어 히틀러가 전 체코슬로바키아를 정복한 데 대해 군사적 대응을 하지 않은 것이 오히려 나치로 하여금 폴란드를 침략해도 전쟁은 없을 것이라고 믿게 했다.)

상대방과의 관계를 위협함으로써 실질적 양보를 강요하려 해서도 안 된다.("당신이 나를 정말 좋아한다면 양보할 거야." "내게 동의하지 않으면 우리 관계는 끝장입니다.") 관계를 위협해서 일시적 양보를 얻어내는 데 성공하든 않든 그것은 인간관계를 손상시킬 것이다. 그리고 앞으로 양측이 차이점을 다룰 때 더 큰 어려움을 겪게 만들 것이다.

실질적 문제는 인간관계와 절차의 문제로부터 분리할 필요가 있다. 가능성 있는 합의안의 내용은 당신이 그것을 어떤 식으로 말하는가 하는 문제와 당신이 상대방을 어떻게 다루는가 하는 문제와는 분리되어야 한다. 모든 문제는 그 문제의 이점에 근거해서 논의되어야 한다. 아래의 목록은 그 차이를 보여준다.

실질적 문제	인간관계에 관련된 문제
• 기한	• 감정과 이성의 균형
• 조건	• 의사소통의 용이함
• 가격	• 신뢰도와 책임감
• 날짜	• 수락(또는 거절)하는 태도
• 수량	• 설득(또는 강제)에 대한 상대적 강조
• 채무	• 상호 이해도

사람들은 흔히 실질적 결과를 좋은 쪽으로 추구하는 것과 좋은 관계를 추구하는 것은 맞바꿀 수 있다고 생각한다. 하지만 우리는 이에 찬성하지 않는다. 좋은 인간관계는 좋은 실질적 결과(양측 모두에게)를 쉽게 얻도록 해준다. 좋은 실질적 결과는 좋은 인간관계를 한층 더 좋게 만드는 경향이 있다.

때로 공정성만 따지면 반대해야 할 경우에도 합의할 만한 충분한 이유가 있을 수 있다. 예를 들어 장래 언젠가 상대방이 "당신에게 빚을 지고 있다."고 인식하고 당신의 호의에 보답할 것이라고 확신한다면, 당신은 어떤 문제 하나에 대해 양보하기로 마음먹을 수 있다.(그들 역시 당신의 호의적 행동을 주시하고 있다는 점을 알아야 한다.) 또 어떤 경우에는 모든 사정을 고려할 때 몇 가지 문제는 싸울 만한 가치가 없다는 것을 합리적으로 결정할 수도 있다. 여기서 우리가 주장하는 것은 상대방과의 관계를 호전시키기 위해서라면 양보해서는 안 된다는 점이다.

관계를 협상하라. 좋은 업무관계를 수립하고 실질적 차이들을 이점에 근거해서 협상하려고 당신이 애쓰는데도 여전히 사람 문제가 걸림 돌이 된다면 그것에 관해 협상하라—사람 문제의 이점에 근거해서 협상하라. 상대방의 행동에 당신의 우려를 표명하고, 실질적 차이를 논의하듯이 그 문제에 관해 논의하라. 상대방의 행위를 판단하거나 그 행동의 동기를 비난하지 말라. 그보다는 당신의 인식과 감정을 설명하고 그들의 인식과 감정을 알아보라. 서로를 어떻게 다루어야 할 것인지를 결정해줄 외적 기준이나 공정한 원칙을 제안하고, 압력을 가하는 전략에 굴복하지 말라. 과거가 아니라 앞으로의 일에 관해 논의하고, 당신이 겪은 모든 결과가 상대방이 의도한 것이 아닐 수도 있다는 가정과 상대방도 필요성만 느낀다면 협상 접근방법을 바꿀 것이라는 가정을 가지고 협상하도록 하라.

협상에서 항상 그렇듯이 당신의 배트나를 통해 생각할 필요가 있다. 상대방은 당신이 만족스런 해결책을 얻지 못할 경우 사용할 당신의 배트나가 자신들에게 매우 불리하다는 것을 알았을 때에야 비로소 당신의 우려를 양측 공동의 문제로 인식할 수도 있다.

당신이 상대방을 다루는 법과 그가 당신을 다루는 법을 분명히 알라. 비건설적 행동에 경쟁적으로 맞설 필요는 없다. 그렇게 맞서지 않는 것이 '그에게 교훈을 가르칠' 수도 있다, 비록 그것이 우리가 바라는 교훈은 아니지만. 대부분의 경우 상대방과 똑같은 방법으로 대응하는 것은 우리가 미워하는 행동을 조장할 뿐이다. 그런 대응으로 상대방은 모든 사람이 그런 식으로 행동한다고 느끼게 되고, 그 방법만이 자신을 보호할 수 있다고 생각하게 된다. 우리는 우리가 좋아하는 행동의 모범을 보이고, 그것을 권장하도록 행동해야 하며, 우리가 싫어하는 행동이 보상을 받지 못하도록 해야 한다.

외형적인 비합리성을 합리적으로 다루라. 세상의 많은—아마도 대부분의—행동이 그리 합리적이지 못하다. 2장에서 말했듯이 협상자들은 우선 사람이다. 우리는 자주 충동적으로 행동하고 깊이 생각하지 않고 반응하기도 한다. 화가 나거나 겁이 나거나 혹은 실망했을 때는 특히 더 그렇다. 상황에 관계없이 매우 비합리적인 사람들도 있다는 것을 우리 모두 알고 있다. 이런 행동에 어떻게 대처할 것인가?

첫째, 사람들이 비합리적으로 협상할지라도 당신 자신은 합리적으로 협상하려고 노력하는 것은 가치 있는 일임을 인식하라. 정신병원에 정신병 걸린 의사가 필요하겠는가? 마찬가지로 협상 상대방의 비합리성에 대처하는 일에서 당신은 가능한 한 목적에 부합하는 행동을 하는 것이 좋다.

둘째, 다른 사람들이 비합리적으로 행동하고 있다는 당신의 가정에 의문을 가지라. 아마도 그들은 단지 상황을 다르게 보는 것인지도 모른다. 대부분의 갈등에서 양측은 각각 상대방이 요구하는 것에 "No."라고 말하면서 합리적으로 대응하고 있을 뿐이라고 믿는다. 아마 그들에게는 잘 짜맞춘 당신의 첫 번째 입장이 도리에 어긋나는 것으로 들릴는지도 모른다. 혹은 그들이 사물의 가치를 다르게 평가할 수도 있다. 또는 의사소통이 제대로 되지 않은 것일 수도 있다.

우리가 객관적으로 판단할 때 '비합리적'이라고 생각되는 견해를 갖고 있는 사람들이 있을 수 있다. 예를 들어 비행기 타기를 두려워하는 사람들을 비합리적이라고 생각하는 것처럼 말이다. 그러나 내부적으로 보면 그들은 자신들이 보는 세상에 합리적으로 대응하고 있는 것이다. 어떤 이유에서 그들은 비행기가 추락할 것이라고 믿고 있는 것이다. 만약 그렇게 믿는다면 우리 역시 비행기를 타지 않을 것이다. 잘못된 것은 그들의 인식이지 그 인식에 대한 반응이 아니다. 그런 사람들에게 그들의 생각이 잘못되었다고 말하거나(아무리 많은 과학적 연구를 증거로 제시하더라도) 그들의 믿음 때문에 처벌한다 해도 그들의 생각을 바꾸기가 쉽지 않다. 반대로 만일 당신이 그들의 감정을 철저히 조사한다면 때로 그 감정을 변화시키는 데 영향을 줄 수도 있다. 그들과 함께 조사해보면 그들의 논리적 비약이나 사실에 대한 잘못된 인식 또는 이전에 받은 깊은 정신적 상처를 발견하게 되는데, 이런 것들은 일단 드러나기만 하면 그들 스스로 연구하고 수정할 수 있는 것들이다. 결론적으로, 상대방이 그의 이익을 보다 효과적으로 충족시킬 방법을 발견하도록 돕기 위해 당신은 그들의 입장 이면에 숨어 있는 심리적 이해관계를 찾아내야 한다.

질문5 테러범이나 히틀러 같은 사람들과도 협상을 해야 하는가, 협상을 하지 않는 것이 합당할 때는 어떤 경우인가?

상대방이 아무리 불쾌하다 해도 당신이 더 나은 배트나를 갖고 있지 않다면 당신이 직면한 문제는 협상을 하느냐 마느냐가 아니라 어떻게

하느냐다.

테러범과도 협상해야 하는가? 그렇다. 해야 한다. 실제로 당신이 그들의 결정에 영향을 주려 한다는 의미에서—그들 역시 당신의 결정에 영향을 미치려 한다—당신이 그들과 대화조차 하지 않을 때에도 그들과 협상하고 있는 셈이다. 문제는 그들과 떨어져서 행동과 말—"우리는 테러범과는 절대로 협상하지 않는다"—로 협상하느냐 아니면 좀 더 직접적으로 협상하느냐다. 일반적으로 의사소통이 잘 될수록 당신이 더 큰 영향력을 행사할 수 있다. 테러범들이 인질을 잡고 있든 폭력을 행사하겠다고 위협을 하든 간에 만약 인명의 안전문제가 해결될 수 있다면 그들과 대화하는 것이 옳을 것이다. 당신의 입장이 우세하다면 그들이 당신에게 행사하는 영향력보다는 당신이 그들에게 더 많은 영향력을 행사하게 될 가능성이 높다.(비열한 속임수를 쓰려고 하는 '협상' 테러범들을 다루는 데에도 똑같은 주장이 적용된다.)

협상은 항복을 의미하지 않는다. 몸값이나 협박에 따르는 대가는 엄청난 것일 수 있다. 납치에 대해 보상을 해주는 것은 더 많은 납치행위를 조장한다. 대화를 통해서 테러범들에게—장래의 테러범들에게도—그들이 몸값을 받지 못할 것이라는 사실을 확인시킬 수 있을 것이다. 그리고 테러범들이 가지고 있는 정당한 이해관계를 알아내 양측 모두 항복하지 않는 타협점을 만들어낼 수도 있을 것이다.

알제리인 중재자들의 도움으로 미국과 이란은 1981년 1월, 테헤란의 미국 대사관에 1년 이상 억류되어 있던 미국 외교관들의 석방 문제를 협상할 수 있었다. 그 문제해결의 기초가 된 사실은 '양측 모두 꼭 가져야 될 것만 갖는다'는 것이었다. 즉 인질은 석방될 것이고, 이란은 빚을 갚고, 액수가 합의되면 현재 미국이 차압하고 있는 해외 자산을 이란에 되돌려줄 것이며, 미국은 이란 정부를 인정하고 이란 내부의 일에 간섭하지 않을 것 등등이다. 이 인질 문제를 협상 없이 해결한다는 것이 불가능하지는 않더라도 무척 어려웠을 것이다. 미국 대사관을 장악한 불법성에도 불구하고 마침내 1980년 가을에 시작된 협상에서 양측 모두 이득을 얻었다.

테러범들과 대화를 하는 것은 그들에게 자격을 부여해주고, 그들의 비합법적 행동에 보상을 주는 것이기 때문에 정부 관료는 정치적 테러범들과 대화해서는 안 된다고 말하는 사람들도 있다. 정부 고위관료가 테러범들과 협상을 하는 것은 그 협상에서 얻을 수 있는 이득을 훨씬 능가할 정도로 테러범들의 중요성을 높여줄 위험이 있는 게 사실이다. 그러나 전문가들과의 접촉은 사정이 매우 다를 수 있다. 시 경찰의 협상 전문가들은 인질을 잡고 있는 범인과 직접 대화하면 대개의 경우 인질을 석방시키고 인질범을 구속할 수 있다는 것을 알고 있다.

1988년 쿠웨이트항공 422기가 공중 납치되어 있는 동안 납치범들과의 광범위한 협상은 시간이 지날수록 점점 작은 문제들에 치중하게 되었다. 쿠웨이트 정부는 사건 초기에, 테러행위로 유죄판결을 받고 쿠웨이트의 감옥에 수감되어 있는 납치범들의 동료들을 석방하지 않을 것이며, 기본 원칙에서 물러서지 않을 것이라고 단호하게 말했다. 그러나 사이프러스와 알제리 지역 당국들은 납치된 비행기의 착륙 허가, 연료 보급, 테러범들의 뉴스 매체와의 접촉, 식량 지급 등과 같은 문제로 끊임없이 협상을 벌였다. 이런 협상을 통해 지역 당국은 성공적으로 더 많은 인질을 석방시켰다. 동시에 그들은 이슬람교도로서 이슬람의 이상인 자비와 납치행위를 금지한 예언자 마호메트의 가르침에 호소했고 결국 모든 인질이 풀려났다. 납치범들 역시 알제리를 떠나는 것이 허용되었다. 그러나 그토록 오래 끌었는데도 그들이 공언한 목적을 하나도 달성하지 못한 테러범들의 실패는 의심할 여지없이 이후 테러범의 비행기 납치 사건이 감소하는 데 기여했다.

히틀러 같은 사람과도 협상해야 하는가? 이것은 협상의 대안이 어떤 것인지에 달려 있다. 당신의 이해관계 가운데 어떤 것은 싸울 가치가 있고 심지어 죽을 가치가 있는 것일 수도 있다. 지구상에서 파시즘을 제거하는 것, 영토 침범에 맞서는 것, 인종학살을 막는 것 등이 그런 범주에 속한다. 이런 중요한 이해관계가 걸려 있다면, 그리고 희생이 적은 수단으로는 충족될 수 없다면 당신은 싸울 준비를 해야 한다. 그리고 어떤 이들은 말할 것이다, 심지어 그 싸움이 이해관계를 지키는 데 도움이 되지 않을 경우에도 싸워야 한다고.

반면에 전쟁은 곧잘 낭만적으로 묘사되지만 실은 험악한 것이다. 비폭력적 수단을 통해 당신의 이해관계의 상당 부분을 성취할 수 있다면 이 방법의 선택을 신중히 고려해야 한다. 유엔의 쿠웨이트 해방과 같이 일방적인 승리로 끝나는 전쟁은 드물다. 걸프전에서조차도 협상을 통해 이라크군의 철수에 합의했더라면 쿠웨이트 유전의 방화와 페르시아만의 환경오염, 그리고 전쟁으로 인한 인간의 막대한 고통을 피할 수 있었을 것이다.

가장 중요한 것은 전쟁이 다른 수단에 의해 얻을 수 있는 것보다 더 좋은 결과를 보장하지 않는다는 점이다. 소련의 서기장이었던 조셉 스탈린은 많은 면에서 히틀러처럼 세계로부터 반대를 받았다. 그는 여러 영토를 침략했고, 학살을 자행했으며, 히틀러의 국가 사회주의와 상당히 비슷한 국가 중심 이념을 발전시켰다. 그러나 수소폭탄의 시대에 연합국이 제2차 세계대전 당시 독일을 공격했던 것처럼 소련을 정복하는 것은 더 이상 실행 가능한 옵션이 아니었다. 이상적인 원칙을 방어한다는 명분이 인류의 전멸을 정당화할 수는 없었다. 그 대신에 서방은 소비에트 공산주의에 대해 도덕적으로 반대하면서 소련이 스스로 무너질 때까지 참을성을 갖고 확고부동하게 기다렸다.

모든 사정을 고려할 때 우리의 배트나보다 우리의 이해관계를 더 잘 충족시키는 결과가 보장된다면, 히틀러나 스탈린 같은 사람들과도 우리는 협상을 고려해야 한다.[6] 전쟁이 발발하면 많은 경우 그것은 실제적으로 협상에 다가서는 조치다. 폭력은 상대방이 우리의 평화조약에 더 쉽게 동의할 수 있도록 상대방의 배트나 혹은 배트나로 인식하고 있는 것을 변경시키는 데 그 의도가 있다. 그런 경우 상대방에게 설득력을 갖도록 우리의 제안을 정교하게 다듬어 전달하는 것을 소홀히 하지 않도록 협상기간 중에 숙고하는 것이 절대적으로 필요하다.

종교적 신념에 의해 행동하는 사람들과도 협상해야 하는가? 그렇다. 종교적 신념이 협상에 의해 바뀌기는 어려울지라도, 그들의 행동은 비

---

6   현대와 과거의 다양한 사례에 나타나는, 불쾌한 상대와의 협상을 할 것인지, 언제 협상할 것인지 등에 대해 더 깊이 알고자 한다면 Robert Mnookin의 'Bargaining with the Devil: When to Negotiate, When to Fight'(Simon & Schuster, 2010)를 보라.

록 그것이 종교적 신념에 근거한 것일지라도 협상으로 영향을 받을 수 있다. 쿠웨이트 항공기 납치사건의 경우가 바로 그 예다. 다시 반복하지만, 핵심 요점은 협상이 당신에게 원칙 양보를 요구하는 것은 아니라는 사실이다. 오히려 양측의 원칙에 확실히 일치하는 해결방법을 찾음으로써 성공하는 사례가 많다.

많은 상황이 단지 '종교적' 갈등으로 보일 뿐이다. 북아일랜드에서 벌어지는 개신교와 가톨릭의 갈등은 레바논에서의 기독교와 이슬람교의 갈등처럼 종교로 인한 것이 아니다. 이 두 경우에 종교는 두 집단을 구분하기에 편리한 분리선으로 작용한다. 이러한 분리는 사람들이 살고 있는 곳과 그들이 일하는 곳, 그들의 친구가 누구인가 하는 것과 그들이 누구에게 투표하는가를 구분하는 데 이용될 때 더욱 강화된다. 그러한 집단들 간의 협상은 매우 바람직하다. 왜냐하면 상호 이익에 도움이 되는 실용적 화해에 도달할 수 있게 해주기 때문이다.

협상을 안 하는 것이 좋을 때는 언제인가? 협상을 하는 것이 좋은가 아닌가의 문제와 그 협상에 얼마나 많은 노력을 투입할 것인가는 당신의 배트나가 얼마나 훌륭한가와 협상이 더 좋은 결과를 가져올 확률이 어느 정도인가에 달려 있다. 당신의 배트나가 만족스럽고 협상의 장래성이 희박해보일 때, 협상에 많은 시간을 투자할 이유가 없을 것이다. 반면 당신의 배트나가 형편없는 경우에는―협상의 장래가 불투명해보일 때조차도―보다 만족스러운 결과가 나올 수 있는지를 시험하기 위해 더 많은 시간을 협상에 투자해야 한다.

위와 같은 분석을 위해서 당신은 당신과 상대방의 배트나를 신중히 검토해야 한다. 당신은 파산한 전력회사와 협상하고 있던 은행이 저지른 실수를 범해서는 안 된다. 법적으로 그 은행은 그 회사 전체의 소유권을 양도받을 권리가 있었지만 소송에서 판사는 양측이 타협을 보도록 권유했다. 은행측은 전력회사 주식의 51%를 갖는 대신 대출금 이자를 낮춰주겠다고 제안했지만 전력회사측―경영자가 소유한―은 고집불통이었다. 당황한 은행은 몇 달 동안 회사가 협상에 관심을 가지도록 노력했지만 그 회사는 끝까지 거절했다―그 회사는 그들의 배트나가 원유 가격이 오르기를 기다리는 것뿐이라고 생각했던 것이다. 그때가 되면 그들은 대출금을 갚을 수 있을 것이고 여전히 회사를 100% 소유하게 될 것이었다. 은행은 그들 자신의 배트나나 그 회사의 배트나를 둘 다 명백히 알지 못했던 것이다. 은행은 그 상황이 얼마나 불공평하고 충분히 호소할 만한지를 설명하면서 회사가 아니라 판사와 협상을 벌였어야 했다.(사실, 은행측이 정확히 판단하고 판사의 도움을 받았다면―사건을 심리하지 않아도 되는 판사의 이해관계에 호소하면서―그 회사는 24시간 안에 타협을 했을 것이다.) 그러나 은행측은 그 회사와 협상하는 것만이 유일한 선택이라고 생각했던 것이다.

정부는 그들이 지금 갖고 있는 것보다 더 나은 배트나를 가지고 있다고 생각하는 실수를 자주 범한다. 예를 들면, 정부가 정치적, 경제적 수단으로 주어진 상황을 해결하는 데 실패한다면 그때는 항상 군사적 옵션이 있다고 암시할 때가 바로 그런 경우다. 그러나 항상 실천 가능한 군사적 옵션이 존재하는 것은 아니다.(대부분의 인질극을 생각해보라. 그런 상황에서 인질들의 무사귀환을 현실적으로 보장해줄 군사적 대안이란 없다. 이스라엘군의 우간다 엔테베공항―이스라엘 기술자들이 설계해서 건설된 공항―급습과 같은 성공적 구출은 예외적인 것이고, 테러범들이 새로운 전략을 택하게 되면 그 전략이 성공할 때마다 더욱 어려워진다.) 어떤 상황에 대해 자조적自助的 옵션을 가지고 있는가 하는 것은 다음 문제들에 달려 있다. 즉 우리 자신의 노력만으로 목적을 달성할 수 있는가 아니면 상대편의 누군가가 결정을 내려야만 하는가? 후자라면 그때는 누구의 결정 의지에 영향을 주어야 하며, 우리는 어떤 결정을 원하는가? 또 만약 가능하다면 군사력은 어떻게 그 결정에 영향을 미칠 수 있는가?

단순히 협상보다 더 나은 배트나가 '있다', '없다'를 가정하지 말고 배트나를 면밀히 검토하라. 그리고 나서 협상을 하는 것이 좋은지 아닌지를 결정하라.

질문 6 성격, 성, 문화 등의 차이를 고려하기 위해서는 나의 협상 접근법을 어떻게 조정해야 하는가?

어떤 점에 있어서는 어디에 살든 사람들은 서로 비슷하다. 모든 사람이 사랑받기를 원하고, 다른 사람들의 존경과 우리 자신의 존중에 관심을 가지며, 이용당하는 것을 싫어한다. 반대로 다른 면에서 보면 심지어 비슷한 배경을 가진 사람들마저도 매우 다르다. 어떤 이들은 사교적이고, 어떤 이들은 낯을 가린다. 어떤 이들은 말뿐이고 논리를 따지는 데 반해 어떤 이들은 활동적이고 감정적이다. 어떤 이들은 무뚝뚝하고 어떤 이들은 솔직하지 못하고 눈치가 빠르다. 또 어떤 이들은 갈등을 즐기고 어떤 이들은 그것을 피하기 위해 거의 무엇이든 감수한다. 협상자로서 사람들은 각기 서로 다른 이해관계와 의사전달 스타일을 갖는다. 그들에게 설득력을 갖는 물건들도 각기 다를 것이며, 의사결정방법도 다를 것이다. 서로 다른 사람들과의 협상에서 어떻게 이런 유사성과 상이성을 조화시켜야 할 것인가? 여기에 그에 대한 몇 가지 지침을 소개한다.

상대방과 보조를 맞추라. 어떤 협상에서든 협상 상대방의 가치기준, 인식, 관심사, 행동규범, 기분 등에 민감한 것은 매우 바람직한 일이다. 이런 특성들에 따라 당신의 행동을 택하라. 협상중에 당신이 영향을 미치려 하는 사람은 바로 그 협상 상대방이다. 그의 사고방식과 보조를 잘 맞출수록 합의를 얻어내는 것이 더 쉬워진다. 협상에서 영향을 주는 것 중에 흔히 발견되는 차이점들은 아래와 같다.

보조　빠르게 또는 느리게?

형식　크게 따지나 혹은 무시하나?

대화 중 신체적 근접성　가까이 또는 멀리?

구두 합의 또는 서면 합의　어느 형식이 더 구속력 있고 포괄적인가?

의사전달 스타일　간접적 또는 직접적?

기간　장기간 또는 단기간

관계의 범위　업무관계만 또는 총괄적 관계로?

사업 장소　사적 또는 공적?

협상자　나와 비슷한 지위인가, 이 일에 가장 유능한 사람인가?

이 책의 일반적 충고를 특수한 상황에 맞게 적용하라. 이 책은 일반적 조언을 담고 있다. 이 충고들은 모든 사람과 모든 상황에 똑같이 적용되지는 않는다. 그러나 그 기본적 명제는 일반적으로 적용될 수 있다. 특별한 사유가 없으면 위의 기본적 명제를 중심으로 각 협상에 대한 특수한 접근방법을 준비하도록 하라. 이 같은 일반적 원칙을 실행하는 최선의 방법은 그 특수한 상황의 내용에 따라 달라진다. 특수한 상황에 적합한 접근방법을 준비할 때는 당신이 어디에서 누구와 협상하고 있는지, 그 업계의 관행은 어떠한지, 그 협상자와의 과거 경험은 어떠한지 등을 고려해야 한다.

신념과 관습의 차이에 주목하라. 그러나 개인을 정형화하지는 말라. 각 집단과 지역은 서로 다른 관습과 신념을 가지고 있다. 그것들을 배우고 존중해야 하지만 개인에 대한 가정은 피하라.

태도나 이해관계 등 개인의 특성은 그들이 속한 집단과 전혀 다른 경우가 많다. 예를 들어 '평균적' 일본인들은 간접적 의사전달과 협상 방법을 선호하는 경향이 있으나, 일본인 개개인은 협상스타일의 전 범위에 걸쳐 각기 다른 방법을 사용한다. 장관직을 오래 수행한 일본의 어느 유명한 장관은 그의 뻣뻣한 미국식 협상스타일—많은 미국인들의 전형적 스타일은 아니지만—로 유명하다. 어떤 연구에 의하면 여성이 남성에 비해 덜 구조적이며 더 개방적인 방법으로 정보를 수집하는 경향이 있으며, 인간관계에 더 민감하고, 비교적 규칙과 개인의 권리보다는 타인에 대한 관심과 책임에 근거한 도덕성에 따라 행동한다고한다. 그러나 같은 통계 자료는 또한 각기 다르게 행동하는 수많은 남녀 개인들이 있다는 것을 보여준다.[7] 개인이 속한 집단의 특성을 근거로 개인에 대해 가정하는 것은 그 개인을 모욕하는 것이며 또 실제로 위험한 일이다. 그것은 개인의 개성을 부인하는 것이 된다. 우리는 우리가 속한 집단에 의해 우리의 믿음과 습관이 결정된다고 생각하지 않는다. 따라서 다른 사람들은 그럴 것이라고 생각하는 것은 그들을 모욕하는 것이다. 우리는 각자 환경, 성장과정, 문화, 집단의 정체성 등에 의해 영향을 받지만 개인적으로 어떤 영향을 받는다고 예측하기란 전혀 불가능하다.

당신의 가정에 의문을 품으라. 그리고 상대방의 말을 경청하라. 당신이 다른 사람에 대해 어떤 가정을 하든―그 삶이 당신과 비슷하리라 가정하든 전혀 다를 것이라 가정하든―그 가정에 의문을 품으라. 사람들은 당신이 기대했던 것과는 판이하게 다를 수 있다는 사실을 받아들이라. 문화 간의 광범위한 상이성으로 인해 사람들에게서 여러 가지 차이점을 발견할 수 있을 것이다. 그러나 우리 모두 어떤 표준규격에도 맞출 수 없는 특별한 관심과 자질을 갖고 있다는 것을 기억하라.

---

7   Carol Gilligan의 'In a Different Voice'(Harvard University Press, 1982)를 보라.

전략에 관한 질문

질문 7 어디서 만날 것인가, 어떤 방식으로 소통할 것인 가, 누가 먼저 제안을 해야 하는가, 얼마나 높은 가격에서 시작해야 하는가? 이런 문제들은 어떻 게 결정할 것인가?

어떤 약을 먹어야 하고 어떤 음식을 피해야 할지 묻는 질문에 대답하기 전에 의사는 그 환자의 증상과 그 병의 원인을 진단해야 할 것이다. 그런 다음에야 의사는 건강을 회복시키기 위한 일반 전략을 세울수 있다. 협상 전문가에게도 이 점은 똑같이 적용된다. 만병통치약이란 없다. 훌륭한 전략적 충고를 하기 전에 우선 특별한 상황에 대해 알아야 한다. 그것은 네 가지 특별한 예로 설명될 수 있다.

어디서 만날 것인가? 양측이 지금 무엇을 염려하고 있는가? 만약 양측이 매우 바쁘고 협상 도중 계속 방해받는 일이 생긴다면 외부와의 격리가 가장 중요한 고려사항이 될 것이다. 만약 상대방이 비밀이 보장되지 않는다고 느끼거나 참모의 지원을 필요로 한다면 그들의 사무실에서 만나는 것이 편할 것이다. 언제고 자유롭게 협상 장소에서 떠날 수 있기를 원한다면 당신도 상대방 사무실에서 만나길 원할 수 있다. 협상중에 당신이 참고하고 싶은 차트와 서류, 기술 전문가들이 있는가? 만약 당신이 플립차트, 화이트보드, 슬라이드를 자유롭게 쓰길 원한다면 당신은 그것이 갖춰진 회의실에서 만나길 원할 것이다.

어떤 방식으로 소통할 것인가? 오늘날 많은 협상이 전화, 이메일, 문서 등으로 이루어지며, 이때 상호작용은 실제로 만나서 하는 것과 매우 다를 수 있다. 짧게 축약된 문서 형식은 의도하지 않은 오해를 불러일으킬 가능성이 크다. 문서와 이메일을 이용할 때 음성과 시각적 신호가 배제되어 소통에서의 감정적 저의를 파악하는 데 많은 어려움이 있으며, 그로 인해 가장 나쁜 상황을 생각하게 되는 경향으로 흐르게 된다. 더구나 협상 상대가 눈앞에 없으면, 상대방에게 공감하고 인간적 유대감을 증대시키는 '거울 뉴런'mirror neurons의 영향을 감소시키거나 제거한다.

한 연구는 이런 소통방식의 차이로 인한 잠재적 영향을 시사한다. 어떤 물건의 가치를 판매자만이 아는 협상의 경우, 소통방식에 따라 그 결과는 매우 다양했다. 서로 대면한 협상에서는 소수의 판매자만이 거짓말을 하고 이득을 취했다. 서면으로 진행할 때에는 판매자의 3분의 1이, 전화상의 협상에서는 반수 이상이 그렇게 했다. 반면 구매자들은 서면 협상에서 적절히 경계했으나, 대면과 전화상의 거래 중 구매자들은 많은 손해를 보는 전화상의 협상에서 상대방을 신뢰했다. 대면 협상에서 거의 60%가 상호 이득이 있는 결과를 보았고, 반면 서면 협상에서 22%만이, 전화상의 협상에서 38%만이 좋은 결과를 보았다. 그리고 서면상의 대화에서는 반수 이상이 곤경에 처했고, 대면하는 경우는 19%, 전화상의 대화에서는 14%가 그렇게 되었다.[8]

소통방식의 차이가 전략에서 시사하는 바는 무엇인가? 첫째, 감정이나 인간관계의 문제가 개입된 어려운 대화에서는 대면하는 방식이 최선이고, 어떻게 하더라도 이메일이나 문서는 절대로 피해야 한다. 만일 전화통화가 유일한 옵션이라면 화상통화를 고려하라.

당신이 전화를 이용한다면, 특히 이메일이나 문서로 소통하고 있다면 실질적 문제로 들어가기 전에 개인적 관계를 만드는 노력을 하라. 개인적인 것을 알거나 공유하거나, 공통의 관련성을 발견하기 위해 서두에 이러저런 이야기를 나누는 약간의 노력을 기울이는 것은 협력을 강화하고 합의 기회를 늘려준다. 이메일이나 문서를 이용할 때 그것을 보내기 전에 메시지를 다시 한 번 읽고, 문맥과 논리가 분명하도록 추가적 노력을 하라. 애매모호한 것이 있는지 살피고, 상대방이 당신 의도와 다르게 이해할 부분은 없는지 상대방 입장에서 생각해보라. 만일

---

8   K.L. Valley, J. Moag, M.H. Bazerman의 "'A Matter of Trust': Effects of Communication on the Efficiency and Distribution of Outcomes," 34 Journal of Economic Behavior and Organization 211(1998). 협상의 소통방식에 관한 연구는 J. Nadler와 D. Shestowsky의 'Negotiation, Information Technology, and the Problem of the Faceless Other,' in Leigh L. Thompson, editor, Negotiation Theory and Research(Psychology Press,2006)를 보라.

당신의 메시지가 좋지 않거나 예기치 못한 반응을 일으킬 소지가 있어 보이면 계속 진행하기 전에 당신의 소통방식을 바꾸는 것도 고려하라. 대화의 장으로 나가거나 전화를 이용하라.

많은 양의 내용을 이메일로 처리하더라도, 첫 미팅은 대면하는 방식으로 하거나 전화를 하라. 그리고 인간관계를 형성하거나 일정 수준을 유지하기 위해 그 방법을 정기적으로 계속하라. 그것은 어려움이 예견되는 합의 과정에 도움이 될 수 있다. 예를 들면, 당신은 대면하거나 전화로, 잠정적 관심사를 조기에 언급하기 위해 그리고 두려움, 환상 또는 추측을 배제하기 위해 상대방과 서로 약속하기를 원할 수도 있다.

물론 전화, 이메일, 문서를 사용하는 것이 유용한 경우가 있다. 사람들은 전화상으로는 좀 깐깐한 태도를 취하거나 다소 곤란한 질문을 하는 것이 수월하다고 한다. 연구에 따르면 다른 개인적인 정보가 없는 경우, 사람들은 내용에 더 집중한다고 한다. 그리고 격렬한 논쟁은 이메일로 하는 것이 대면하는 것보다 더 효과가 있다고 한다. 이메일은 답변을 하기 전에 숙고하고 조사할 시간을 가질 수 있으며, 어리석은 결정을 내릴 수도 있는 압박감을 피하게 해준다. (반면 문서 형식은 빠르게 진행되는 편이어서 '사기꾼'에게 부당한 이로움을 줄 수 있다.)

다른 것과 마찬가지로, 소통방식도 이러한 사항들을 고려하면서 세심한 대비를 하고 선택해야 한다.

누가 먼저 제안을 할 것인가? 제안을 하는 것이 협상테이블에서 수치를 제시할 수 있는 최선의 길이라고 생각하는 것은 잘못이다. 제안을 하기 전에 당신은 이해관계, 옵션, 기준 등을 조사해봐야 할 것이다. 너무 빨리 제안하면 상대방에게 쫓기는 기분을 느끼게 할 위험이 있다. 반대로 일단 양측이 협상중인 문제를 이해하고 나면 이해관계와 기준을 조정하기 위해 제출한 제안은 협상을 진일보시키는 건설적인 것으로 받아들여질 수 있다.(기초작업이 없이는 사회심리학자들이 말하는 '반사적 평가절하'—당신이 제안하는 것은 나한테 좋지 않을 게 분명하다.—의 결과로 심지어 관대한 제안조차 의심스럽게 보일 수 있다.)[9]

당신이 제안을 하든 안 하든 당신은 협상 논의를 당신에게 유리한 접근방법이나 기준 쪽으로 못 박고 싶을지도 모른다. 반면에 당신이 준비가 덜 되었거나 합리적인 아이디어를 가지고 있지 않다면 당신은 어떤 구상이나 제안을 내놓기 꺼릴 것이고, 아마도 상대방이 먼저 관대한 제안을 하기 바랄 것이다. 그러나 당신은 신중해야 한다. 어떤 항목의 가치를 상대방의 첫 번째 제안이나 수치로 측정하는 것은 매우 위험하다. 당신이 그 항목의 가치에 대해 아는 것이 거의 없다면 협상을 시작하기 전에 조사를 더 해야 할 것이다.

협상에서 양측이 가격에 대해 조사를 많이 할수록 누가 먼저 제안을 하는가의 문제는 별 의미가 없다. 누가 먼저 제안을 할 것인가에 대한 규칙을 배우기보다는 가격을 측정할 외부적 척도에 대한 준비를 잘할 수 있는 법을 배우는 것이 낫다.

얼마나 높은 가격에서 시작해야 하는가? 많은 사람들은 상대방이 얼

---

9 Jared R. Curhan, Margaret A. Neale, Lee Ross의 'Dynamic Valuation Preference Changes in the Context of Face-to-Face Negotiations', 40 Journal of Experimental Social Psychology 142(2004)를 보라.

마나 많이 양보했는가 하는 사실로 협상의 성공을 평가하는 경향이 있다. 상대방의 첫 번째 제안 가격이 '스티커 가격'(자동차 창문에 붙어 있는 가격표로, 흥정할 때 쓰이는 시초 가격)이나 '소매가격'같이 전적으로 임의의 가격일 때에도 그 가격을 깎아서 사면 싸게 샀다고 만족한다. 시장조사를 하지 않고, 최선의 대안이 어느 정도 가격인지 모르기 때문에 단지 첫 번째 요구 가격보다 싸게 샀다는 점에서 만족을 얻는다.

이런 상황에서 당신이 판매자라면 당연히 쉽게 정당화할 수 있는 가장 높은 가격에서 시작할 것이다. 또 다른 방법은 중립적인 제삼자에게 공정한 가격이라고 설득할 수 있는 가장 높은 가격에서 시작하는 것이다. 그처럼 높은 가격을 제시할 때에는 우선 근거를 설명하고 수치를 제시해야 한다.(마음에 들지 않는 가격을 먼저 듣게 되면 상대방은 가격의 근거는 들으려 하지 않을 것이다.)

그런 맨 처음 가격을 강경한 입장처럼 내놓을 필요는 없다. 사실 가격을 강경하게 고집할수록 그것을 깎아줄 때마다 당신의 신용은 더 큰 타격을 받게 될 것이다. 따라서 다음과 같이 말하는 것이 더 안전하고 효과적이다. "글쎄요, 우선 비슷한 일에 대해 다른 사람들이 얼마를 지불하는지 고려해야 할 것 같군요. 예를 들자면 뉴욕에서는 시간당 58달러를 지불합니다. 그걸 어떻게 생각하세요?" 여기서 당신은 그것에 전혀 얽매이지 않고서 하나의 기준과 가격을 제시한 것이다.

전략은 준비 정도에 달려 있다. 전략에는 고려해볼 만한 두 가지 일반원칙이 있다. 첫째, 거의 모든 경우에 전략은 준비와 함수관계에 있다. 준비가 잘 되었다면 전략은 저절로 떠오를 것이다. 당신이 협상의 적절한 기준에 정통하고 있다면 논의할 기준이 무엇인지, 상대방이 어떤 기준으로 제시할 수 있는지가 명백해질 것이다. 또 당신의 이해관계를 철저히 고려했다면 어떤 것을 먼저 제기하고 어떤 것을 나중에 해야 하는지, 또 아예 제기해선 안 되는지가 분명해질 것이다. 당신의 배트나가 사전에 준비된 경우에는 협상을 포기해야 할 때가 언제인지도 알 것이다.

둘째, 전략이 아무리 좋아도 준비 부족을 메워주지는 못한다. 상대방의 양말을 훔칠 단계적 전략을 세웠는데 그가 맨발에 샌들을 신고 나온다면 당신은 낭패를 볼 것이다. 당신의 전략은 처음에 인간관계 문제를 토론하려는 것인데 상대방은 배트나에 대해 이야기하길 원할지도 모른다. 당신은 상대방의 전략이 어떤 것인지 확실히 알 수 없기 때문에 숲을 통과하는 특정한 길을 택할 계획보다는 숲의 지형에 대해 알아두는 것이 훨씬 현명하다.

질문 8 옵션을 창출하고 합의를 보기까지 구체적으로 어떻게 진행해야 하는가?

우리는 협상에서 현명하고 상호 만족스러운 옵션을 개발하는 방법과, 다양한 사람의 문제를 피하거나 극복하는 방법에 대해 많은 조언을 했다. 그러나 어떻게 문제를 종결지을 것인가 하는 문제가 남아 있다. 이 문제에 대한 최선의 해답이 정해져 있다고 믿지는 않지만 고려해볼 만한 몇 가지 일반 원칙을 여기에 제시한다.

협상 초기부터 협상의 종결을 생각하라. 협상을 시작하기 전부터 성공적 합의란 어떤 것이어야 하는지를 구상하는 것이 좋다. 그것은 협상에서 어떤 문제가 다루어질 것이고, 그 문제해결에 무엇이 필요한지를 모색하는 데 도움이 될 것이다. 합의안의 시행이 어떻게 될 것인지도 미리 상상해보라. 어떤 문제들이 해결되어야 하는가? 그러고 나서 끝을 생각하며 일하라. 상대방이 그의 위임자들에게 합의안을 어떻게 잘 설명하고 정당화시킬 수 있을지를 자문해보라.("우리는 온타리오의 전기 노동자 중 상위 10% 내에 들 것입니다." "우리는 세 명의 감정가 중 두 명이 제시한 가격보다 적게 지불하고 있습니다.") 당신도 상대방처럼 해야 한다면 어떻게 해야 할지 생각해보라. 그러고는 어떤 종류의 합의라면 당신과 상대방이 자신들의 위임자들에게 그렇게 말할 수 있을지에 대해서도 궁리해보라. 마지막으로, 상대방—그리고 당신—이 협상을 계속하기보다는 제안된 합의안을 받아들이도록 설득하기 위해 필요한 것이 무엇인지에 대해 생각해보라.

협상 진행중에 이런 질문을 계속하면서 이용 가능한 정보가 늘어남에 따라 당신의 상상도를 다시 그리고 빈 칸을 채워 넣으라. 이런 식으로 목표에 초점을 맞추는 것은 협상을 생산적인 궤도에 머물도록 하는 데 도움이 될 것이다.

합의안의 양식을 더듬어보라. 서면 합의를 만들어내는 협상에서 준비의 일환으로 합의안이 어떻게 보일 것인지 그 윤곽을 그려보는 것은 좋은 전략이다. 그런 합의안 양식은 계약서 형태의 서류지만 앞으로 협상으로 해결될 항목들을 써넣을 여백이 있는 것이다. 예를 들어 부동산 중개인에게서 얻을 수 있는 표준 매매 양식은 상세한 합의안 양식의 한 예다. 어떤 경우에는 표제 목록 정도의 양식이 적당할 것이다. 합의안의 양식을 만드는 것은 협상에서 중요한 문제를 빠뜨리지 않도록 도와줄 것이다. 그런 합의안은 협상의 시발점과 일정표의 기능을 할 것이며, 시간을 효율적으로 사용하도록 도와줄 것이다.

협상 시작 전에 합의안의 양식을 만들었든 아니든 협상이 진행됨에 따라 합의 가능한 항목들에 대한 초안을 잡는 것이 유용하다. 그런 초안에 근거해서 일하는 것은 논의의 초점을 유지하는 데 도움이 되고, 그것이 없다면 빠뜨릴 수도 있는 중요한 문제들이 표면화되도록 해줄 것이다. 협상이 진행됨에 따라 이같이 초안을 잡는 것은 논의의 내용을 기록할 수 있고, 나중에 있을 수 있는 오해의 소지를 줄여준다. 합의서의 양식을 가지고 협상하는 경우에는 각 항목을 논의하면서 그 양식의 빈 칸을 채우는 것이 초안을 잡는 셈이 될 것이며, 아직 합의에 도달하지 못한 경우에는 예비적 대안의 초안을 잡는 셈이 될 것이다.

점진적으로 합의를 향해 나아가라. 협상이 진행되고 각 문제에 대한 옵션과 기준을 토의할 때는 가능한 한 양측의 이해관계를 만족시켜줄 수 있는 동시에 합의된 모든 요점을 반영할 수 있는 합의안을 찾아야 한다. 만약 어떤 옵션에도 합의하지 못할 경우에는 최소한 고려중인 여러 옵션의 범위를 좁히도록 노력한 다음 다른 문제로 넘어가야 한다. 왜냐하면 더 좋은 옵션이나 타협의 가능성이 나중에 나타날 수 있기 때문이다.("좋습니다. 그러면 6만 8천 달러나 7만 달러 정도가 봉급으로 적당할 것 같습니다. 언제부터 시작하시겠습니까?")

브레인스토밍을 장려하기 위해서는 모든 결정이 임시적이라는 점을 분명하게 합의하는 것이 좋다. 그렇게 하면 논의된 모든 옵션을 결정적인 것으로 받아들일지도 모른다는 걱정을 피할 수 있고, 동시에 논의중에 협상이 진전되고 있다는 느낌을 갖게 해줄 것이다. 임시로 결정된 사항들도 중요하기 때문에 이유 없이 변경해서는 안 된다. 그러나 최종 합의안을 보기 전까지는 당신은 무엇에도 얽매이지 않는다는 것을 분명히 해야 한다. 예를 들어 합의안 양식의 제일 위쪽에 이렇게 쓸 수 있다. '임시 초안-결정사항 아님.'

합의를 향해 나아가는 과정은 곧게 뻗은 길이 아닌 경우가 많다. 특정 문제와 총체적 합의안 내용을 번갈아 보면서 문제의 목록을 몇 번씩 훑어볼 준비가 되어 있어야 한다. 어려운 문제들은 점진적 진전 여부에 따라 자주 되짚어 보거나 마지막까지 제쳐두게 될 것이다. 그렇게 하는 동안 상대방에게 요구를 추가하거나 자기 입장에 얽매여서는 안 된다. 반대로 옵션을 제안하고 그에 대한 비판을 요구하라.("이 초안을 중심으로 합의하는 것이 어떻겠습니까? 내가 이 초안을 우리측에 납득시킬지 확신할 수 없지만 이것이면 가능할 것도 같습니다. 당신도 이 비슷한 제안이면 되겠습니까? 안 된다면 여기에 뭔가 잘못된 것이 있습니까?")

이해관계를 추구하는 데 지속적이어야 하지만, 특정한 해결책을 추구할 때는 너무 고집을 부리지 않도록 하라. 입장을 고집하지 않고서도 단호할 수 있는 한 가지 방법은 당신의 이해관계와 그것을 충족시킬 방법을 분리하는 것이다. 당신의 어떤 제안을 상대방이 반박할 때 그 제안을 방어하지 말라. 대신 당신의 기본적 이해관계를 다시 설명하라.

상대방에게 그들 자신의 이익은 물론이고 당신의 이익까지 더 나은 방법으로 충족시킬 방법을 알고 있는지 물으라. 만일 갈등이 해결 불가능한 것 같으면 왜 한쪽의 이해관계가 다른 쪽 이해관계에 대해 우선권을 가져야 하는지 물으라.

상대방이 왜 당신의 생각이 불완전하며 바뀌어야 하는지에 대해 설득력 있게 설명하지 못한다면 당신의 분석을 계속 고수하라. 만일 당신이 상대에게 설득되었다면 그때는 논리를 먼저 제안하면서 그 논리에 따라 당신의 생각을 바꾸도록 하라.("아, 좋은 지적입니다. 그 점을 평가하는 방법 중의 하나는 … ") 잘 준비되었다면 당신은 상대방이 반박할 만한 것을 거의 모두 미리 예상할 수 있어야 하고, 그들이 협상결과에 대해 어떻게 영향을 줄지 충분히 생각했어야 한다.

협상의 처음부터 끝까지 목표는 쓸데없는 언쟁을 피하는 것이다. 의견의 불일치가 계속된다면 차선의 합의점—당신이 찬성하지 않는 합의점—을 찾으라. 양측의 이해관계와 논리는 명확히 해야 한다. 여러 가지 서로 다른 가정을 해보고 그것을 테스트할 방법을 찾아보라. 항상 상충되는 이해관계를 외적 기준과 창의적 옵션으로 조정하는 데 힘쓰라. 상충되는 기준을 보다 적절한 평가 기준이나 창의적 타협으로 조정하기 위해 힘쓰라. 그렇게 하는 데 있어 일관성 있고 지속적이어야 한다.

제안을 하라. 협상의 어느 시점에 이르면 계속 이해관계를 명확히 하고 옵션을 창안하고 기준을 분석하는 일 등은 수확체감을 가져온다. 문제를 토의하고 나서는 제안할 준비를 해야 한다. 초기 제안은 몇 가지 핵심 문제로 제한될 수 있다.("만약 현금 지불이 5만 달러를 넘지 않는다면 6월 30일에 완불하는 것에 동의할 수 있습니다.") 나중에 이런 부분적 제안들이 더욱 포괄적인 제안으로 결합될 수 있을 것이다.

일반적으로 제안은 전혀 예상 밖의 것이어서는 안 된다. 그것은 그 시점까지 있었던 토론의 자연스런 결과여야 한다. 그것은 또 "택하든지 아니면 그만두든지 하시오." 하는 식의 제안이어서도 안 되며, 협상 초기의 입장이어서도 안 된다. 지금까지 토론된 것을 참작하여 만든 것으로, 양측 모두에게 타당한 제안이어야 한다. 전에는 빠졌던 것을 채워 넣는 것이어야 한다. 대부분의 협상은 완전한 제안이 이루어졌을 때에야 타결된다.

당신은 언제 어떤 식으로 제안을 할 것인지에 대해 고려해야 한다. 만약 토론이 공개적으로 진행되거나 큰 집단 내에서 진행되고 있다면 당신은 마지막 타협점을 찾기 위해 좀 더 은밀한 기회를 찾도록 하는 게 좋다. 왜냐하면 대부분의 합의는 양측의 협상 최고책임자와 1 대 1의 만남에서 이루어진다, 비록 공식적인 종결은 나중에 좀 더 공개적인 회의석상에서 이루어진다 하더라도.

합의가 이루어졌는데도 몇 가지 문제는 여전히 논쟁 중에 있다면 종결을 쉽게 할 공정한 절차를 찾으라. 양측에서 제시한 임의적 수치의 차이를 둘로 나누는 식의 방법은 또 다른 임의적 결과를 낳게 된다. 그러나 양측이 합법적이고 설득력 있는 독립적 기준에 근거해서 제시한 수치일 경우에는 그 수치의 차이를 둘로 나누는 것이 공정한 결과를 얻는 한 가지 방법이 될 수 있다. 상이점이 계속 남아 있을 때 취할 수 있는 또 하나의 접근방법은 어느 한쪽 또는 양쪽에서 제삼자를 초청해 양측의 협상자와 상의해보도록 하는 것이다. 제삼자는 여러 차례 의견을 들은 뒤에 아마도 '마지막 기회'가 될 최종안을 추천해줄 것이다.

협상의 마지막 단계에서는 관대하라. 당신이 마침내 합의점에 접근했다고 생각한다면 당신 제안의 기본 논리에 벗어나지 않는 한도에서 상대방에게 무엇인가 가치 있는 것을 주도록 하라. 그리고 이것이 마지막 제스처라는 것을 명확히 하여 상대방이 앞으로 양보를 기대하지 않도록 하라. 이처럼 상대방에게 유리하게 고쳐진 제안은 때로 마지막 순간의 의심을 없애주고 거래를 매듭짓게 한다.

당신은 상대방이 만족감과 공정한 대우를 받았다는 느낌을 가지고 협상 장소를 떠나기 원할 것이다. 그러한 감정은 다음 협상뿐 아니라 합의안 이행에서도 멋진 보상을 해줄 것이다.

질문 9 큰 모험 없이 어떻게 이런 아이디어들을 시험해 볼 수 있는가?

아마도 당신은 이 원칙화된 협상 방법이 합리적이라는 것이 납득은 가지만, 현재 사용하는 접근방법을 썼을 때보다 더 좋은 결과를 가져올 만큼 잘 실행할 수 있을지 걱정스러울 것이다. 큰 모험을 하지 않고 이런 아이디어를 시험해보려면 어떻게 해야 할까?

작은 것에서부터 시작하라. 걸려 있는 이해관계가 적고, 좋은 배트나가 마련되어 있으며, 유리한 객관적 기준이 이용 가능하고 적절해보이며, 상대방이 이 접근방법을 쉽게 받아들일 것 같은 그런 협상에서부터 우선 실험해보도록 하라. 그런 경우 당신의 현재 협상 기술을 근거로 한 아이디어로 이 실험을 시작하라. 그리고 한 번에 하나씩 새로운 아이디어를 시험해보라. 당신이 경험과 확신을 갖게 됨에 따라 보다 중요하고 도전해볼 만한 상황에서 새로운 기술을 시험하면서 서서히 협상에 걸려 있는 이해관계의 중요성을 높이도록 하라. 결코 한 번에 모든 아이디어를 시도할 필요는 없다.

투자를 하라. 어떤 사람들은 평생 테니스를 치지만 실력이 전혀 나아지지 않는다. 그런 사람들은 그들이 습관적으로 하고 있는 것을 재검토하려 하지 않거나 그 습관을 바꾸어보려 하지 않는다. 훌륭한 선수들은 더 좋은 성과를 내기 위해서는 새로운 투자를 해야 한다는 것을 알고 있다. 새롭고 낯선 기술과 씨름하는 얼마동안은 더 나빠질 수도 있지만 결국 그들은 오래된 한계점을 능가하게 된다. 새로운 기술은 장기적 잠재력을 제공해준다. 협상에서도 마찬가지로 투자가 필요하다.

당신의 성과를 재검토하라. 중요한 협상이 끝난 후에 당신의 성과에 대해 생각하는 시간을 가지라. 어떤 것이 효과가 있었고 어떤 것이 그렇지 못했는가, 달리 무엇을 할 수 있었는가? 협상 과정을 나중에 다시 읽어볼 수 있도록 일지나 일기 형식으로 기록하는 것을 고려해보라.

준비하라! 아래에 설명하겠지만, 협상력은 어떤 목적에나 어떤 곳에
나 적용될 수 있는 원래 당신이 가지고 있는 자질은 아니다. 어떤 특
정 상황에 임해서 당신의 자원이 설득력을 갖도록 하려면 열심히 노력
해야 한다. 다시 말해서 준비가 필요하다. 당신이 더 잘 준비할수록 이
책의 아이디어들을 더 잘 사용할 수 있을 것이며, 그 가치를 더 잘 알
게 될 것이다.

어떻게 상대방과 좋은 관계를 맺고 유지할 것인지 계획하라. 당신과
상대방의 이해관계의 목록을 작성하라. 그리고 나서 가장 많은 이해관
계를 만족시킬 수 있는 옵션을 창안해내라. 합리적인 제삼자를 설득할
수 있는 외적 기준을 찾으라. 당신이 주장할 수 있는 것이 무엇인지 자
문해보고, 그 주장을 뒷받침하는 데 필요한 사실이나 정보를 찾아보
라. 또한 상대방이 그의 위임자들에게 합의의 정당성을 납득시킬 때
어떤 기준이 적합할지 고려하라. 만약 상대방이 자신의 위임자에게 합
의 조건의 정당성을 이해시키기 어렵다는 것을 알게 되면 그런 조건들
을 근거로 한 합의는 이루어지기 어려울 것이다. 그리고 양측 모두 어
떤 결정을 내리고 싶어 할 것인지 생각해보라. 가능성 있는 합의안의
양식을 그려보라.

어떤 경우에는 다가올 협상에 대비해서 동료에게 상대방 역할을 맡
기거나, 당신이 상대방 역할을 하고 동료가 당신 역할을 하도록 부탁
할 수도 있을 것이다.(상대방 역할을 가정하고 당신의 주장을 듣게 될 사람에게서
바로 당신의 주장을 듣는 것은 당신의 주장을 시험해볼 수 있는 매우 효과적인 수단이
다.) 당신은 친구들이나 더 경험이 많은 협상자 및 전문적 협상 자문가
들의 지도를 구할 수도 있을 것이다.

많은 면에서 협상은 운동과 같다. 어떤 사람들은 선천적 재능이 더 많고, 대다수 일류 운동선수들처럼 준비와 실습과 지도를 통해 많은 것을 얻을 것이다. 그러나 선천적 재능이 적은 사람은 더 많은 준비와 실습과 피드백이 필요하며, 그렇게 함으로써 많은 것을 얻게 될 것이다. 당신이 어느 쪽에 속하든 배워야 할 것이 많지만, 열심히 노력하면 큰 대가가 따를 것이다. 노력을 하고 안 하고는 전적으로 당신에게 달려 있다.

파워에 관한 질문

질문 10 상대방이 더 우세한 경우에도 나의 협상 방법이 정말 효과가 있을 것인가, 어떻게 하면 협상력을 증진시킬 수 있는가?

당신이 어떤 방법으로 협상하는가, 어떻게 협상을 준비하는가 하는 문제는 양측 파워의 상대적 강도에 상관없이 굉장한 차이를 낼 수 있다.

당신이 얻을 수 없는 것들

물론 당신이 아무리 협상에 능숙하다 해도 협상을 통해 얻을 수 있는 것에는 한계가 있다. 가장 뛰어난 세계적 협상가도 백악관을 살 수는 없다. 당신이 상대방에게 그의 배트나보다 매력 있는 제안을 할 수 없다면 협상에서 성공을 기대해서는 안 된다. 그것이 불가능할 것 같으면 협상은 의미가 없다. 차라리 당신의 배트나를 향상시키고, 할 수 있다면 상대방의 배트나를 변경하는 일에 집중하라.

당신의 협상 방법에 따라 큰 차이를 가져온다

합의가 이루어질 가능성이 있는 상황에서 당신의 협상 방법은 합의를 보느냐 못 보느냐, 유리한 결과냐 겨우 수용할 정도의 결과냐 하는 차이를 가져온다. 당신의 협상 방법은 파이를 크게 만들 것인지, 그냥 있는 대로 나눌 것인지, 상대방과 좋은 관계를 가질 것인지, 긴장된 관계를 맺게 될 것인지를 결정지을 수도 있다. 상대방이 모든 유리한 카드를 쥐고 있는 경우에는 당신이 어떻게 협상하느냐가 협상 성패의 결정적 요인이 된다. 예를 들어 당신이 규칙에 예외를 두는 문제나 일자리 제안에 대해 협상중이라고 가정해보자. 현실적으로 상대방이 당신의 요구를 거부한다면 당신은 의존할 것이 별로 없을 것이며, 상대방이 당신의 요구를 인정해도 제안할 것이 거의 없을 것이다. 이런 상황에서는 당신의 협상 기술에 모든 것이 달려 있다. 성공 기회가 아무리 적다 해도 당신이 이익을 얻을 수 있을지 없을지를 결정짓는 것은 당신의 협상 방법이다.

'자원'이 곧 협상력은 아니다

협상력은 어떤 사람으로 하여금 어떤 일을 하도록 설득하는 능력이다. 미국은 부유하고 많은 핵폭탄이 있지만 그것들이 테러를 막거나 베이루트 같은 곳에 억류된 인질들을 석방시키는 데는 큰 도움이 되지 못했다. 자원이 협상력을 제공하고 안 하고는 상황—당신이 설득하려는 사람이 누구며, 그들을 설득하려는 것은 무엇인지—에 달렸다.

"누가 더 우세한가?" 묻지 말라

당신과 상대방 중에 누가 더 강력한지 평가하는 것은 위험한 일이다. 만약 당신이 더 강하다고 결론짓는다면 당신은 긴장을 풀고 필요한 만큼 준비를 하지 않을 것이다. 반면 상대방보다 당신이 약하다고 결론짓는다면 당신은 위축될 수 있고, 그들을 설득할 방법을 찾는 데 충분한 노력을 하지 않을 위험이 있다. 어떻게 결론이 나든 그것은 협상을 진행시킬 최선의 방법을 모색하는 데 도움이 되지 못한다.

실제로 자원의 균형이 한쪽으로 기울어져 있을 때조차도 협상력을 향상시킬 수 있는 여러 가지 방법이 있다. 물론 상대방이 가장 좋은 카드를 쥐고 있을 때에도 최소한 단기간의 협상은 있을 것이다. 그러나 이렇게 점차 상호의존적이 되어가는 세상에서는 궁극적으로 힘의 균형을 뒤집을 수는 없더라도 최소한 지레 받침점의 위치를 바꿀 수 있는 자원이나 협력자가 항상 있게 마련이어서 숙련되고 끈기 있는 협상가라면 이를 찾아낼 수 있을 것이다. 시도해보지 않고서는 무엇이 가능한지 알 수 없다.

사람들은 때로 자신이 전혀 힘이 없기 때문에 상황에 영향을 주는 일은 아무것도 할 수 없다고 믿으려 한다. 그런 믿음은 그들을 나태하다는 죄의식이나 책임감에서 벗어나게 한다. 그것은 또 어떤 상황을 바꾸기 위해 치러야 할 대가—노력하고 또 곤혹스런 실패를 무릅쓸—를 피하게 한다. 이런 감정은 이해할 만하지만 효과적인 협상으로 얻을 수 있는 성공에 영향을 주지는 않는다. 이것은 자멸적이고 자기충족적인 태도다.

최상의 규칙은 낙관적이 되는 것이다. 즉 '손으로 잡을 수 있는 거리보다 더 멀리 손을 뻗으라.' 희망 없는 목적에 자원을 낭비하지 않으면서도, 성공하기 어렵지만 시도해볼 가치가 있는 일이 많다는 것을 인식하라. 더 많이 구하려고 할수록 더 많은 것을 얻을 수 있다. 협상에 대한 많은 연구는 야망과 협상결과의 깊은 상관관계를 지적해준다. 합리적인 경우 적극적 사고방식은 큰 성과를 가져온다.

협상력의 근원은 다양하다

어떻게 당신의 협상력을 향상시킬 것인가? 이 책은 이 질문에 답하기 위한 것이다. 협상력의 근원은 다양하다. 그 하나는 좋은 배트나를 갖는 것이다. 상대방이 당신을 믿는다면 그에게 당신이 더 좋은 대안을 가지고 있다는 말은 설득력이 있다. 이 책의 제2부에 제시된 네 가지 요소, 즉 사람(인간관계), 이해관계, 옵션, 객관적 기준 역시 협상력의 원천이다. 상대방이 이 중 한 가지에서 강하다면 당신은 다른 것에서 힘을 키우도록 노력하면 된다. 이 다섯 가지에 우리는 여섯째로 책임감과 일곱째로 진행관리 능력을 포함한 효과적 소통의 힘을 더한다.

협상하는 사람들 사이에 좋은 업무관계가 수립되면 협상력이 생긴다. 당신이 상대방을 이해하고 상대도 당신을 이해한다면, 또 의견이 일치하지 않을 때에도 서로 감정을 인정하고 존경심을 갖고 대한다면, 서로 상대의 말을 경청하는 명확한 쌍방통행의 의사소통이 된다면, 상호 신뢰와 서로간의 믿음에 확신이 있다면, 그리고 사람 문제가 실질적 양보를 요구하거나 제시함으로써가 아니라 상대방의 장점을 직접적으로 다룬다면 협상은 양측 모두에게 더 순조롭고 성공적이 될 것이다. 이런 의미에서 협상력은 합이 0이 되는 제로-섬 상황이 아니다. 상대방에게 협상력이 많다는 것이 반드시 당신에게 협상력이 더 적다는 것을 의미하지는 않는다. 당신들의 관계가 좋으면 좋을수록 당신들은 각각 상대방에게 영향을 주기가 더 쉬운 것이다.

일반적인 지혜와는 상반되지만 당신에 대한 상대방의 영향력이 증가함으로써 당신의 이익을 얻는 경우가 종종 있을 것이다. 신용에 있어 좋은 평판을 가진 두 사람은 정직하지 않다는 평을 듣는 다른 두 사람에 비해 서로에게 영향을 미치기 쉬울 것이다. 당신이 상대방을 믿을 수 있다는 사실은 당신에 대한 그의 영향력을 증가시킨다. 그러나 당신 또한 이득을 본다. 당신은 양측 모두에게 이익이 되는 합의에 안전하게 도달할 수 있을 것이다.

유엔 주재 영국대사 캐러든 경이 안전보장이사회에서 1967년 전쟁 이후 중동지역 평화체제구축 결의안에 동의를 구하고 있을 때, 소련의 한 표를 제외하고는 의견일치를 보이는 것으로 드러났다. 소련 대표 바실리 쿠즈네초프는 캐러든에게 투표를 이틀만 연기해 달라고 요청했다. 캐러든은 소련이 반대 결의안에 더 많은 표를 얻는 데 그 이틀을 쓸 것이라 염려하며 요청을 거부했다. 쿠즈네초프는 계속 연기를 요구하면서 이렇게 말했다. "당신이 나를 오해할 수도 있소. 나는 '개인적으로' 당신에게 이틀만 연기해 달라고 청하는 겁니다." 캐러든은 '개인적'이란 말을 듣자마자 쿠즈네초프의 청을 들어주어야 한다는 것을 깨달았다. 왜일까? "나는 쿠즈네초프를 아주 잘 압니다. 다른 어려운 문제들에서 우리는 함께 일했습니다. 나는 그를 대단히 존경합니다. 그가 나와 반대편에서 일하지 않을 것을 나는 알고 있으며 … 그가 나를 신뢰하듯 나도 그를 신뢰할 수 있다는 것을 알았습니다." 캐러든은 안보리로 가서 투표일 연기를 요청했다. 이틀 후 안보리는 투표를 위해 소집되었다. "나는 손을 들어 찬성을 표했습니다." 캐러든은 이렇게 회고했다. "그러자 투표를 지켜보던 사람들이 탄성을 질렀습니다. 내 왼편에 앉은 쿠즈네초프의 손가락이 그의 결의안을 철회하면서 우리 결의안을 지지하는 쪽으로 올라오는 것이 보였고, 결국 영국 결의안 제242호는 만장일치로 표결되었습니다. 쿠즈네초프는 좋은 방향으로 이틀을 사용했습니다. 그는 만장일치 표결과 완전한 합의가 필수적이라는 결론에 도달했습니다. 나는 쿠즈네초프가 자신의 나라로 그리고 다시 아랍국가로 가서 그들을 설득했다는 것을 의심하지 않습니다."[10]

쿠즈네초프의 사례는 당신이 대표하는 조직과 무관하게 신뢰할 가치가 있는 평판의 힘을 보여준다. 당신이 정직하고 공정한 거래를 한다는 평판은 협상가로서 갖는 가장 중요한 자산일 수 있다.

효과적인 의사소통을 하면 협상력이 생긴다. 소통을 잘하는 것은 특히 협상력에서 중요한 원천이 된다. 효과적으로 당신의 메시지를 다듬고 상대방의 말을 경청하고 당신이 상대의 말을 잘 들었다고 알려주는 것은 전부 당신의 설득력을 높여준다. 협상 과정을 능숙하게 관리하는 것은—결과에 영향을 주는 조치를 하면서—당신이 성취하고자 하는 결과의 질質에 엄청난 영향을 줄 수 있다.

---

10 Karen A. Feste의 'Plans for Peace: Negotiation and the Arab-Israeli Conflict'(Greenwood Press, 1991)에서 인용. 유엔 안보리 결의안 제242호는 중동평화협상에 오늘날까지 핵심이 되고 있다.

존 F. 케네디 미국 대통령은 강력한 메시지를 만들어내는 기술로 유명했다. "두려움 때문에 협상을 하지는 맙시다. 그러나 협상하는 것을 두려워하지는 맙시다."[11]

분명하고 효과적이기 위해서 메시지가 반드시 솔직할 필요는 없다. 많은 경우에 상대방이 당신의 생각을 이해하도록 돕는 것은—심지어 당신이 어떤 것에 대해 두 가지 상이한 생각을 갖고 있을 때라도—상대방의 두려움을 줄여주고, 잘못된 인식을 없애줄 수 있으며, 공동으로 문제를 해결하도록 해준다. 계약을 위한 경쟁입찰을 준비하는 공급업자를 생각해보자. 구매자는 입찰자와 입찰가격이 마음에 들지만 시장에 새로 등장한 그 회사가 자기 회사의 최고 요구량을 충족시킬 수 있을지 걱정스럽다. 이때 만약 구매자가 "미안하지만 안 되겠습니다." 하고 간단히 말한다면, 그리고 더 많은 돈을 지불하고 다른 회사와 계약한다면 입찰자는 구매자가 자신이 입찰한 것을 좋아하지 않는다고 생각할 것이다. 그리고 입찰자는 구매자에게 자기 회사가 구매 회사의 필요량을 충족시킬 수 있다고 설득할 기회도 갖지 못할 것이다. 따라서 이런 경우 구매자가 공급업자의 입찰에 관심이 있다는 것과 그가 염려하는 바를 이야기한다면 양측 모두에게 더 좋을 것이다.

상대방의 말을 경청하는 것은 상대방의 이해관계와 가능한 옵션에 대한 정보를 늘려주기 때문에 당신의 협상력을 향상시킬 수 있다. 일단 상대방의 감정과 관심사를 이해하게 되면 그 감정과 관심사에 대한 이야기를 시작할 수 있을 것이고, 합의가 가능한 부분과 그렇지 않은

---

11 1961년 1월 20일 케네디 대통령 취임 연설에서.

부분을 조사할 수 있을 것이다. 또한 앞으로 협상을 진행할 유용한 방법들을 개발할 수 있을 것이다. 예를 들어 의료진이 특수 장비가 있는 다른 병원으로 옮기기를 권유하는 노인 환자가 있다. 의료진은 몇 번이고 특수 장비를 갖춘 병원이 왜 그 환자에게 좋은지 설명했지만 그는 옮기기를 거부했다. 의사들은 그 노인이 그에게 가장 좋은 이해관계에 반하는 행동을 하는 것을 알고 있었기 때문에 그 노인의 논리를 비합리적인 것으로 단순히 치부했다. 그러나 한 인턴은 그 노인을 주의 깊게 관찰하고 그가 왜 옮기지 않으려 하는지 그 이유를 물었다. 그 환자는 그가 인생에서 거듭 버림받은 경험으로 많은 고통을 받았으며, 병원을 옮기면 결국 또다시 버림받게 될까 봐 두렵다고 했다. 인턴은 노인의 이런 걱정을 가라앉히며 상세히 설명을 해주었고 마침내 노인은 기꺼이 병원을 옮기기로 마음먹었다.

당신이 상대방의 말을 잘 들었다고 알려주는 것은 그를 설득할 수 있는 당신의 능력을 증대시킨다. 당신이 자신의 이야기를 귀 기울여 듣는다고 느끼면 상대방도 당신의 이야기를 경청하려 할 것이다. 상대방이 당신이 동의할 수 있는 것을 이야기할 때에는 경청하기가 비교적 쉽다. 동의할 수 없는 이야기를 듣는 것은 어려운 일이지만, 그러나 그때가 가장 효과를 볼 수 있는 때다. 반박하기 전에 먼저 들으라. 상대방의 생각을 확실히 이해하고 당신이 이해하고 있다는 것을 그가 확실히 알게 하라. 일단 자기가 말하는 것을 당신이 이해하고 있다는 것을 알면 상대방은 당신이 동의하지 않는 이유를 단순히 이해 부족으로 치부해버리지는 않을 것이다.

협상 절차를 잘 알고 협상결과에 아주 큰 영향력을 갖는 당신의 능력은 협상력을 향상시킨다. 왜냐하면 협상 절차는 당신이 성취할 수 있는 결과의 본질 면에 영향을 주기 때문이다. 입장에 근거한 협상은, 구성원들에게 설명하기 어렵고, 미래의 협상에 가치 있는 선례가 되지 못하는 터무니없는 독단적 결과를 낳고, 관계에도 상처를 입히는 수가 있다.

8장에서 언급했듯이 전략이나 수단을 인식하면 당신은 그것을 제안하고 절차 전반에 관해 솔직하게 터놓고 협상을 할 수 있게 된다. 달리 말하면, 협상의 초점을 입장에서 이해관계, 옵션 또는 기준으로 옮기는 것이다. 예를 들어 당신은 5만 달러가 공정한 가격이라고 생각하는데 상대방이 "만 달러가 우리가 지불할 최고액입니다." 할 때 다음과 같은 여러 가지 방법으로 대응할 수 있다.

- **이해관계를 재구성하라.** "당신 입장은 알겠습니다. 그것은 시장가격에 훨씬 못 미치는 것으로 보이는데, 당신의 이해관계가 무엇인지 알려주시겠습니까? 혹시 지금 심각한 유동성 위기에 처해 있습니까?"
- **옵션을 재구성하라.** "만 달러는 한 가지 옵션입니다. 십만 달러나 이십만 달러가 우리에게 매력적인 옵션일 수 있는 것처럼요. 나는 우리 모두 수용가능하고 매력적일 수 있는 더 많은 브레인스토밍 옵션을 가질 수 있다고 생각합니다. 만일 우리가 ⋯."
- **기준을 재구성하라.** "당신은 만 달러가 공정한 제안이라고 생각하는 합당한 이유를 가지고 있어야 합니다. 어째서 0달러나 10만 달러가 아닌 그 가격을 제안합니까? 나는 시장가격 5만 달러에 공감합니다. 왜 우리가 그 이하의 가격에 합의해야 합니까?"
- **배트나를 재구성하라.** "물론 가격을 책정한 것은 당신의 결정이고, 어떤

사람은 그걸 받아들일 수도 있겠지요. 나는 우리가 서로 합당하다고 생각할 합의가 지금 가능한지 여부를 숙고할 필요가 있다고 생각합니다."

당신이 발휘할 수 있는 가장 큰 협상력 중 하나는, 협상의 초점을 이해관계, 옵션, 기준으로 바꾸기 위한 설명과 질문을 사용해서 재구성하는 것이며, 그렇게 해서 입장에 근거한 협상을 원칙화된 협상으로 바꾸는 것이다.[12]

3장에서 언급한 건설현장과 이웃주민 이야기로 돌아가 보자. 원치도 않고 안전하지도 않은 건설현장은 주민들에게 큰 걱정거리다. 이들 주민이 건설회사와 협상을 시작할 때 이렇게 두 가지로 말한다고 가정해 보자. "우리는 공사장 주변에 즉시 안전보호막을 설치할 것을 요구합니다!"라는 말과 "우리는 한 가지 질문을 하고 싶소. 당신네 회사는 산업안전기준에 관한 규칙을 지키고 있습니까?"라는 말이다. 두 번째 질문에 그 회사가 "아니오."라고 말하기는 어려울 것이다. 만일 그들이 "예."라고 한다면 주민들은 자신들의 주장이 근거가 있다는 설득력을 갖도록 다른 여러 경쟁 건설사에서 안전기준을 수집하기만 하면 된다. "어쨌든 터너건설사는 공사현장 주변에 2미터 높이의 보호막을 둘러쳤고, 어떤 공사든 시작하기 전에 반드시 보호막을 설치하겠다고 말했다."

상대방의 이해관계를 이해하면 협상력이 생긴다. 당신이 상대방의 관심사를 명확히 알수록 최소의 비용으로 그를 만족시키기가 더 쉬워질

---

12   재구성에 관해 그리고 어려운 상황에서 협상하기 위한 여타의 전략에 관해서는 William Ury 의 'Getting Past No: Negotiating in Difficult Situations'(Bantam, 1991; revised edition 1993)를 보라.

것이다. 숨겨진 무형의 중요한 이해관계를 찾으라. 돈과 같은 구체적 이해관계와 더불어 그 뒤에 숨어 있는 것이 무엇인지 물으라.("돈은 어디에 쓰일 겁니까?") 상대방이 가장 단호하게 주장하고 또 당신으로서는 받아들이기 어려운 그런 입장 뒤에는 흔히 당신의 이해관계와 일치하는 이익이 숨어 있기도 하다.

라디오방송국을 인수하려는 사업가를 생각해보자. 방송국의 대주주는 합리적인 가격으로 주식의 3분의 2를 팔려고 했지만 3분의 1을 갖고 있는 주주(방송국의 현 경영자)는 터무니없는 가격을 요구했다. 사업가는 몇 번 가격을 올려주었지만 소용이 없자 거래를 포기할 생각을 하게 되었다. 마지막으로 사업가는 주식의 3분의 1을 가진 주주의 이해관계를 좀 깊이 알아보았다. 그 결과 그 주주는 돈에는 관심이 적었고, 소주주로 방송국을 계속 경영하기를 원한다는 사실을 알게 되었다. 그 사업가는 그 주주의 지분 중 세금 관계로 필요한 비율만큼만 사고 그에게 계속 경영을 맡긴다는 제안을 했다. 그 주주는 사업가의 제안을 받아들였는데, 그 제안은 그 사업가에게 거의 100만 달러의 지출을 줄여주었다. 판매자의 감추어진 이해관계를 이해했기 때문에 구매자의 협상력이 크게 강화된 경우다.

현명한 옵션을 개발하면 협상력이 생긴다. 성공적인 브레인스토밍은 다른 사람들에게 영향을 줄 수 있는 능력을 증가시킨다. 일단 당신이 양측의 이해관계를 이해하기만 한다면─위의 라디오방송국 예처럼 그 이해관계들을 끼워 맞출 현명한 방법을 생각해내는 것이 종종 가능하다. 때로는 독창적인 절차상의 옵션을 사용함으로써 이런 것이 가능할 수 있다.

봉함봉투 입찰 형식의 우표 경매를 생각해보자. 우표 경매자들은 구매자들이 문제의 우표에 지불할 최고 가격을 제안해주길 원할 것이다. 그러나 각 예비 구매자는 필요 이상으로 지불하는 것을 원치 않는다. 일반 봉함봉투 형식의 경매에서는 입찰자가 다른 입찰자가 제시할 것 같은 최고 가격보다 약간 높게 제시하고자 하나 그 입찰자가 내려고 작정한 가격이 상대 입찰자의 가격보다 낮은 경우가 종종 있다. 그러나 우표 경매장에서는 최고 가격 제시자가 두 번째 높게 제시된 금액으로 우표를 사는 규칙이 있다. 구매자들은 우표를 얻기 위해 지불하고자 하는 바로 그 금액으로 안전하게 입찰할 수 있다. 왜냐하면 경매자가 입찰자들이 자신이 제시한 가격을 지불할 필요는 없다는 것을 보장하기 때문이다. 좀 더 높은 가격을 썼더라면 하고 생각하는 입찰자는 없으며, 낙찰 구매자는 자신이 제시한 가격 이하로 우표를 얻기 때문에 기분이 좋다. 경매자는 일반적으로 이 우표 경매의 최고 가격과 두 번째 가격의 차이가 일반 봉함봉투 형식의 경매에 비해 적다는 것에 만족한다.[13]

합법성을 가리는 외적 기준을 사용함으로써 협상력이 생긴다. 당신은 합법성을 가리는 기준을 다른 사람들을 설득하는 무기로 쓸 수도 있고, 임의로 항복하라는 압력을 받을 때 그것을 거부하는 데 방패로 쓸 수도 있다.("할인을 해드리고 싶지만 정찰제입니다. 이 가격은 지난주 GM사가 같은

---

13 이와 비슷한 방법은 배분 문제와 같은 모든 종류의 문제에 사용될 수 있고, 위험한 쓰레기 처리장을 어디에 둘 것인가 하는 난처한 문제에까지도 사용될 수 있다. 이에 대해서는 Howard Raiffa의 'Creative Compensation: Maybe 'In My Backyard'' 1 Negotiation Journal 197(1985)을 보라.

품목에 대해 지불한 가격이며 여기 매도증서도 있습니다.") 관련된 선례와 원칙을 찾아냄으로써 변호사가 판사를 설득할 때 자신의 능력을 강화하는 것과 마찬가지로 선례, 원칙, 공정성의 외적 기준들을 찾아내고 그것을 강하고 설득력 있게 제시할 방법을 찾음으로써 협상력을 강화할 수 있다. "나는 비슷한 업무를 하는 이들에게 당신이 지불하는 금액만큼만 요구합니다." "우리는 할 수만 있다면 적정한 집값을 지불하려고 합니다. 지난달에 근처에서 팔린 비슷한 집들의 가격을 말하는 겁니다. 만일 당신 집이 그보다 더 값이 나간다는 적절한 이유를 제시하지 못한다면 우리 제안 가격을 바꿀 수 없습니다." 당신이 요구하는 것은 단지 공정성뿐이라는 사실을 상대방에게 확신시키는 것이 당신이 할 수 있는 가장 강력한 주장 중의 하나다.

좋은 배트나를 개발하면 협상력이 생긴다. 6장에서 논의했듯이 당신의 협상력을 증대시키는 기본 방법은 협상이 결렬될 때의 대안을 개발하는 것이다. 매력적인 배트나는 상대방에게 더 많은 것을 제안해야 협상이 계속된다는 사실을 설득할 수 있는 강력한 주장이다.("저쪽 회사에서 현재 제 수입의 20%를 더 주겠다고 제안해왔습니다. 현재로서는 이 회사에 계속 남아 있고 싶지만 조만간 수입이 오르지 않으면 생활비 때문에 이직을 고려해야 합니다. 어떻게 해야 할까요?") 당신의 총괄적인 배트나(이번 협상이 합의를 이끌어내는 데 실패했을 때 당신이 해야 할 일)를 향상시키는 것 외에도 당신의 '마이크로 배트나'—이번 회의에서 합의에 이르지 못한다면 무엇이 최상의 성과인가?—를 준비해야 한다. 어떤 회의에서 결론을 내리지 못할 때 미리 좋은 탈출구를 준비해두는 것은 도움이 된다. "당신의 견해를 말씀해주시고 제 견해를 들어주셔서 감사합니다. 만일 제가 이 일을 계속 추진하기로 결정하면 새로운 제안을 가지고 다시 오겠습니다."

때로는 합법적으로 상대방의 배트나를 약화시키는 것도 가능하다. 예를 들면, 어느 아버지가 어린 아들에게 잔디를 깎으면 꽤 많은 수고비를 주겠다고 제안했지만 아들은 응하려 들지 않았다. 그러더니 나중에 자신의 배트나를 드러냈다. "아빠, 저는 돈을 받기 위해 잔디를 깎을 필요가 없어요. 아빠는 주말이면 서랍장 위에 지갑을 놓아두시잖아요." 그 아버지는 지갑을 서랍장 위에 두지 않을 것이며 또 허락 없이 돈을 꺼내가는 것을 절대로 허락하지 않겠다고 밝힘으로써 재빨리 아들의 배트나를 변경시켰고, 아들은 곧 잔디를 깎기 시작했다. 상대방의 배트나를 약화시키는 전략은 상대방에게 협상을 강요하거나 상대방을 이용하는 데 사용할 수도 있다. 그러나 이 방법은 공정한 결과를 확보하는 데 도움이 된다. 자신의 대안을 개발하려는 노력과 상대방이 자신의 대안을 낮게 평가하도록 만드는 노력은 우리의 협상력을 강화하는 중요한 방법이다.

세심하게 만든 실행 약속을 하는 것은 협상력을 강화한다. 또 한 가지 주목할 만한 설득력의 원천이 있는데, 그것은 실행을 약속하는 힘이다. 약속을 함으로써 세 가지 방법으로 당신의 협상력을 증진시킬 수 있다. 첫째, 예를 들어 단호한 제안을 함으로써 당신이 실행할 것에 대한 약속을 하는 것이다. 둘째, 조심스럽게 무엇은 하지 않겠다고 부정적인 약속을 할 수 있다. 셋째, 상대방이 어떤 약속을 하기를 원한다고 분명하게 당신의 의사를 밝히는 것이다.

'당신이 무엇을 할 것인가를 명백히 하라.' 당신의 협상력을 증진시키는 한 가지 방법은 단호하고 시기적절한 제안을 하는 것이다. 하나의 단호한 제안을 할 때에는 당신이 받아들일 수 있는 옵션 하나를 제시하면서 동시에 다른 옵션에 대한 토론의 여지가 있음을 분명히 밝혀두라. 만약 당신이 어떤 사람에게 어떤 특정 직업을 택하라고 설득하고 싶으면 단순히 그 직업에 대해 이야기하지 말고 그 직업에 대해 제안을 하라. 제안을 함으로써 더 나은 계약 조건을 위해 상대방과 말다툼하는 것을 피할 수 있고, 상대방의 선택을 단순하게 만들어서, 그리고 그가 더 쉽게 결정하게 함으로써 이익을 얻을 수 있다. 합의에 도달하기 위해서 그들이 해야 할 말은 'Yes' 한 마디뿐이다.

당신이 제안하는 조건에 상대방이 동의한다면 당신이 앞으로 할 일에 대해 제안하도록 하라. 그렇게 함으로써 상대방이 가질지도 모를 불안감, 즉 이제부터 미끄러운 비탈길을 걷게 되는 것은 아닌가 하는 불안감을 극복할 수 있게 해준다. 한 가지 분명한 제안이 없을 때 힘든 상황도 '물건을 보지도 않고 사는 것'보다 나아 보일 수 있다. 특히 상대방이 당신이 유리한 위치에 있어서 더 많은 것을 요구해올까 봐 두려워하는 경우에 그렇다. 1990년에 유엔 안전보장이사회는 이라크에 제재를 가해 이라크가 군사 점령한 쿠웨이트에서 철수하도록 영향력을 행사하려 했다. 이사회의 결의는 이라크가 철수해야 한다는 것은 분명히 했지만 철수한 후에 제재가 끝난다는 사실은 천명하지 않았다. 만약 사담 후세인 이라크 대통령이 쿠웨이트에서 이라크가 철수한 후에도 유엔의 제재가 계속된다고 믿었다면 이라크로서는 불쾌했던 그 제재가 철수에 강력한 동기를 제공하지 못했을 것이다.

제안이 상세할수록 더 설득력이 있다. 따라서 서면 제의가 구두 제의보다 더 신뢰성이 높을 것이다.(우리가 알고 있는 어떤 부동산 중개업자는 탁자 위에 100달러 지폐 다발을 쌓아두고 고객에게 제의하도록 하는 것을 좋아한다.) 또한 당신은 언제 어떻게 제안이 만료되는지 지적함으로써 당신의 제의가 '물러날 기회'가 되기를 원할 수도 있다. 예를 들어 1981년 로널드 레이건 미국 대통령의 취임은 이란에 억류된 미국 외교관들의 석방을 위한 협상에서 '물러날 기회'를 만들어주었다. 이란인들은 새로 들어선 미국 정부와 다시 협상을 시작해야 하는 상황을 원치 않았기 때문이다.

어떤 경우에는 상대방이 제의를 받아들이지 않을 경우 당신이 무엇을 할 것인지를 명백히 하고 싶을 것이다. 상대방은 당신의 배트나가 그에게 갖는 중요성을 인식하지 못할 수도 있다.("오늘 저녁에도 아파트에 난방이 들어오지 않는다면 나는 보사부의 긴급 상황실에 전화할 거요. 그들이 법률을 위반한 집주인에게 250달러의 벌금을 부과한다는 것은 당신도 잘 알 거요.")

'당신이 하지 않을 일에 대한 약속도 고려하라.' 때로 당신은 상대방에게 더 이상 제안할 수도 없고 하지도 않을 것이라는 것을 확신시킴으로써("택하든지 그만두든지 하시오.") 그의 배트나보다 당신의 제의가 더 좋다는 것을 설득시킬 수 있다. 그렇게 해서 당신은 하나의 제안을 할 뿐만 아니라 그 제안을 변경시키지 못하도록 당신의 손을 묶는 것이다. 1장에서 이야기한 것처럼 하나의 입장에 자신을 가두어두면 엄청난 손실이 따를 수 있다. 초기에 주장을 굳히는 것은 의사소통을 제한하고, 상대방으로 하여금 무시당하고 있다거나 강압적이라는 느낌을 갖게 해서 관계를 악화시킬 위험이 있다. 당신이 상대방의 이해관계를 이해하게 되고 공동의 이익을 위한 옵션을 개발한 후에 입장을 굳힌다면 그것은 덜 위험스러우며, 또 당신의 입장을 설명해줄 수 있고 그 입장을 정당화할 수 있는 믿을 만한 이유들이 있다면 상대방과 당신의 업무관계도 손상되지 않을 것이다.

협상중 어느 시점에 이르면 협상테이블 위에 최후의 제안을 놓고 담판하는 것이 가장 좋은 방법이 될 수도 있다. 그렇게 하는 것은 상대방의 마이크로 배트나를 약화시켜서 영향을 미칠 수 있다. 이 시점에서 상대방이 "아니오." 하고 답하면 그는 당신과 더 좋은 합의에 도달할 가능성을 포기한 것이다.

'상대방이 무엇을 하기 원하는지를 분명히 밝히라.' 상대방에게 바라는 약속을 확실한 조건으로 표현하는 것은 매우 효과가 크다. 그것은 당신의 요구가 가치 있다는 것을 보장해줄 것이다. "수잔, 내가 통화중일 때는 절대로 방해하지 않겠다고 약속해." 만일 이런 말을 수잔이 비상시에도 고지식하게 지킨다면 그것은 당연히 골치아픈 일이 될 것이다. 너무 광범위하거나, 상대방을 규제하지 못하거나, 결정적인 정보를 빼버리거나, 실행 가능성 없는 엉성한 약속은 피하는 것이 좋다.

특히 당신이 상대방이 무언가 해주기를 원할 때 상대방에게 당신이 무엇을 원하는지 정확히 알려주는 것은 매우 중요하다. 그렇지 않으면 그는 아무것도 하지 않거나 꼭 해야 하는 것 이상은 하려들지 않을 것이다. 예를 들자면, 1990년 가을, 사담 후세인에 대한 미국의 영향력은 어떻게 하면 미국이 만족할 것인지가 불분명했기 때문에 큰 효력이 없었다. 경우에 따라서는 쿠웨이트로부터 이라크군 철수, 이라크 핵시설 파괴, 이라크 군수 용역의 분해, 그리고 후세인 타도 등이 모두 미국의 목표인 것처럼 보였다.

당신의 잠재력을 극대화하라

당신의 잠재적 협상력을 극대화하기 위해서는 한 가지 협상력의 근원을 다른 모든 협상력의 근원들과 조화를 이루도록 해서 사용해야 한다. 협상자들은 때때로 가장 강력한 힘의 근원을 찾아 그것만을 사용하려 한다. 한 가지 예를 보자. 협상자가 강력한 배트나를 가지고 있다고 하자. 그 사람은 마지막 제안이 받아들여지지 않으면 협상장을 나가버리겠다고 위협하면서 그 배트나를 무기로 상대방과 대결하려 든다. 이렇게 하면 그 제안의 공정성에 대한 협상자의 주장이 설득력을 잃기 쉽다. 당신의 배트나를 전달하려면 업무관계를 존중하고, 쌍방통행의 의사전달 가능성을 열어두고, 당신의 마지막 제안의 정당성을 강조하며, 그 제안이 어떻게 상대방의 이해관계를 충족시킬 수 있는지 깨닫게 하는 방법 등으로 전달하는 것이 더 효과적일 것이다. 당신이 가지고 있는 협상력의 총체적인 영향은 각각의 힘의 요소가 강화되는 방법으로 사용한다면 더욱더 커질 것이다.

만일 당신이 당신 자신의 언행을 믿는다면 더욱 유능한 협상가가 될 것이다. 당신이 이 책의 아이디어를 어떻게 사용하든, 어쨌거나 마치 다른 사람의 옷을 입은 것처럼 해서는 안 된다. 당신 자신이 이해하고 편안하게 사용할 수 있는 접근방법을 찾을 때까지 이 책에 쓰인 아이디어들을 재단하여 당신의 몸에 맞도록 해야 한다. 그렇게 하자면 실험을 해야 하고 가끔은 불편하고 긴 적응기간이 필요할 수도 있다. 그러나 결국 당신이 말하는 것을 믿고, 또한 믿는 것만을 말한다면 당신의 협상력은 극대화될 수 있을 것이다.

하버드 협상 프로젝트에 대해

하버드 협상 프로젝트가 하는 일은, 이론과 교육 그리고 협상 실무와 분쟁해결을 개선하여, 개인 간이나 국가 간을 막론하고 분쟁 문제를 더욱 건설적으로 다룰 수 있게 하는 것이다. 이 협상 프로젝트는 하버드대, 메사추세츠 공대(MIT), 시몬스대, 터프트대의 학자와 프로젝트 컨소시엄 형태로 설립한 하버드 법대 협상문제연구소의 프로그램의 일환이다. 하버드 협상 프로젝트는 실무자들이 찾아낸 유용한 점과 학자들이 창안한 참신한 아이디어를 개발하기 위해 이론과 실무 분야가 서로 정기적으로 교류하며 아래 활동을 하고 있다.

이론 정립 이 프로젝트는 이 책에서 요약된 원칙화된 협상 방법과 같은 체계를 개발하는 것을 도왔다. 그 밖에, 다루기 힘든 사람과 어려운 상황을 해결하기 위한 협상타결책은 『Getting Past No』에 요약되어 있다. 무엇이 힘든 대화를 더 생산적으로, 덜 생산적으로 만드는지를 이해하기 위한 내용은 『Difficult Conversation』에, 협상에서 감정을 이해하고 관리하기 위한 방법에 대해서는 『Beyond Reason』에, 사업과 외교에서 결과를 얻기 위한 체계적 방법은 『Beyond Machiavelli』와 『Getting It DONE』에 요약되어 있다. 거래나 관계를 해치지 않으면서 'No'라고 효과적으로 말하는 방법에 대해서는 『The Power of Positive No』에 설명되어 있다. 이 프로젝트는 1978년 9월 캠프데이비드에서 열린 중동평화협상에서 미국이 사용한 '단일 텍스트 중재방법'과 같은 아이디어를 발전시켜왔다.

교육과 훈련 이 프로젝트는 학부와 대학원의 학생과 전문 직업인—법률가, 사업가, 외교관, 언론인, 정부관리, 노조 지도자, 군 장교 등—을 위한 프로그램을 개발하고, 고등학생들을 위한 시범 교과과정도 개발하고 있다. 또한 이 프로젝트는 하버드 협상문제연구소의 교육프로그램의 일환으로 매년 3주간의 협상교육과정을 법률가와 일반인을 대상으로 실시하고 있다. 이 교수진은 협상문제연구소에서 고위직 임원들을 위한 교육도 제공한다. www.pon.harvard.edu. 참고.

출판 이 프로젝트는 위에 언급한 도서 외에도 『International Mediation: A Working Guide』와 같은 저서, 협상자를 위한 점검표, 사례 연구, 협상 교재, 교사들의 안내서 그리고 법률가, 교사, 학생들이 실제 사용할 수 있게 만든 서식과 같은 실용적 자료들을 출간하고 있다. 배포 가능한 교육자료에 관한 문의는 협상문제연구소 클리어링하우스Program on Negotiation Clearinghouse에 직접 문의하기 바란다.

연구 조사 교수진과 학생들은 매우 활발하게 분쟁문제에 대해 연구하고, 때로 제삼자로서 조언자와 진행자 자격으로 분쟁문제에 참여한다. 본 프로젝트는 미국-소련 간 긴장 완화, 중앙아시아 평화정착, 남아프리카공화국 제헌 협상 등과 그 이전에 진행된 정치협상과 그 밖의 많은 사태에 기여했다. 최근에 진행중인 활동은 '아브라함의 길'Masar Ibrahim al Khalil인데, 이는 많은 민족과 믿음의 시조인 아브라함의 고대 노정을 따라 중동지방을 여행하는 고무적 활동으로, 서방과 이슬람교 간의 상호 이해와 존중을 확립하려는 새롭고 중요한 기획이다.

역자의 글

　하버드대학의 윌리엄 유리, 로져 피셔가 공저한 『Yes를 이끌어내는 협상법Getting to Yes』만큼 다양한 분야, 다양한 사람들에게 협상의 지침서로 활용되는 책은 거의 없다. 처음 책이 나온 이래 시간이 지나서도 협상 분야에서 사실상 교과서 및 필독서로 불리고 있는 책이다. 역자도 다양한 분야에서 이 책을 활용하고 있다. 대학에서 교수로 활동할 때는 교재로, 글로벌 기업에서 활동할 때는 협상 지침서로, 기업들 대상으로 강의를 할 때는 부교재로 활용하였다.

　이 책의 내용처럼 사람들 간의 갈등은 쉽게 없어지지 않는다. 인간 자체의 문제로 갈등이 생기기도 하고, 서로 간의 숨은 이해관계 대신 강경한 입장을 고집하면서 생기기도 한다. 이 책에서는 그러한 다양한 원인에 대해 인간의 심리와 생각, 감정들을 연관지어 해법을 풀어내면서 어떻게 하면 상대와 합의를 좀 더 잘 이끌어 낼 수 있는지 정교하면서도 쉽게 설명하고 있다.

이 책을 더 잘 이해하기 위해서는 여러 번 반복해서 읽는 것이 좋다. 처음에 쉽게 접할 수 있는 협상 분야 책이지만 반복해서 읽다 보면 매우 깊이 있고 어려운 부분까지 이해해야 하는 책임을 알 수 있다. 협상 전문가로 활동하고자 하는 분들은 이 책에서 언급한 다른 책과 논문들도 함께 읽어 보기를 권한다. 그러한 내용까지 섭렵하고 나면 그것만으로도 상당한 수준의 협상가가 되어 있는 사실을 알게 될 것이다.

최근에도 국내와 해외 그리고 국내외에 걸친 영역에서 다양한 갈등이 일어나고 있다. 무역 분쟁에서 핵문제 대한 분쟁, 회사 간의 거래 시의 갈등, 해외 건설에서의 클레임, 나라 안의 정치적인 갈등, 사회 경제적인 갈등들이 다양하게 일어나고 있다. 이러한 갈등과 분쟁을 해결하기 위한 다양한 방법이 동원되겠지만, 각 당사자들 간의 원만한 협상이 가장 좋은 방법이라는 점에는 모두 동의할 것이다. 안타까운 것은 그럼에도 협상에 대한 충분한 훈련과 지식을 가진 사람의 수는 너무도 적다는 것이다. 회사나 기관에서 협상 교육을 하면서 협상 훈련을 받은 사람의 수나 협상 관련 도서를 읽은 사람의 수가 참석자의 1~2% 미만이라는 점을 알 수 있었다. 이는 국내에서 협상 전문가로 활동할 수 있는 사람의 수가 매우 적다는 사실을 의미한다. 국내에서 협상 훈련을 받을 기회가 적다는 점을 감안한다면 이 책의 정독과 다독을 통해서라도 협상의 아이디어와 노하우를 익혀야 한다. 그렇지 않으면 갈등으로 인한 피해와 비용을 개인과 조직이 계속 감내해야 하기 때문이다.

이 책의 주요 내용인 상대방의 이해관계를 파악하여 이에 부합하는 옵션을 제시하고, 합당한 기준으로 서로 받아들일 수 있는 합의에 도달할 수 있다는 점과, 이러한 과정에서 서로 장기적인 관계를 발전시키고, 무의미한 양보를 줄일 수 있다는 점은 미국이나 한국뿐 아니라 전 세계 어디서든 널리 적용될 만한 것이다. 그러한 적용 가능성은 세계 전역의 사람들을 대상으로 역자가 실제 교육을 하면서 체험한 것으로 충분히 증명할 만한 것이다. 이전에 기업과 대학에서 활동한 것처럼 향후에도 많은 사람들에게 협상 분야에서 도움을 주고자 한다.

전략적 협상연구소(SNRLAB) 활동 소개

전략적 협상연구소(SNRLAB)는 2013년, 역자가 교수 활동 시 구체적인 활동 개념을 세우기 위해 만들었으며, 교수 활동 후에는 연구 및 교육회사로서 현재까지 이어지고 있다. 협상 분야 및 협상과 관련된 계약 분쟁, 해외 사업에 대한 연구와 조사 및 자문 활동을 하고 있고 주요 기업체와 공공기관을 대상으로 교육훈련 프로그램을 운영하고 있다.

참고 및 문의 www.snrlab.com(sdlee@snrlab.com)

전략적 협상연구소 소장 이성대